4/4

Martina Heise

UNSICHTBAR

Geheimnisse einer verborgenen Welt

Erlebnisse eines Mediums

amadeus-verlag.com

Amadeus Verlag GmbH & Co. KG
Birkenweg 4
74576 Fichtenau
Fax: 07962-710263
www.amadeus-verlag.com
Email: amadeus@amadeus-verlag.com

Druck:
CPI – Ebner & Spiegel, Ulm
Satz und Layout:
Jan Udo Holey
Umschlaggestaltung:
Amadeus Holey

ISBN 978-3-938656-84-6

INHALTSVERZEICHNIS

TEIL I – Phänomene

TEIL II – Indigokinder

TEIL III – Tiere

TEIL IV – Elementar- und Naturwesen

TEIL V – Ehe, Partnerschaft und Beziehungen

TEIL VI – Energie-Umstellungen in Wohnungen und Häusern

Anhang

Danksagung

Als erstes möchte ich Jan van Helsing ganz herzlich für sein Vertrauen und seine Bereitschaft danken, ein weiteres Buch von mir zu veröffentlichen. Ich freue mich sehr, dass Du meine geistige Arbeit anerkennst und mit der Herausgabe meiner Bücher wertschätzt.

Ein ganz großes Dankeschön möchte ich hier auch Katja Kutza aussprechen, die meine Idee zu diesem Buch wunderbar – unter anderem mit ihrer Gabe als Schreibmedium – umgesetzt hat. Katja ist selbst Buchautorin und veröffentlichte ihr Buch „Giftdeponie Mensch" ebenfalls im *Amadeus Verlag*. Vielen Dank für Deine guten Ideen und Eingebungen, die mit in dieses Buch flossen.

Weiterhin möchte ich meinen Lesern für die zahlreichen lieben Leserbriefe danken, die meine Arbeit sehr bereichern.

Dir, liebe Elisabeth, nochmals ganz lieben Dank, dass Du mir Deine Geschichten für dieses Buch zur Verfügung gestellt hast.

Ebenso danke ich Dir, liebe Heike, dass auch Du mich immer wieder an Deinen wunderbaren Erlebnissen mit Deinen Enkelkindern teilhaben lässt und ich auch hier ein paar Phänomene, die Du mit ihnen erlebt hast, veröffentlichen durfte.

Natürlich danke ich auch meinem Mann und meiner Familie, die mich unterstützten und motivierten, dieses Buch zu schreiben und mir immer wieder für meine Arbeit mit meinen Klienten den nötigen Freiraum verschaffen.

Und zuletzt noch ein herzliches Dankeschön an Brigitte, die in der Schlussphase des Buches trotz einiger Hektik – und teilweise bis spät in der Nacht – das Manuskript Korrektur gelesen hat.

Lieben Dank an Euch alle!

Vorwort

Liebe Leserinnen und liebe Leser, ich möchte mich Ihnen vorab kurz vorstellen: Mein Name ist Martina Heise, ich bin 1963 in Düren geboren, und von genau diesem Zeitpunkt an hellsichtig, hellhörig und hellfühlig. Wer mich aus meinen letzten Büchern, vor allem aus *„Ich spreche mit Toten"* und meinem letzten Buch *„Schutzengel & Co."* (beide im *Amadeus Verlag* erschienen) bereits kennt, weiß, dass ich nach einigen Schicksalsschlägen heute als Medium arbeite und Menschen berate.

Bis dahin war es jedoch ein langer und nicht immer einfacher Weg, den ich jetzt allen, die mich noch nicht kennen, kurz erzählen möchte: Bereits als Kind konnte ich meinen Schutzengel sehen und sprach sogar mit ihm. In schwierigen Zeiten war er immer für mich da, er war mein bester Freund und sehr lustig, weshalb er mich immer schnell aufmuntern konnte und zum Lachen brachte. Meine Familie jedoch fand das alles leider nicht so witzig und ließ mich oft spüren, dass mit mir „etwas nicht in Ordnung sei". Als Kind litt ich sehr darunter, dass mir keiner glaubte, was ich wirklich real sehen konnte. Heute weiß ich, dass es natürlich schwer für meine Familie (mit katholischem Erziehungshintergrund) war, wenn ihr Kind fröhlich mit für sie unsichtbaren Wesen kommunizierte. Für sie gab es eine ganz einfache Regelung: Sie verbaten es mir einfach. Punkt.

Nun kann man ja nicht wirklich steuern, was man sieht oder nicht sieht, weshalb ich versuchte, mir vor anderen nichts anmerken zu lassen, was manchmal jedoch schwer war, wenn mein Engel mich zum Lachen brachte. Demnach merkte ich sehr schnell, dass ich anders war als die anderen, und auch später in meinem Leben gab es noch viele Momente, in denen ich glaubte, verrückt zu sein oder zumindest auf dem besten Weg, es zu werden.

Außer dem Sehen von meinem Engel hatte ich bereits als Kind einige Visionen, die sich später bewahrheiteten. So sah ich einmal ganz deutlich im Alter von zwölf Jahren, dass mein kleiner Bruder von einem Auto angefahren und dabei eine Kopfverletzung davontragen würde.

Völlig aufgeregt und angsterfüllt rannte ich sofort zu meiner Mutter, um sie zu bitten, dass wir an diesem Tag auf jeden Fall den bei Freunden der Familie vorgesehenen Besuch ausfallen lassen müssten, sonst würde etwas Schlimmes passieren. In allen Einzelheiten erzählte ich ihr, was ich so deutlich gesehen hatte. Sie allerdings schimpfte und ermahnte mich, ich solle mir nicht so schlimme Geschichten einfallen lassen und schickte mich in mein Zimmer. Ich weinte, weil sie mir nicht glaubte und die schlimmen Bilder immer wieder vor mir auftauchten.

Natürlich hatte meine Mutter nicht abgesagt, weshalb wir auch erst einmal einen sehr schönen und lustigen Nachmittag im Garten unserer Freunde verbrachten, die ebenfalls Kinder in unserem Alter hatten. Irgendwann kümmerten sich die Erwachsenen um das Essen, meine Brüder spielten mit den anderen Jungs vor dem Haus und ich schaukelte im Garten, als plötzlich die Nachbarin wild gestikulierend und sehr aufgeregt zu uns gerannt kam. Sie schrie meinen Eltern zu, sie sollen bitte schnell kommen, es wäre etwas Schlimmes passiert. Nun wurde meine Vision zur traurigen Wahrheit: Mein Bruder lag blutüberströmt auf dem Boden. Er blutete aus einer größeren Kopfwunde und war kaum ansprechbar, sodass er sofort in ein Krankenhaus musste, genäht wurde und wegen einer heftigen Gehirnerschütterung auch erst einmal dort blieb. Damals schon fragte ich mich, warum niemand auf mich gehört hatte? Diesen Unfall hätte man doch meinem Bruder ersparen können...

Solche Erlebnisse hatte ich öfter – vor allem mit meiner Familie. Es war schlimm, Visionen zu haben, die einem niemand glaubte, sich aber jedes Mal zu hundert Prozent erfüllten. Erst als ich noch etwas älter wurde, lernte ich, diese Visionen ebenso für mich zu behalten wie die Anwesenheit meines Schutzengels, wodurch ich weitaus besser ein fast „normales“ Leben führen konnte. Ich wusste ja nicht, dass ich hellsichtig war und konnte diese Gabe weder wertschätzen (im Gegenteil!), noch benennen. Ob es an meiner inneren Ablehnung dieser Gabe gegenüber gelegen hat oder ob mich die geistige Welt einfach eine Zeit lang nur schonte, bevor es mit meiner Medialität später richtig losgehen sollte, weiß ich nicht. Auf jeden Fall konnte ich meinen geliebten Engel später tatsächlich für eine lange Zeit nicht mehr sehen und hatte auch keine Visionen mehr.

Meine Hellsichtigkeit, Hellfühligkeit und Hellhörigkeit begann erst wieder in vollem Umfang, als ich bereits verheiratet war und Kinder hatte. Damals wohnten wir in einer Wohnung, in der es mehr als gruselig war. Ich nahm Brandgerüche war, wo kein Brand war, ich sah plötzlich Verstorbene durch die Wände kommen und gehen, ich wachte auf, weil eine verstorbene Frau vor meinem Bett stand, ich erschrak, als ich immer wieder einen Mann sah, der sich scheinbar irgendwann einmal in unserer Küche erhängt hatte und dessen Geist immer noch dort am Seil hing – und war mir sicher, dass ich nun doch verrückt wurde. Als Kind war das alles selbstverständlich für mich, doch jetzt im Erwachsenenalter dachte ich wirklich oft, ich werde verrückt. Doch die Geister, die ich sah, waren real. Ich konnte sie genauso dreidimensional sehen wie andere Menschen. Anfangs jedoch sah ich sie nur, aber mit der Zeit konnte ich auch hören, was sie sagten – was die Sache aber auch nicht einfacher machte, sondern mich oft an den Rand des Wahnsinns trieb. Ich hatte mir das alles nicht ausgesucht und wusste überhaupt nicht, wie ich damit umgehen sollte. Das alles geschah einfach, ich konnte es nicht beeinflussen oder abstellen, auch nicht die Visionen, die wieder stark zunahmen.

So sah ich einmal, dass ein Mädchen einen schlimmen Unfall haben würde. Ich konnte genau sehen, an welcher Ecke sie von einem Müllauto überfahren werden würde – doch ich konnte nichts dagegen tun und war sehr entsetzt, als dies dann wirklich geschah. Mehr als einmal habe ich gebetet, dass das doch bitte aufhören möge, weil es mir unglaubliche Angst machte.

Als ich jedoch eines Tages an einem Punkt ankam, an dem ich sehr verzweifelt war, kamen mehrere hilfreiche Menschen in mein Leben, die mir erklärten, dass ich hellsichtig wäre und nicht etwa verrückt, und sie wiesen mich immer wieder darauf hin, dass dies eine große Gabe wäre und ich damit einmal vielen Menschen helfen könnte. Das konnte ich zu diesem Zeitpunkt aber noch nicht so richtig glauben, was sollte ich schon Großartiges ausrichten?

Aber ich lernte fleißig, las in dieser Zeit viel spirituelle Bücher und besuchte Seminare, um mich in den verschiedenen Techniken der Energiearbeit auszubilden. Irgendwann in dieser Zeit sah ich auch endlich wieder meinen geliebten Schutzengel und konnte ihn kurze Zeit später auch ganz klar hören, wenn er mit mir sprach. Das war die schöne Seite dieser Gabe, diese wunderbare liebevolle Energie spüren zu dürfen. Und ihn wieder mit seiner lustigen Art zu sehen und zu hören, war einfach toll. Er half mir sehr, meine Lektionen mit den Verstorbenen, mit Flüchen, Verwünschungen, mit schwarzer Magie und so vielem mehr zu verstehen und zu erlernen. Immer wieder half er mir, wenn ich etwas Neues lernen sollte und verzweifelt war, weil ich ganz am Anfang stand. Oft führte er mich in eine Buchhandlung und wies mich darauf hin, welches Buch ich als nächstes lesen sollte, weil darin wichtige Themen für meine spätere Arbeit standen. Diese Unterstützung wusste ich immer zu schätzen, denn auf diese Weise lernte ich mehr und mehr, mit meiner Gabe umzugehen.

Viele Lektionen bekam ich im weiteren Verlauf der „geistigen Ausbildung“ von den Engeln direkt. Dazu sollte ich mich immer wieder in Meditation begeben, damit sie mich geistig führen und lehren konnten. Ich bekam Einblicke in das Jenseits, sah, wohin die Seelen gehen und wie wir nach dem Tod weiterleben. Ich sah aber auch, dass manche Seelen die Lektionen, die sie auf der Erde nicht gelernt haben, im Jenseits weiterlernen müssen. Es waren so unglaubliche Einblicke, die mir in die geistige Welt gewährt wurden, dass ich sehr dankbar war, dies alles erleben zu dürfen – zumal ich den Umgang mit negativen Energien und Verstorbenen bereits gelernt hatte und keine Angst mehr vor diesen Phänomenen hatte. Außerdem konnte ich mittlerweile Wohnungen und Häuser energetisch reinigen, was mir selbst auch sehr half.

Das war auch die ausführlichste und intensivste Ausbildung, die ich aus der geistigen Welt bekommen hatte. Schritt für Schritt wurde ich angeleitet und eingeweiht, wie man dauerhaft die Energien in Wohnungen und Häusern „umstellt“. Mit Umstellen ist gemeint, dass alles, was negativ schwingt oder Verstorbene, die sich in einer Wohnung aufhalten, Flüche, die darauf liegen und so weiter, umgestellt werden zum Positiven – und das dauerhaft und geschützt. Diese Arbeit ist sehr wertvoll und hat schon vielen Menschen geholfen, aus oft aussichtslosen Lebenssituationen wieder herauszukommen. Vieles, was wir erleben – auch die negativen Prozesse – gehören zu unserem Lebensplan, aber wir werden ebenso mit Widerständen und Negativität von außen belegt, gegen die wir uns sehr wohl wehren dürfen, während eigene Lernprozesse natürlich durchlaufen werden müssen.

Nachdem ich die geistige Ausbildung fast abgeschlossen hatte, bekam ich erste Kontakte zu Menschen, die meine Hilfe benötigten. Zuvor hatte ich viele Situationen und Konfrontationen mit der dunklen Seite am eigenen Leibe erfahren und oft schmerzhaft durchleben müssen, aber nun konnte ich das Gelernte und all meine eigenen Erfahrungen in die Arbeit mit Klienten einbringen, was mich sehr freute. Bis heute bin ich dankbar, dass ich mit der oft zwar harten, aber deshalb auch sehr lehrreichen Ausbildung zu einem Medium schon so vielen Menschen helfen konnte. Das hat auch aus mir einen anderen Menschen gemacht, der weiß, dass es ebenso eine wunderbare Welt neben unserer Realität gibt, aus welcher so unglaublich viel Hilfe und Unterstützung kommen kann, die immer liebevoll geschieht – wenn wir nur offen sind, darum bitten und sie dann auch annehmen können.

Mein Werdegang, was ich als Kind, als Heranwachsende und auch später während meiner Ausbildung alles erlebt habe mit der lichten, aber auch mit der dunklen geistigen Welt, habe ich ausführlicher in meinem Buch „*Schutzengel & Co.*“ beschrieben. Dort sind auch viele Übungen und Anregungen integriert, wie man sich selbst helfen kann, wie man mit seinem Schutzengel in Kontakt kommt und einige Begebenheiten, die ich erlebt habe und mich in Staunen versetzten.

Aber warum jetzt noch ein Buch? Was sollte daran anders sein? Die Idee dazu kam so: Ich merkte, dass etwas anstand, etwas Neues wollte „geboren“ werden. Das macht sich bei mir bemerkbar, indem ich innerlich etwas kribbelig bin und merke, dass ich etwas in meiner energetischen Arbeit anders oder ganz neu machen soll. Entweder entstanden nach solchen Vorankündigungen meine Seminare, für welche die Ideen immer aus der geistigen Welt kamen oder eben auch eine neue Einweihung, die meine Arbeit bereichern und erweitern sollte.

Diesmal hatte ich nicht viel Zeit, mich damit intensiv zu befassen, weil mein Mann und ich ein verlängertes Wochenende in einer anderen Stadt geplant hatten und ich zu Hause alles für die Reise vorbereitete. Ich dachte, es kommt bestimmt schon von alleine auf mich zu, was sich hier wieder ankündigte. Dennoch bat ich meinen Engel um deutliche Hinweise, was es denn sein könnte.

Als wir losfuhren, erzählte ich im Auto meinem Mann, dass ich wieder ein sehr intensives Gefühl hätte, dass etwas Neues anstand, was auf mich zukäme. Mein Mann kennt diese Zustände bereits von mir und war auch gespannt darauf. In der Stadt angekommen, blickten wir beide am Ortseingang direkt auf ein großes Werbeplakat. Darauf stand unter anderem in großer Schrift: „*Schreib Dein Buch!*“ Ich weiß nicht mehr, wofür genau auf dem Plakat geworben wurde, aber die drei Wörter weckten sofort meine Aufmerksamkeit. Dennoch schob ich den Gedanken erst einmal von mir weg. Noch ein Buch? Das konnte ich mir nicht vorstellen…

Kurz vor dem Hotel war wieder solch eine riesengroße Werbetafel, auf der stand: „*Schreib Dein Buch!*“ So langsam wurde es mir unheimlich und ich fragte mich, ob dies wirklich die Botschaft an mich sein sollte. Mein Mann lachte schon und meinte, ich wüsste ja jetzt, was ich zu tun hätte, aber ich war mir noch nicht so ganz sicher, zumal ich nicht über ein nächstes Buch nachgedacht hatte.

Um es abzukürzen: In der ganzen Stadt standen, hingen und klebten diese Werbeplakate und ich konnte nicht umhin, dies als eine Botschaft zu nehmen. Der Unterschied, einfach etwas nur wahrzunehmen oder wirklich eine Botschaft zu erkennen, ist, dass einem die Zeilen oder die Botschaft förmlich in die Augen springen, größer erscheinen oder man mit der Aufmerksamkeit und dem Blick dort länger verweilt. Manchmal hört man auch ein Lied im Radio und eine Textzeile berührt einen besonders stark, man schaltet den Fernseher ein und sieht etwas, was einem extrem auffällt – es gibt viele Möglichkeiten, wie wir diese Hinweise empfangen können. Wäre dies keine Antwort auf meine Frage an die geistige Welt gewesen, wären mir diese Plakate nicht aufgefallen oder ich hätte sie nur am Rande wahrgenommen. Nun war klar, was meine nächste Mission war: Schreib ein Buch!

Kurz darauf rief mich Jan van Helsing an und bat mich, für seine Nachrichten-Plattformen *dieunbestechlichen.com* und *gesundealternative.de* einige Artikel zu schreiben. Diese Bitte öffnete bei mir eine Tür zu meiner Erinnerung an längst vergangene Phänomene, die ich selbst oder durch meine Klienten erlebt hatte und die so umfangreich waren, dass es nicht nur für ein paar wenige Artikel ausreichte, sondern Stoff für ein ganzes Buch zusammen kam. Längst vergessene Briefe von Klienten und Schnappschüsse von spontan fotografierten Phänomenen fielen mir zusätzlich wieder in die Hände.

So entstand dieses Buch mit all den Erfahrungen, die ich machen durfte sowie einigen Erklärungen und Hintergrundwissen an die Leser. Die allesamt wahren Begebenheiten sollen den Lesern helfen, mögliche Hintergründe ihrer Blockaden, Beschwerden, Probleme, Lebensumstände oder auch Krankheiten zu erkennen. Ganz wichtig ist aber die Botschaft der geistigen Welt in diesem Buch, dass man keine noch so ausweglose Situation einfach hinnehmen sollte, sondern dass es unzählige Möglichkeiten der Ursachen gibt, die man – manchmal Stück für Stück – beheben kann, um wieder ein glückliches und gesundes Leben führen zu können.

In diesem Sinne wünsche ich Ihnen nun von ganzem Herzen viel Spaß beim Lesen!

Teil I

Phänomene

In meinem Leben habe ich schon viele Phänomene erlebt, die mir anfangs zum Teil sehr unheimlich vorkamen – was soll man auch denken, wenn plötzlich Geister durch die eigene Wohnung laufen und in den Wänden wieder verschwinden? Ebenso war die Zeit, in der meine Hellsichtigkeit richtig ausgebildet wurde, nicht immer leicht für mich, auch wenn sich vieles heute mit Abstand leicht und auch witzig anhört. Bis heute hatte ich viele Begebenheiten, die mich immer wieder in Erstaunen versetzten und dies auch immer noch tun, aber längst weiß ich, dass ich mich nicht gegen meine Gabe wehren kann und dies auch nicht mehr möchte, und ich zweifle längst nicht mehr an den Dingen, die ich so genau wahrnehme.

Nun möchte ich Sie aber teilhaben lassen an den vielen gesammelten Geschichten von mir, meinen weltlichen und geistigen Freunden und von meinen Klienten.

Mutter Maria – ein unvergessliches, wunderschönes Erlebnis

Die nachfolgende Geschichte, die eigentlich in einer traurigen und schwierigen Lebensphase von mir passierte, war wunderschön und wird für mich unvergesslich bleiben. Und obwohl ich diese Begebenheit bereits in meinem vorherigen Buch erzählt habe, möchte ich sie hier nochmals schreiben, weil sie Hoffnung machen und zeigen soll, dass wir eben doch von einer höheren, liebevollen Macht beschützt sind:

Es gibt immer wieder Momente im Leben eines jeden Menschen, auch in dem eines Mediums, in dem einem die Last der Probleme zu erdrücken scheint. Finanzielle Sorgen, ein Familienstreit, gesundheitliche Probleme – und am besten alles auf einmal – lassen die Zukunft manchmal düster und ausweglos erscheinen. Solche Momente kenne auch ich, nicht immer läuft alles optimal und die Welt ist rosig. Viele denken, dass man als Medium alles vorhergesagt bekommt und immer auf dem rechten Weg ist, alles optimal regeln kann und sich zum Besten wendet. Aber es ist so, dass auch ein Medium Lernprozesse durchläuft und genauso wie jeder andere Mensch mit den kleinen und großen Alltagssorgen konfrontiert wird.

In solch einer Situation befand ich mich einmal. Nichts schien zu funktionieren, von den Engeln bekam ich auch keinen Rat, und ich wusste nicht, wie es weitergehen sollte. Ich wusste noch nicht einmal, was ich nun schon wieder zu lernen hatte und war wirklich verzweifelt, denn irgendwie kam es mir vor, als wäre ich abgeschnitten von all den guten Energien.

Als ich eines Morgens in meiner grüblerischen Stimmung einmal mehr am Küchentisch saß und einen Kaffee trank, wurde es plötzlich sehr, sehr warm in meiner Küche. Ich dachte, dass die Heizung vielleicht aus Versehen hochgestellt war und schaute nach. Sie war jedoch abgedreht, und ich konnte mir nicht erklären, woher diese immense Wärme kam. Als ich mich – mittlerweile schon schwitzend – von der Heizung wegdrehte, sah ich in der anderen Ecke der Küche ein Wesen stehen, von welcher diese Wärme ausging. Es war eine Frau mit einer wunderschönen, starken Ausstrahlung, die zu mir sprach: „*Mein liebes*

Kind, sorge Dich nicht. Alles wird wieder gut, vertraue Deinen Engeln und Jesus. Alles wird sich zum Guten wenden.“

Weil ich damals nicht so recht glauben konnte, was ich dort vor meinen Augen sah, rief ich meine hellsichtige Freundin an und erzählte ihr von dieser Erscheinung. Sie wurde plötzlich ganz still, und ich fragte sie, ob sie denn überhaupt noch am Telefon sei. Sie sagte: *„Ja, aber ich bin so hin weg von diesem Anblick. Martina, das ist Mutter Maria.*“

Ich sagte ihr schnell, dass ich sie später nochmal anrufen wolle und legte auf. Diesen Moment mit der Mutter Gottes wollte ich auf keinen Fall versäumen und schaute sie weiter ehrfürchtig und völlig ergriffen an. Für eine kleine Weile konnte ich Mutter Maria noch sehen, bevor sie verschwand – und mit ihr die Wärme. Aber ihre tröstenden Worte haben noch lange in mir und meinem Herzen nachgewirkt, und ich blieb im festen Vertrauen, dass nun alles gut werden würde.

Schon nach nur einer Woche klärten sich dann auch – auf teilweise wundersame Art und Weise – alle meine Probleme wie ein Wunder. Erst durfte ich diese wunderbare und sehr liebevolle Erscheinung sehen und fühlen. Und nun lösten sich, wie vorhergesagt, wirklich meine Probleme nacheinander auf. Es war einfach unglaublich!

Bei einem späteren Erlebnis durfte ich genau diese wärmende, liebevolle Energie noch einmal in einer Marien-Kirche spüren, die ich mit meinem Mann besuchte, was mich sehr freute und mich sofort an das Erlebnis von damals in meiner Küche erinnerte und wieder tief berührte. Als ich die Marienstatue in der Kirche anschaute, bekam ich sofort eine wohltuende Gänsehaut und spürte die starke Liebe, die von ihr ausging. Für mich sah diese Marienstatur sehr lebendig aus und auch mein Mann bestätigte dies in dem Moment, in dem ich es nur gedacht hatte: *„Schau mal Martina, das zarte Gesicht, die Hände und die Füße – wie lebendig sie ausschaut und welch starke liebevolle Energie sie ausstrahlt. So etwas habe ich noch nie erlebt.*“

Diese Marienfigur ist tatsächlich eine ganz besondere und selbst das Bild, das wir damals von ihr machten, trägt diese hohe Energie in sich. Es ist eine reine Liebe, die von ihr ausgeht…

Künstler/Bildhauer der Statue: *Alexander Kostner Ars Sacra*
(Näheres siehe Anhang, Seite 299)

Nachdem ich die Geschichte von damals in dieses Buch aufnahm und mich mit der Energie von Mutter Maria und dem Bild ihrer Statue beschäftigte, hatte ich das starke Gefühl, dass sie eine Botschaft für die Menschen hat, die dieses Buch lesen werden. Da ich noch so viel anderes zu erledigen hatte, schob ich den Gedanken erst einmal beiseite, bis Katja Kutza, die Schreiberin des Buches, einige Tage später anrief und sagte: „*Ich habe gerade Dein Erlebnis mit Mutter Maria geschrieben. Beim Schreiben aber hatte ich das Gefühl, dass sie noch etwas sagen möchte, etwas, das sehr wichtig ist für die Leser des Buches. Weißt Du, was ich meine?*“

Ich wusste genau, was gemeint war und versprach Katja, mich direkt darum zu kümmern und mit Mutter Maria Kontakt aufzunehmen, was ich auch voller Vorfreude tat. Sie erschien wie damals in meiner Küche direkt vor mir und sagte liebevoll: „*Nimm einen Stift und schreibe, was ich zu sagen habe.*"

Ich war sofort wie in einer Art Trance und schrieb alles auf, was sie mir gewissermaßen diktierte. Nachdem sie fertig war, legte ich den Stift beiseite und schaute sie ergriffen an, ich hatte keine Ahnung von dem, was ich da geschrieben hatte, weil ich in der Trance zwar hochkonzentriert, aber trotzdem irgendwie abwesend war.

Als Mutter Maria leider wieder langsam vor meinen Augen verschwand, rief ich meinen Mann und erzählte ihm, was passiert war. Danach las ich ihm die Zeilen vor und merkte erst dann, dass es ein Gebet war. Es rührte uns beide vor Ergriffenheit zu Tränen, als wir uns des Inhaltes bewusst wurden.

Dies ist wirklich ein göttliches Geschenk an uns alle:

Tief in meinem Herzen bist Du in mir –
in Liebe, Hoffnung und Vertrauen.
Und Deine Güte schenkt mir Kraft und Ausdauer,
mein Leben zu bewältigen.
Dieses, mein Leben, lege ich in Deine Hände,
um mich in Liebe auf meinem Weg zu führen.

Und alle Menschen um mich herum, die ich berühre,
sollen Deine Liebe, Aufrichtigkeit und die Geborgenheit spüren,
um sie weiterzugeben an alle, die dies brauchen.
Denn Du bist die weibliche Energie,
die unsere Welt so dringend braucht,
und die längst vergessen und bei vielen verloren war.

Gib uns bitte den Frieden,
den wir brauchen und
trockne unsere Tränen.
Bringe Leichtigkeit in unser Leben
und gib uns den Mut, standhaft zu bleiben
in unserer schwierigen Zeit.

Hilf uns, wieder unseren Weg zu finden,
den wir einst im Göttlichen gehen wollten.
Lass uns wieder zu den Menschen werden,
die Liebe, Hoffnung und Vertrauen
auf dieser Erde aussenden.
Ich danke Dir, liebe Mutter Maria – aus tiefstem Herzen.

Amen

Die Engel warnen mich

Auch wenn man als Medium oft schlimme Dinge sieht und sich manchmal wünscht, man hätte diese Gabe nicht und könne normal leben, so muss ich doch sagen, dass ich immer wieder überrascht bin, wie oft mir meine geistigen Begleiter schon geholfen haben. Im Laufe der Zeit, wenn man als Medium arbeitet, lernt man, diesen Botschaften zu 100% zu vertrauen, auch wenn man den Sinn oft erst im Nachhinein versteht.

Im nächsten Fall konnte mir aber vorab schon denken, was passiert, wenn ich die Warnung nicht ernst nehmen würde: Als ich einmal mit meinem Mann mit dem Auto eine längere Strecke auf der Autobahn fuhr und selbst am Steuer saß, zeigten mir die Engel eine Zukunftsvision. Dies sind Bilder, die ich sehr schnell vor meinem geistigen Auge sehe, ohne den normalen Blick – in diesem Fall auf die Straße – zu verlieren. Aber seltsam sind diese Botschaften schon, weil sie immer ohne Vorwarnung kommen und man sie erst einmal verarbeiten muss.

Mir wurde gezeigt, dass in Kürze ein Unfall auf der Autobahn passiert, in den drei schwarze Autos verwickelt sein würden. Ich wusste sofort, dass dies eine Warnung war und bat die Engel, mir energetisch zu helfen, die richtige Geschwindigkeit zu fahren und mich aufmerksam zu machen, wenn es soweit wäre, um nicht am Unfall beteiligt zu sein. In diesem Moment fuhr mit sehr hoher Geschwindigkeit ein schwarzer BMW an mir vorbei, was mir eine Gänsehaut bescherte. Von diesem Zeitpunkt an fuhr ich sehr aufmerksam und vorsichtig, aber ansonsten mit normaler Geschwindigkeit weiter. Etwa 100 Kilometer später krachten direkt vor unseren Augen drei schwarze Autos ineinander. Weil ich vorgewarnt war und die ganze Zeit einen guten Abstand zu den vorfahrenden Autos gehalten hatte, konnte ich bremsen und ausweichen. Wäre ich nur etwas schneller und unvorsichtiger gewesen, hätte es uns ebenfalls erwischt.

Sie können sich vorstellen, wie dankbar wir waren, dass die Engel mich vorgewarnt hatten. Das sind dann ganz besondere Momente, die man nie wieder vergisst, und die den Glauben an die geistige Welt und die Möglichkeiten „hinter den Kulissen“ noch mehr stärken.

Fast ertrunken

In meinem Leben passieren immer wieder Phänomene – meist ganz plötzlich und ohne Vorwarnung, so auch dieses Mal: Mein Mann und ich machten einen Ausflug zu einer entfernt liegenden Kirche und waren mit dem Auto auf dem Weg dorthin. Wir fuhren gerade in einem Kreisverkehr, als ich das Gefühl hatte, komplett unter Wasser zu sein. Aber so plötzlich, dass ich kaum Luft bekam. Ich reckte mich, holte tief Luft und merkte, dass mir das Wasser bis zum Hals stand.

Mein Mann fragte mich ganz entsetzt, was denn los wäre, und ich antwortete ihm, immer noch nach Luft schnappend: „*Oh mein Gott war das jetzt eklig. Ich hatte gerade das Gefühl, für einen Moment unter Wasser zu sein. Als wären wir plötzlich überschwemmt worden…*" Daraufhin hielt er jedoch bei nächster Gelegenheit an, weil er sich selbst davon überzeugen wollte, dass bei mir alles in Ordnung war, bevor wir unseren Ausflug fortsetzten.

Es blieb an diesem Tag zum Glück bei diesem Erlebnis, und wir hatten einen sehr schönen Kirchenbesuch. Abends wieder zu Hause angekommen, ließ uns die Begebenheit aber keine Ruhe und so suchten wir im Internet, ob an diesem Ort einmal etwas vorgefallen war. Wir wurden recht schnell fündig, denn es gab mehrere Artikel und Bilder über dieses Fleckchen Erde. Vor nicht allzu langer Zeit hatte es dort ein schlimmes Hochwasser gegeben, alles stand damals unter Wasser, und es gab zahlreiche Schäden. Diese Energie war noch immer präsent, und ich war an diesem Tag mittendrin gewesen. Deshalb spürte ich dieses Hochwasser so real. Manchmal dauert es nämlich längere Zeit, bis die Energie von solchen Naturkatastrophen sich endgültig aufgelöst hat.

Auch ich lerne immer noch dazu oder komme in Situationen, aus denen ich lernen soll. Und obwohl ich schon so viel erlebt habe, komme ich oft aus dem Staunen nicht heraus, was alles auf geistiger Ebene möglich ist.

Durch die Wand

Der Wocheneinkauf war fällig... Und nachdem ich den vollen Einkaufswagen an der Kasse aus- und wieder eingeladen hatte, war ich wirklich froh, als ich den gesamten Einkauf im Kofferraum meines Autos verstaut hatte, was wohl viele nachvollziehen können.

Mit meinen Gedanken war ich schon bei der Zubereitung des Mittagessens, als ich ausparkte und langsam in Richtung der Ausfahrt von dem Supermarkt-Parkplatz fuhr. Obwohl ich die ganze Zeit langsam fuhr und nach vorne schaute, war ich total erschrocken, als plötzlich ein kleiner Junger vor mein Auto lief. Ich reagierte zum Glück blitzschnell und trat sofort auf die Bremse. Erst jetzt registrierte ich, dass ich es mit einer verstorbenen Seele, einem Geist zu tun hatte, und ich schaute ihm verblüfft hinterher, als er weiterrannte und verschwand – durch die Wand des Supermarktes.

Als jemand hinter mir anfing zu hupen, erwachte ich aus meiner Schockstarre und fuhr weiter. Aber der Schreck ließ mir die Beine zittern, ich hatte ja gedacht, es wäre wirklich ein lebendiger Junge gewesen, den ich hätte verletzten können.

„*Oh Gott*“, dachte ich, „*wer mich eben gesehen hat, der glaubt doch, dass ich völlig verrückt bin, aus heiterem Himmel hier zu bremsen.*“ Außer mir hatte den Jungen ja allem Anschein nach keiner gesehen.

Mit der geistigen Welt und meinen himmlischen Begleitern schimpfte ich laut: „*Macht das nie, nie wieder! Bitte nicht während des Autofahrens, das ist viel zu gefährlich!*“

Nicht mehr beim Autofahren, aber während eines Bummels durch die Stadt, eines Spazierganges oder Essens in einem Restaurant und so weiter, sehe ich immer mal wieder solche Geister, die auf den allerersten Blick wie Lebende aussehen und teilweise aus Wänden kommen oder durch sie verschwinden. Das ist jedes Mal ein Aha-Erlebnis und immer wieder verblüfft es mich, so etwas sehen zu können, auch wenn ich mich allmählich daran gewöhnt haben müsste.

Erkennen kann man Geister an ihrer etwas durchsichtigeren Struktur. Erdgebundene Seelen sehen dabei jedoch noch sehr lebendig und menschlich aus, sodass hellsichtige Menschen sie sehr real wahrnehmen und fast genauso wie lebende Menschen sehen können.
Die Seelen, die schon weiter entwickelt sind oder aus dem Jenseits kommen, sehen eher durchsichtiger und schemenhafter aus. Sehr hoch entwickelte Seelen wirken zart und schimmern oft pastellfarben, ähnlich wie Seifenblasen mit einer menschlichen Kontur bzw. Form.
Manche Verstorbene laufen ganz normal auf dem Boden und manche schweben darüber, einige sehen aus wie zu Lebzeiten, manche auch lustig, wie in der nächsten Begebenheit.

Der Briefbote

In der Zeit, in der ich mit meinem Mann in Vaals in Holland lebte, gingen wir oft im nahegelegenen Wald spazieren. Als wir dies wieder einmal taten und in ein Gespräch vertieft waren, flitzte links an mir ein Skelett vorbei, was mich schon sehr verwunderte. In der Hand hielt es ein Bündel Briefe. Bei diesem Anblick musste ich sehr lachen und erzählte meinem Mann, was ich gerade gesehen hatte. Weil ich so laut lachte, wurde das Skelett aufmerksam auf mich, was ich allerdings nicht wollte. Nicht immer möchte ich, dass die Verstorbenen erkennen, dass ich sie sehen kann.

Die geistige Welt vermittelte mir, dass er früher ein Bote war, der wichtige Briefe von Holland nach Belgien und Deutschland brachte. Er hatte nach so vielen Jahren immer noch nicht verstanden, dass er gestorben war und lief ständig diese Strecke ab. Mir wurde gesagt, ich solle mich nicht einmischen, diese Seele würde das schon noch von selbst merken, und das solle auch so sein.

Auf unseren Spaziergängen habe ich dieses Skelett immer mal wieder gesehen, immer mit Briefen in der Hand. Die müssen wohl wichtig gewesen sein, dachte ich damals, wenn ich ihn so rennen sah. Bis heute führt er dort noch immer seinen Dienst als Briefbote aus und rennt, und rennt, und rennt…

Im Krieg stehen geblieben

Eines Morgens hatte ich etwas beim Einkaufen vergessen und musste nochmal schnell loslaufen. Auf dem Weg in den Supermarkt, der recht nahe bei unserer Wohnung war, sah ich ein paar Straßen weiter das Zentrum meiner Heimatstadt in Trümmern liegen. Es war, als hätte man mich in die Zeit zum Ende des Zweiten Weltkrieges versetzt – live. Alles sah genauso aus wie früher und lag in Schutt und Asche. Menschen (Seelen) waren in Kellern eingesperrt und schauten mich ganz verzweifelt an. Alles war zerstört, und die Menschen schrien um Hilfe, sie flehten mich regelrecht an. Die Armut und das Leid zu sehen, zerriss mir fast das Herz, der Anblick war einfach zu schlimm.

Nur ein paar Schritte weiter war der Spuk schon wieder verschwunden und alles sah ganz normal aus. Ich bat die Engel, diese Seelen zu befreien und in das Jenseits zu führen. Mehr durfte ich hier nicht tun.

Nun jedoch wusste ich, dass in vielen Orten und Städten die Kriegsenergie noch sehr präsent ist. Viele leben heute in diesen Energien und wissen nicht, warum es ihnen manchmal schlecht geht, sie manchmal ein mulmiges Gefühl haben, Stimmen hören oder gar selbst Verstorbene wahrnehmen.

Energetischer Panzer verursacht Unfälle

In der nächsten Begebenheit geht es ebenso um eine alte Energie aus dem Zweiten Weltkrieg, die bis in die Jetzt-Zeit wirkte und immer wieder für unerklärliche Unfälle auf einer eigentlich übersichtlichen und sicheren Straße verantwortlich war: An einem Samstagmorgen, ich hatte gerade fertig gefrühstückt und wollte mich nun um meinen Haushalt kümmern, rief ein Bekannter von mir an und kam auch direkt zu seinem Anliegen: *„Martina, kann es sein, dass auf der Kaiserstraße ein Panzer aus dem Zweiten Weltkrieg steht? Ich habe ihn eben deutlich gesehen und bin mir sicher, dass es ein geistiges Relikt aus dem Zweiten Weltkrieg ist. Er steht genau an der Stelle, an der so oft Unfälle passieren, weißt Du, welche Stelle ich meine?“* Ich wusste direkt, was er meinte, auch, dass dort seit vielen Jahren immer wieder Unfälle passierten, teilweise auch sehr schlimme, bei denen sich keiner den genauen Unfallhergang erklären konnte. Es war meist keine erhöhte Geschwindigkeit im Spiel, und die Straße war sehr übersichtlich, weshalb man immer wieder rätselte, warum sich gerade dort die Unfälle häuften.

Weil mein Bekannter, Benny, auch hellsichtig ist, schauten wir uns über unser geistiges Auge die Stelle genauer an. Wie er, sah ich einen Panzer dort stehen, und zwar quer auf dieser vielbefahrenen Straße. Die Energie, die von dem Gefährt ausging, war sehr negativ und leider auch sehr kraftvoll, weshalb ich mich nicht wunderte, dass sich dort so viele Unfälle ereigneten.

Wir ließen die Stelle sofort von der geistigen Welt reinigen und den Panzer entfernen, damit die Unfallserie endlich aufhören konnte.

Es gibt immer wieder Unfallstellen, bei denen es unerklärlich ist, warum gerade dort überhaupt Unfälle passieren, teilweise sogar sehr schlimme. Oft sind die Straßen oder Kreuzungen übersichtlich und die Fahrer der Unfallwagen nicht zu schnell gefahren, waren nicht alkoholisiert, usw. So bleibt die Frage nach dem Unfallhergang meist unbeantwortet…

Oft ist es jedoch so, dass wie in der obigen Begebenheit, noch etwas Altes, etwas aus einer anderen Zeit dort die Straße blockiert. In diesem Fall war es ein Panzer, es kann aber auch ein verstorbener Verunfallter von einem früheren Unfall sein, woraufhin sich eine Serie von Unfällen bildet, oder einfach ein Gegenstand, eine alte Energie von einem eventuellen früheren Ritual-Platz u.v.m.
Weil die geistige Welt unseren freien Willen akzeptiert und auch ansonsten in der Regel nur auf unsere Bitten hin in ein Geschehen eingreift, ist es immer gut, die Engel zu bitten, diesen Platz energetisch zu reinigen, um diesen negativen Prozess zu stoppen.

Die Lederjacke

Der Geburtstag meines damaligen Mannes stand bevor, und ich fragte ihn, was er sich denn wünschen würde. Er sagte, er hätte sich eine Lederjacke in einem bestimmten Geschäft für Herrenmoden ausgesucht. Diese Jacke würde er sich sehr wünschen. So gingen wir zusammen in das Geschäft, damit ich mir die Jacke – und den Preis – einmal anschauen konnte. Die Jacke war wirklich sehr schön und stand ihm hervorragend, doch ich hatte ein mulmiges Gefühl. Weil er aber so strahlte und sich diese Jacke so sehr wünschte, kaufte ich sie ihm zum Geburtstag.

Als ich an der Kasse stand und die Jacke bezahlte, bekam ich eine Gänsehaut, die mir zeigte, dass etwas nicht in Ordnung war mit dem Kleidungsstück. Ich konnte allerdings nicht feststellen, was genau es war, und so überreichte ich meinem Mann diese Jacke an seinem Festtag. Er zog diese dann auch ständig und überall an und schien sich sichtlich wohl darin zu fühlen.

Seinen Mitmenschen jedoch, die mit ihm zu tun hatten, fiel auf, dass er sich sehr verändert hatte. Er wurde zum Teil sehr angeberisch, war aufgeblasen und oft sehr aggressiv in seinem ganzen Verhalten anderen und auch mir gegenüber. Was die meisten nicht merkten, war die Tatsache, dass seine Veränderung mit der Lederjacke zu tun hatte, denn immer nur dann, wenn er sie trug, veränderte er seinen Charakter. Erst dachte ich auch, er gibt mit der Jacke an und fühlt sich damit anderen überlegen, aber dieses Verhalten passte eigentlich gar nicht zu ihm, so kannte ich ihn nicht.

Eines Tages kam er von der Arbeit und hängte die Jacke über die Stuhllehne in der Küche. Ich saß diesem Stuhl gegenüber und konnte das Spiegelbild der Jacke in dem Backofenfenster deutlich sehen. Doch nicht nur die Jacke sah ich, sondern auch, dass sich da etwas bewegte.

Ich traute meinen Augen kaum, denn aus dem Jackenkragen schien sich ein dunkles, negatives Tier zu bewegen. Es hatte den Anschein, als wolle es raus aus der Jacke, als wäre es dort gefangen. Vielleicht hatte es auch mit dem Tier zu tun, aus dessen Leder die Jacke gefertigt worden war, das zeigte man mir jedoch nicht.

Als mein Mann vom Händewaschen zurück in die Küche kam, um mit mir gemeinsam zu Abend zu essen, bat ich ihn, sich zu mir zu setzen und in der Backofentür seine Jacke anzuschauen. Er wusste, dass ich jetzt wieder etwas entdeckt hatte und ging darauf ein. Auch er sah sofort dieses tierartige Wesen, das aus seiner Jacke herauszukommen schien und einen aggressiven Eindruck machte.

Mit zwei spitzen Fingern nahm er nun die Jacke und hängte sie an die Garderobe. Beim Essen dachte er viel über das Gesehene nach und war recht schweigsam – die Sache schien ihn doch sehr beeindruckt zu haben. Wenige Tage später fiel mir auf, dass die Jacke nicht mehr an ihrem Platz hing. Er hatte sie kurzerhand entsorgt und kaufte auch nie wieder etwas aus echtem Leder. Bravo!

Reptiloide Anteile

Ein Klient hatte sich an mich gewandt, weil er immer so ein merkwürdiges Gefühl hatte, von etwas Fremdem besetzt zu sein. Er sagte, er würde sich ab und zu verändern, würde dann überreizt und viel zu aggressiv reagieren, negativ denken und sich – ich solle bitte nicht lachen – fast animalisch fühlen. So als wäre ein Tier in ihm, das immer mal die Oberhand über ihn gewinnt.

Nun hatte er Angst, dass er eine Besetzung hatte, die in einem schwachen Moment die Macht über ihn ergreifen könnte und bat mich um Hilfe.

Auf dem Bild, das er mir zugeschickt hatte, sah ich, dass es keine übliche Besetzung einer verstorbenen Seele war, sondern er Reptilienanteile in sich trug. Vielleicht, so vermutete ich, stammte er sogar von solchen ab, die ja als sogenannte „Reptiloiden" unter uns leben sollen und nichts Gutes im Schilde führen. Sie sollen, so heißt es, sich die Erde untertan machen wollen, und sie würden schon lange auf diesem Planeten mitten unter uns leben. Viele von ihnen tarnen sich dabei als Menschen, sind aber schon von einigen Leuten erkannt worden, unter anderem an ihrem hektischen und ruckartigen Gang, an ihrem starren Blick, am hastigen Essen und Trinken und den knochigen Händen und Füßen. Weiter wird über sie erzählt, dass sie liebesunfähig sein sollen, sich aber so perfekt verstellen, dass sie Liebe sehr gut vortäuschen können.

Wie auch immer, erkannte ich ganz deutlich, dass dieser Mann solche reptiloiden Anteile in sich trug und diese schnellstmöglich herausgelöst werden sollten, was er auch gerne wollte. Während einer energetischen Anwendung zog ich ihm dann mit Hilfe der Engel diese Anteile heraus.

Nach ein paar Wochen meldete er sich telefonisch bei mir und erzählte, dass es ihm deutlich besser gehen würde. Er hätte das Gefühl, nun endlich frei zu sein und hätte auch nicht mehr diese aggressiven Anfälle, was seine Frau im Hintergrund lachend und ebenfalls erleichtert, bestätigte.

Dieses Foto stellte mir mein Klient für dieses Buch zur Verfügung, allerdings wollte er nicht komplett gezeigt werden, was man sehr gut verstehen kann.

In seinem Gesicht waren auch reptiloide Anzeichen zu erkennen, aber ebenso deutlich an seinem Fuß, wie man auf dem Bild erkennen kann. Die Fußstellung wirkt anders, die Zehen größer und mir zeigte man die leicht schuppige Haut, die er teilweise am Körper – auf geistiger Ebene – hatte.

Erdbeben

Vor sehr vielen Jahren plante ich mit meiner Familie einen Urlaub in Izmit in der Türkei. Drei Wochen vor dem Urlaub – wir freuten uns alle darauf, und alles war bereits bezahlt und organisiert – bekam ich ein sehr ungutes Gefühl, weshalb ich meinen damaligen Mann bat, den Urlaub abzusagen. Natürlich erklärte mich meine Familie für verrückt, wusste aber, dass ich hellsichtig bin und eben oft Dinge wahrnehme, die für andere unsichtbar oder nicht greifbar sind.

Obwohl alle enttäuscht und traurig waren, hörten sie auf mich und sagten den Urlaub komplett ab, obwohl ich zu diesem Zeitpunkt überhaupt nicht wusste, warum dies so sein sollte. Ich hatte nur das tiefe Bauchgefühl, besser nicht dorthin zu fliegen, das Warum zeigte man mir nicht.

Dies stellte sich erst später raus, als meine Kinder meckerten, dass dies heute unser erster Urlaubstag am Strand hätte sein können. An diesem Tag jedoch sahen wir abends in den Nachrichten, dass es am Vortag – dem Tag, an dem wir geflogen wären – ein Erdbeben in „unserem“ Urlaubsort gegeben hatte. Das Hotel, in dem wir gewohnt hätten, wurde dabei völlig zerstört – das war 1999.

Nun schaute mich meine Familie etwas weiß im Gesicht und sichtlich geschockt an und bedankte sich bei mir, dass ich auf mein Gefühl gehört hatte. Nun musste ich aber auch ihnen danken, dass sie meinem Wunsch gefolgt waren und den Urlaub abgesagt hatten. Wer weiß, ob wir das alle überlebt hätten...

Das Geldgeschenk

Nach meiner ersten Scheidung ging es mir finanziell nicht gut, sodass ich auf eine Stelle als Reinigungskraft angewiesen war. Und obwohl ich sehr vorsichtig mit meinen Ausgaben umging und immer rechnete, wieviel Geld mein Sohn und ich wirklich zur Verfügung hatten, war es einmal so, dass ich nicht wusste, wovon ich die letzte Woche bis zum nächsten Monatsanfang, und somit dem Zahltag, unsere Lebensmittel bezahlen sollte. Dies war ein sehr schlimmer Zustand, und ich war wirklich sehr verzweifelt. Mit einem Blick nach oben betete ich, dass doch bitte ein Wunder geschehen möge, damit ich wenigstens etwas zu essen kaufen konnte.

Mein Dienst als Reinigungskraft begann immer in der Früh um vier Uhr. Weil es Winter war und noch stockdunkel, nahm ich das Fahrrad, so fühlte ich mich etwas sicherer. Bevor ich losfahren wollte, hörte ich jedoch eine Stimme, die zu mir sagte: „*Fahre fünf Minuten später los!*" Ich vertraute wie immer den Botschaften meiner geistigen Helfer und fuhr exakt fünf Minuten später zur Arbeit. Als ich mit dem Fahrrad an einer roten Ampel halten musste, stand neben mir ein Auto mit vier jungen Männern, die mich ständig anschauten und über mich zu reden schienen.

Mir war ganz schön mulmig zumute, zumal außer uns niemand um diese Uhrzeit auf der Straße zu sehen war. Aber mein Engel sagte: „*Warte, bis das Auto bei grün losgefahren ist.*" Das machte ich natürlich und ließ den Wagen fahren, als es grün wurde. Als das Auto weg war, sah ich auf der Straße – dort wo es angehalten hatte – einen 50 D-Mark-Schein liegen. Der, so mein Engel, wäre für mich. Ich hob ihn auf und bedankte mich immer wieder bei meinem Engel. Nun wusste ich, dass wir satt werden, meine geistigen Helfer immer auf mich aufpassen und mich nie im Stich lassen.

Sprung von der Brücke

Als ich noch in Düren wohnte, ging ich, wenn es meine Zeit erlaubte, gerne am Fluss spazieren. Diese Spaziergänge an der Ruhr waren wie ein kleiner Urlaub vom Alltag für mich.

Eines Tages kam ich dort an einer Brücke vorbei und wurde in eine andere Zeit versetzt: Ich sah eine junge Frau, die im Begriff war, von dieser zu springen. Ich rief ihr noch zu, sie solle es nicht tun, doch da sprang sie auch schon. Schnell lief ich hin und schaute nach. Sie lag tot in dem Flussbett, und es schien mir, dass sie auf die Steine gefallen war, da die Ruhr an dieser Stelle nicht sehr tief war und der Wasserstand an diesem Tag auch sehr niedrig schien.

Ich wusste oft nicht, warum mir solche Geschehnisse gezeigt wurden, vielleicht um zu lernen, was alles möglich ist und um vieles besser zu verstehen, damit ich später mit diesem Wissen und meinem festen Glauben auch anderen Menschen würde helfen können. Dieser Frau jedenfalls hatte ich leider nicht helfen können.

Das Passwort

Eine junge Frau, Sophia, wandte sich an mich, weil sie ein großes Problem hatte. Seit einigen Jahren fiel sie ganz oft aus heiterem Himmel einfach so in Ohnmacht. Diese Ohnmachtsanfälle kündigten sich nicht vorher an, ihr war weder übel noch hatte sie Kreislauf- oder Herzprobleme. Sie fiel einfach ohne Vorwarnung um und kam jedes Mal mit dem Notarzt in ein Krankenhaus, wo sie auch wieder zu sich kam – und inzwischen bekannt war wie ein bunter Hund.

Mittlerweile war sie von oben bis unten komplett von ärztlicher Seite durchgecheckt worden – alles blieb jedoch ohne Befund. Sie war kerngesund, und keiner konnte sich diese Aus- bzw. Anfälle erklären. Sophia war völlig verzweifelt, weil die Ohnmachtsanfälle in der Zwischenzeit ihr Leben bestimmten. So fuhr sie schon lange kein Auto mehr, das war viel zu gefährlich geworden, aber selbst in Bus und Bahn fiel sie einfach so um, was natürlich sehr unangenehm war und immer mit dem kompletten Notarzt-Programm einherging. Sie fiel zu Hause um, auf der Arbeit, beim Einkaufen – überall ohne ersichtlichen Grund. Wenn sie wieder zu sich kam, ging es ihr direkt gut, und sie hatte keine Probleme aufzustehen, aber die blauen Flecken und Schrammen erinnerten sie natürlich ständig an ihr Leid.

Von einem guten Bekannten hatte sie nun meine Telefonnummer bekommen und einen Termin mit mir vereinbart, zu welchem sie mir ihr Bild vorab gesendet hatte. Auch ich konnte keinerlei körperlichen oder nervlichen Krankheiten bei ihr sehen, aber man gab mir den Hinweis „Passwort“ und zeigte mir ganz deutlich eine Frau, die damit zu tun haben sollte. Dies gab ich so an Sophia weiter, und sie wusste sofort, wer mit der Frau gemeint war. Es handelte sich um ihre ehemalige Freundin, eine Hypnose-Therapeutin, mit der sie sich immer gut verstanden hatte. Durch einen heftigen Streit aber zerbrach die Freundschaft, und sie gingen seitdem getrennte Wege und hatten keinen Kontakt mehr miteinander.

Weiter sah ich, dass das Passwort mit einer Hypnose-Sitzung zusammenhing. Während dieser Sitzung hatte man ihr ein bestimmtes

Wort im Unterbewusstsein verankert, das sie sofort in Ohnmacht fallen ließ, wenn sie es hörte oder diesen Gegenstand sah. Dieses Schlüsselwort war ihr nicht bekannt, sie hatte es damals unter Hypnose nicht wahrgenommen, weshalb man nicht sagen konnte, bei welchem Wort oder Gegenstand es passierte. Aber der Engel zeigte mir, dass es sehr tief verankert war und nur die geistige Welt es wieder restlos herauslösen konnte.

Sophia stimmte sofort zu, dies von mir mittels einer energetischen Anwendung und mit Hilfe der Engel machen zu lassen, was ich auch sofort tat. Während der Anwendung konnte ich sehen, dass ein Engel ganz sanft dieses Schlüsselwort aus ihr herauslöste und für immer löschte. Seitdem war der ganze Spuk definitiv vorbei, wie mir Sophia einige Wochen später berichtete. Sie war überglücklich, wieder ihr altes Leben zurückzuhaben und ganz normal ihren Alltag leben zu können.

Wichtig: Sollten Hypnosetherapeuten mit einem bestimmten Passwort oder Code arbeiten, muss es nach jeder Sitzung sofort wieder gelöscht werden! Auch, wenn dies zu Vorführungszwecken bei öffentlichen Veranstaltungen geschieht oder während lustiger Showeinlagen.

Die Autokennzeichen

Diese Geschichte passierte einer langjährigen Klientin von mir, hatte aber auffallende Ähnlichkeiten mit meiner eigenen Geschichte. Auch ich bekam damals wichtige Hinweise aus der geistigen Welt, welchen ich vertraute und die eine positive Wende herbeiführten. Die Hinweise, die ich damals bekam, waren jedoch viel subtiler und sind vielleicht nur hellsichtigen Menschen vorbehalten, weshalb ich hier gerne die Geschichte der Klienten erzählen möchte, die sehr gute Hinweise in der realen Welt bekam und diesen nachging.

Vor vielen Jahren brach der Sohn dieser Klientin, Ute, den Kontakt mit ihr ab. Er hatte eine Frau geheiratet, mit welcher sich Ute überhaupt nicht verstand und die ihrerseits ihre Schwiegermutter von Anfang an abgelehnt hatte. Es waren mittlerweile schon zehn Jahre vergangen, in denen sie nichts von ihrem Sohn persönlich gehört hatte. Sie hatte sich immer mal wieder bei Verwandten erkundigt, die zu ihm Kontakt hatten und wussten, wo er wohnt. Von ihnen hatte sie mittlerweile erfahren, dass sie bereits zwei Enkelkinder hat. Es brach ihr das Herz, dass er nichts mehr mit ihr zu tun haben wollte. Aber jeglicher Versuch einer Kontaktaufnahme die ersten Jahre nach dem Bruch verlief ins Leere, was ihr damals sehr wehgetan hatte.

Weil dieses ständige Abblocken ihres Sohnes zu schmerzhaft war, ließ sie irgendwann davon ab und lebte ihr Leben weiter. Natürlich dachte sie oft an ihn und fragte sich, was er wohl machte und ob er jemals wieder mit ihr reden würde, doch irgendwie arrangierte sie sich damit, dass er nichts mehr von ihr wissen wollte. Als sie an einem Punkt in ihrem Leben angekommen war, in der sie sowohl beruflich als auch privat eine Entscheidung treffen musste und spürte, dass es eine Veränderung in ihrem Leben geben würde, bat sie die Engel um Rat. Sie wollte einfach wissen, was denn ihr nächster Schritt sein sollte, in welche Richtung es in ihrem Leben jetzt gehen würde.

Bei ihrer Frage bzw. Bitte ging es nicht um ihren Sohn, sondern eigentlich um andere Entscheidungen, die zu treffen waren. Wenn Ute um Hinweise bittet, achtet sie auch auf alles, was ihr begegnet und als Botschaft in Frage kommt. Und schon am gleichen Tag, nachdem sie ihre Bitte gestellt hatte, begegneten ihr auf dem Weg zum Einkaufen drei Autos mit den Kennzeichen des Wohnortes ihres Sohnes. Zwar wurde sie jetzt wieder schmerzhaft an die schlimme Situation mit ihrem Sohn erinnert, dachte jedoch erst einmal nicht im Traum daran, dass es tatsächlich Hinweise zu diesem Thema waren. Dennoch ließ sie der Gedanke nicht los und es keimte ein Gefühl in ihr auf, dass irgendetwas mit ihm nicht stimmte. Sie fragte eine ihr gut bekannte Kartenlegerin um Rat, die sagte, er hätte gesundheitliche Probleme und bräuchte eigentlich ihre mütterliche Hilfe.

Wieder verging eine längere Zeit, in der sie mehr und mehr Autokennzeichen aus seinem Wohnort sah (welcher viele hundert Kilometer entfernt lag). Weil sie nun schon so viele Hinweise bekommen hatte und die Kartenlegerin ihren Verdacht obendrein bestätigt hatte, fasste sie sich ein Herz und versuchte noch einmal Kontakt mit ihm aufzunehmen, indem sie ihm einen Brief schrieb. Vielleicht war ja jetzt endlich der Zeitpunkt gekommen, ihr seine Tür wieder zu öffnen.

Und tatsächlich dauerte es nicht lange, und er meldete sich bei ihr über eine Handy-Nachricht. Sie verabredeten sich zum Telefonieren und sprachen sehr lange miteinander über alles, was in der Vergangenheit geschehen war. Vieles konnten sie endlich bereinigen und richtigstellen, nur seine Frau mochte Ute weiterhin nicht und wollte keinen Kontakt zu ihr. Ute erzählte mir, das fände sie nicht schlimm, Hauptsache, sie hätte wieder Kontakt zu ihrem Sohn und würde irgendwann einmal ihre Enkel kennenlernen. Nun berichtete ihr Sohn, dass er seit einem halben Jahr große Schmerzen in den Knien hätte, die ihn zwangen, seinen Handwerksberuf aufzugeben und umzuschulen. Er wäre lange Zeit krankgeschrieben gewesen, musste viele Therapien machen und hätte in dieser Zeit sehr oft an sie denken müssen. Weil er sich damals aber so ablehnend ihr gegenüber verhalten hatte, hatte er Bedenken, mit ihr Kontakt aufzunehmen. Zu groß war seine Angst, sie würde ihn nun ihrerseits ablehnen. Ute war glücklich, dass sie den Hinweisen nachgegangen war und die Engel so gut für sie gearbeitet hatten. Nun konnte sie ihm zumindest seelisch beistehen und wieder als Mutter für ihn da sein, wenn es ihm nicht gut ging.

Der gelbe Schein

Viele meiner Klienten fragten mich, ob auch ich einen sogenannten „gelben Schein" hätte und erzählten mir, das wäre von immenser Wichtigkeit, denn nur, wenn man diesen Schein hätte, wäre das Eigentum, wie zum Beispiel ein Haus, gesichert. Sehr kurz gefasst geht es hier um den Nachweis, wirklich deutscher Staatsbürger zu sein, um seine Besitztümer behalten zu dürfen, wenn zum Beispiel Enteignungen von Seiten des Staates in Frage kommen würden. Ausführliche Informationen hierzu finden Sie in dem Buch von Max von Frei *„Geheimsache Staatsangehörigkeit: Freiheit für die Deutschen"*, erschienen im *Amadeus Verlag*.

Weil ich so oft gefragt wurde und wissen wollte, ob dies Hinweise sind und mein Mann und ich diesen Schein ebenfalls benötigen, bat ich dazu um weitere Botschaften aus der geistigen Welt. An dem Tag, an dem ich diese Bitte losschickte, hatte ich einen persönlichen Termin mit einem Klienten aus Österreich, der – kaum bei mir angekommen – ein Buch aus seinem Rucksack holte und mir auf den Tisch legte. Das Buch war von Daniel Prinz und hieß *„Wenn das die Deutschen wüssten"*, ebenfalls im *Amadeus Verlag* erschienen. *„Martina, hast Du dieses Buch gelesen? Auch das mit dem gelben Schein? Du musst den auch beantragen, das ist wichtig."* Er selbst hätte ihn nicht beantragt, er bräuchte das nicht, aber ich wohl schon. Ich fand das sehr lustig, weil er die Beantragung für sich selbst nicht als wichtig empfand, aber mir den Schein wärmstens empfahl. Am gleichen Tag erreichte mich noch ein Anruf von einer Klientin, die meinte, ich müsse unbedingt den Gelben Schein beantragen. Sie hätte so viel darüber gelesen, dass sie mir diesen Tipp unbedingt geben wolle. Abends musste ich etwas länger arbeiten, weshalb ich erst später zu meinem Mann stieß, der bereits einen Film schaute. In dem Film ging es um Enteignungen nach dem Zweiten Weltkrieg – wieder ein Hinweis für mich, weshalb ich auch nicht zögerte und direkt am nächsten Tag damit begann, alle nötigen Unterlagen für eine Beantragung des Scheines zusammenzustellen. Drei auffallend direkte Hinweise auf meine Bitte hin genügten, um mich komplett davon zu überzeugen.

Bombenalarm

In einer anderen Wohnung, ebenfalls in Düren, hatte ich immer beim Verlassen des Hauses an der Türschwelle das Gefühl, als würde unter mir etwas explodieren. Dieses Phänomen wiederholte sich tagein, tagaus, immer und immer wieder und wurde schon bald zur Gewohnheit, weshalb ich noch heute genau weiß, wie sich das damals anfühlte. Das war wirklich, als würde unter mir alles explodieren.

Irgendwann musste das ganze Wohnhaus evakuiert werden, weil eine siebzigzentnerschwere Bombe aus dem Zweiten Weltkrieg genau an der Stelle vor dem Hauseingang bei Straßenbauarbeiten gefunden wurde. Zum Glück konnte sie, ohne Schaden anzurichten, entschärft werden, und wir durften wieder schnell in unsere Wohnungen zurück.

Von diesem Tag an war das Gefühl, dass etwas explodieren könnte, komplett verschwunden...

Einbruchsenergien

In unserem Haus in Vaals in den Niederlanden hatten wir zwei Terrassen, eine größere und eine kleinere, die von außen kaum einsehbar war, weil größere Büsche vor Blicken schützten. Wir nutzten diese kleine Terrasse kaum, mussten dort aber natürlich auch regelmäßig Büsche schneiden, fegen und Unkraut jäten. Immer dann, wenn ich mich dort auf dieser Terrasse aufhielt, auch wenn ich nur kurz nachschaute, ob dort alles in Ordnung war, bekam ich eine Gänsehaut und Übelkeit stieg in mir auf.

Das Haus an sich war energetisch gereinigt, weshalb ich nicht verstehen konnte, was mich an dieser Stelle so negativ berührte. Dies verstand ich erst, nachdem ich das folgende Erlebnis hatte: Mein Mann besuchte Freunde in seiner alten Heimat, wo er auch über Nacht blieb. Als ich mich spät am Abend schlafen legte, hörte ich meinen Engel, der laut und deutlich zu mir sagte: „*Bitte nicht einschlafen!*"

Weil ich ihm vertraue, tat ich mein Bestes, um trotz Müdigkeit wach zu bleiben. So döste ich vor mich hin, bis ich einen Knall hörte. Es hörte sich an, als wenn viele kleine Steine gegen eine Scheibe geworfen würden. Weil ich noch wach und vorgewarnt war, stand ich in der nächsten Sekunde vor dem Bett und schaltete das Licht an. Ich nahm all meinen Mut zusammen und schaute trotz zittriger Beine auf dem Weg nach unten in jedem Zimmer nach, ob ein Fenster beschädigt war, wobei ich alle Lichter anmachte. Es schien aber alles in Ordnung zu sein, weshalb ich wieder nach oben ging und aus dem Fenster schaute. Und da sah ich ihn: Gegenüber auf der anderen Straßenseite stand ein Mann, der ganz in schwarz gekleidet war. Er hatte einen schwarzen Rucksack und blickte Richtung unseres Hauses. Als er mich entdeckte, schaute er direkt in mein Gesicht und verschwand erschrocken. Ich hatte ihn gut sehen können, weil sich in der Nähe eine Straßenlaterne befand.

Am anderen Tag, als mein Mann wieder zu Hause war, suchten wir das Grundstück ab und fanden bei der kleinen Terrasse eine Feder von einer Elster, die aufrecht zwischen zwei Steinen steckte. Dies – so fanden wir heraus – bedeutet unter Einbruchsbanden, dass dieses Haus sicher ist und man dort einsteigen könne. Wir entfernten die Feder und ich reinigte das Grundstück energetisch von dieser Einbruchsenergie. Von da an bekam ich weder eine Gänsehaut auf der kleinen Terrasse, noch wurde mir übel, und ich war meinem Engel einmal mehr sehr dankbar, dass er mich vorgewarnt hatte. Ich konnte mir bildlich vorstellen, was passiert wäre, hätte ich fest geschlafen und nicht alle Lichter angemacht...

Auf dem Schlachtfeld

Mit meiner langjährigen, besten und sehr lieben Freundin Elisabeth tausche ich oft mediale Begebenheiten aus oder wir helfen uns auch schon mal gegenseitig, wenn wir Probleme haben und selbst nicht weiter wissen. Elisabeth ist ebenfalls hellsichtig und hat schon so manches erlebt. (Unter „Erinnerung an ein früheres Leben“, Seite 106 finden Sie die andere interessante Begebenheit von ihr). Doch nun zu ihrer spannenden Geschichte:

„Mit meinem Bruder machte ich einmal einen Ausflug in die Eifel, genauer gesagt in den Hürtgenwald, das Gebiet der sogenannten ‚Wilden Sau'. Dort fand 1944 die verheerende Allerseelenschlacht statt, bei der die Amerikaner vernichtende Verluste erlitten hatten. Wir waren in Bergstein (hinter Großhau) am sogenannten Burgberg und wanderten den Rundweg entlang. Plötzlich hatte ich das Gefühl, mitten auf einem Schlachtfeld zu stehen. Auf der einen Seite des Weges konnte ich amerikanische Soldaten wahrnehmen, die mit der Waffe im Anschlag durch das Dickicht streiften, und auf der anderen Seite lagen verborgen in Schützengräben und hinter Bäumen die Deutschen. Ich spürte die Anspannung, die Todesangst, den Hass und die Verzweiflung der Soldaten und konnte fast nicht weitergehen, so entsetzt war ich. Auch mein Bruder bemerkte einen Wechsel der Atmosphäre, konnte aber die gespenstischen Gestalten nicht sehen, sondern nur spüren. Kurz vor der Anhöhe, wo sich auch ein Spielplatz befindet, rannten mich einige Soldaten sogar fast über den Haufen.

Etwa am Ende dieses Weges ist im Unterholz ein noch erhaltener Bunker. Dort konnte ich die Verletzten und Sterbenden wahrnehmen und auch all die Toten sehen, die dort seit etwa 70 Jahren erdgebunden sind. Dies war für mich ein sehr ergreifendes, erschreckend reales und fürchterliches Erlebnis. Ich wollte irgendwie helfen und bat die Engel, wenn es denn sein dürfte, die Seelen ins Licht zu führen. Doch von den unsagbar vielen Seelen sah ich nur vier plötzlich sehr hell leuchten und ins Jenseits gehen. Alle anderen wollten oder durften noch nicht diesen Ort

verlassen. Vielleicht fehlte vielen von ihnen immer noch die Reue, denn ich nahm ja auch den Hass wahr, der dort herrschte.
Ich war jedenfalls glücklich, als wir endlich im Auto saßen und von dort wegfuhren. Als ich jedoch in den Rückspiegel schaute, traute ich meinen Augen nicht: Hinter uns fuhr ein deutsches Wehrmachts-Motorrad mit Beiwagen, besetzt mit zwei deutschen SS-Soldaten, die eine schauderhafte dunkle Energie um sich herum hatten. Sie schienen uns tatsächlich zu verfolgen, was mir dann wirklich zu viel war und ich Erzengel Michael bat, sie dorthin zu schicken, wo sie niemandem mehr schaden konnten, was auch direkt funktionierte.
Im Hürtgenwald ist damals die Erde mit Blut getränkt gewesen und genau das spürt man bis zum heutigen Tag – einfach schrecklich.“

Elisabeth war so lieb, mir noch ein weiteres Erlebnis aufzuschreiben, welches sie zusammen mit ihrer Kollegin in der Kindertagesstätte erlebte, in welcher sie damals arbeitete. Ihre Kollegin war nicht hellsichtig, aber spirituell sehr interessiert, und sie wusste, dass Elisabeth medial begabt war und vertraute ihr deshalb. Dass sie jedoch einmal selbst mit ihr ein unglaubliches Phänomen erleben würde, hätte sie sich allerdings nicht gedacht:

„In einem Seniorenzentrum am Rande von Düren war ein kleiner, eingruppiger Kindergarten untergebracht, in dem ich 2010 zusammen mit einer weiteren Erzieherin und einer Praktikantin in der Ausbildung arbeitete.
Irgendwann fiel meiner Kollegin und mir jeden Mittag etwas Merkwürdiges auf: Nach dem Mittagessen war jeden Tag von 13-14 Uhr Mittagsruhe, in welcher die Kinder meist schliefen oder sich leise beschäftigten. In dieser Zeit erledigten meine Kollegin und ich Büroarbeiten und die Praktikantin beaufsichtigte die Kinder.
Nun hörten wir über ein paar Tage immer um dieselbe Zeit, wie die Eingangstür aufging, das Klangspiel daran klimperte und die Tür wieder ins Schloss fiel. Weil es sehr leise im Kindergarten war, konnten wir das Geräusch der Tür, die auf- und wieder zuging, wirklich deutlich hören, das Klangspiel sowieso.

Am ersten Tag, als wir die Tür hörten, schauten wir durch das Fenster in den Flur bzw. zur Tür, doch dort war niemand zu sehen. Es war an sich schon sehr ungewöhnlich, dass um diese Zeit überhaupt jemand kam, weshalb wir auch beide neugierig nachsahen, aber dort war niemand.
Wir suchten natürlich nach weltlichen Erklärungen, doch der Wind schied aus, weil diese Tür wirklich fest im Schloss saß. Die konnte kein Wind einfach mal so aufstoßen. Aber vielleicht hatte sich einfach jemand in der Tür geirrt und war direkt wieder gegangen. Das war noch die logischste Erklärung dafür, weshalb wir diesem Ereignis auch keine Aufmerksamkeit mehr schenkten.
Erst, als sich dieses Phänomen Tag für Tag wiederholte, war uns klar, dass hier wohl etwas Übersinnliches im Spiel war. Wir spitzten von nun an jeden Tag die Ohren, um schnell schauen zu können, wer oder was die Eingangstür bewegte. So liefen wir eines Tages schnell an das Fenster zum Flur, um zu schauen, was dort los war. Immer war die Tür bereits wieder zu, aber das Klangspiel wackelte noch, als wir nachsahen – doch auch draußen auf dem Gelände war niemand, als wir uns dort umschauten. Es hätte auch durchaus sein können, dass ein Kind oder mehrere einen Streich spielten, aber die Praktikantin schwor immer Stein und Bein, dass alle Kinder die ganze Zeit über in dem Raum waren und diesen noch nicht einmal verlassen hatten, um zur Toilette zu gehen.
An einem Mittag wollten wir ganz schlau sein und legten uns im Flur auf die Lauer, doch an diesem Tag passierte natürlich nichts. Nun wurde es mir zu bunt und ich bat die Engel, dass sie uns doch bitte zeigen, wer immer mittags die Eingangstür aufmachte und hereinkam. Denn das Gefühl, dass jemand hereinkam, hatte ich sehr stark. Und so bekam ich an einem Mittag die Antwort auf meine Frage und Bitte. Man zeigte mir, dass sich im Flur hinter den Jacken an der Garderobe jemand verbarg. Es war ein kleines Mädchen, das sich dort vor uns versteckte. Die Engel sagten mir, dass an diesem Platz zur Zeit des Zweiten Weltkriegs ein freies Feld gewesen war. Dort war dieses Mädchen während eines Bombenangriffs ums Leben kommen. Und obwohl es nach unse-

rer Zeitrechnung etwa 70 Jahre her war, wusste dieses Mädchen nicht, dass es tot war und suchte seitdem verzweifelt seine Eltern – somit war sie erdgebunden. Durch diese Erdgebundenheit konnte sie nicht ins Licht, in das Jenseits gehen und irrte auf der Suche nach ihren Eltern auf diesem Platz umher.
Von dem Kindergarten fühlte sie sich angezogen, so erklärten mir die Engel, weil sie die Geborgenheit der Kinder dort spürte, die sich in diesem Kindergarten sehr wohl fühlten. Für das tote Mädchen wiederholten die Geschehnisse von damals immer und immer wieder, weshalb es immer um die gleiche Zeit in den Kindergarten kam.
Ich erzählte meiner Kollegin, worum es genau ging und was die Engel mir erklärten. Wir waren sehr ergriffen von dem Schicksal des kleinen Mädchens, aber auch, weil die Energien hier so gut waren, dass es sich davon angezogen fühlte.
Anschließend sprach ich mit dem Mädchen und erklärte ihm, dass seine Eltern schon lange auf der anderen Seite, im Licht, auf sie warteten. Während ich mit dem Mädchen redete, schaute es mich nicht an. Ich denke, es war im Gesicht grausam verstümmelt und schämte sich deshalb vor mir.
Die Engel bat ich sofort, wenn es denn sein dürfe, dass man sie ins Licht führen möge. Von diesem Zeitpunkt an sah ich sie nicht mehr. Von nun an ging die Eingangstür mittags nicht mehr auf und zu, auch das Klangspiel war um diese Zeit nicht mehr zu hören."

Vielen Dank, liebe Elisabeth, für das Bereitstellen dieser beiden spannenden Ereignisse.

Tausend Augen

In meiner Wohnung fühlte ich mich jeden Abend sehr unwohl. Ich konnte damals schon Energien geistig reinigen, leider jedoch noch nicht dauerhaft umstellen, weshalb es immer nur sehr kurzfristig half. Immer und immer wieder hatte ich abends, wenn ich zur Ruhe kam, das Gefühl, mich schauen tausend Augen an und beobachteten mich.

Erst längere Zeit später zeigte man mir des Rätsels Lösung: Ich nahm ein Paket für die Dame, die über mir wohnte, an und brachte es ihr abends. Sie wohnte dort mit ihrem Lebensgefährten, und es war an diesem Abend das erste Mal, dass sie mich hereinbat. In der Wohnung bekam ich direkt eine Gänsehaut, und ich fand alles einfach nur gruselig. Aus tausenden Augen von schier unendlich vielen Puppen schauten mich Geistwesen und Verstorbene an. Noch nie hatte ich so etwas gesehen. Hier gab es viel mehr Puppen als in irgendeinem Geschäft. Und jede von ihnen schien lebendig zu sein und mich anzusehen. Wie nur konnte man hier leben? Ich verabschiedete mich recht schnell und ging in meine Wohnung zurück.

Von diesem Tag an kam das Gefühl, beobachtet zu werden, nie wieder. Jetzt wusste ich, woher diese Blicke kamen und konnte mir bzw. der Wohnung einen Schutz machen, damit ich wieder ungestört meinen Feierabend genießen konnte.

Dies ist ähnlich wie in der Geschichte „Ein Hund hat Angst" auf Seite 142, der ebenfalls mit Puppen und versteckten Wesen in ihnen zu tun hat. Oft nutzen Verstorbene, aber auch andere Wesenheiten, Puppen und Stofftiere, um sich dahinter zu verstecken oder durch diese auf eine gewisse Art weiterzuleben, u.a. deshalb, weil Stofftiere und Puppen meist mehr Aufmerksamkeit bekommen als Lebende.

Der Mordanschlag

Vor vielen Jahren lernte ich ein Pärchen kennen, das gerade erst aus einer Sekte ausgestiegen war und mich nun um Hilfe bat, weil es für sie sehr schwierig war, energetisch von dieser Sekte loszukommen. Immer wieder waren sie schwarzmagischen Angriffen ausgesetzt, bei denen teilweise sogar ihr Leben in Gefahr war, denn es passierten gehäuft Unfälle im Haus, aber auch im Straßenverkehr.

Schwarzmagische Angriffe bedeuten, dass ein Verursacher bzw. Aussender negative Gedanken, Wünsche oder Flüche aussendet, um einer Person, Familie oder Gruppe bewusst Schaden zuzufügen. Wenn ein Verursacher darin geübt ist oder es im Verband mit mehreren tut, können sich solche schwarzmagischen Handlungen tatsächlich auf ganz realer, weltlicher Ebene als z.B. Unfälle, finanzielle Verluste, Streitereien, Krankheiten, u.v.m. zeigen.
Allerdings passiert nicht immer direkt etwas Schlimmes, wenn man mal negative Gedanken hat, ansonsten aber positiv eingestellt ist. Auch ein im Streit aufkommender schlechter Gedanke oder negativer Wunsch an sein Gegenüber muss keine negativen Auswirkungen haben, wenn es nicht wirklich so gemeint ist und man im Herzen eigentlich positiv und liebevoll eingestellt ist.

Es dauerte insgesamt zehn Jahre, bis diese Angriffe endgültig aufhörten. Zwar wurde es von Jahr zu Jahr besser, aber die Angriffe hörten definitiv erst nach dieser langen Zeit auf. Erst dann meldeten sich auch die Sektenanhänger nicht mehr bei den beiden – Judith und Michael. Michael ging es während dieser Zeit bereits körperlich nicht immer gut und ich half ihm immer wieder auf die Beine zu kommen – seelisch sowie körperlich, wofür er mir sehr dankbar war. Er war ein sehr lieber, fürsorglicher Mensch und ich mochte ihn sehr. Weil wir so viel zusammen arbeiteten und wir uns nach einiger Zeit schon sehr gut kannten, entstand eine gute Freundschaft zwischen uns.

Dies allerdings war Judith ein Dorn im Auge, denn sie war sehr eifersüchtig und beanspruchte ihren Mann für sich alleine. Sie selbst schien mir immer noch mit der Sekte verhaftet zu sein, da sie deren Kleidungsstil beibehielt und auch oft in deren Energie fiel, was ich zum einen sah und zum anderen an der Art merkte, wie sie redete bzw. ihre Sätze formulierte. Sie wollte zwar – ich denke Michael zuliebe – nichts mehr mit dieser Vereinigung zu tun haben, aber kam nicht ganz von ihr los. Irgendetwas schien sie dort beeindruckt zu haben...

Gegenüber ihrem Mann schien sie mir sehr gefühlskalt und mit nur wenig Liebe für ihn, obwohl sie krankhaft eifersüchtig war und ihn für sich alleine beanspruchte (Kinder hatten sie keine). Sie konnte einfach nicht ertragen, wenn ich mit Michael arbeitete oder mit ihm telefonierte. Aber vielleicht ahnte sie auch, was ich immer wieder deutlich gezeigt bekam: Sie war nicht die richtige Frau für ihn, und er würde über kurz oder lang an ihr zerbrechen, wenn sich nichts in ihrem Verhalten ändern würde. Ihr selbst musste ich von Zeit zu Zeit immer wieder versichern, dass ich nichts von Michael wollte, dass da nur Freundschaft zwischen uns war, ich ihn mochte und ihm deshalb bei seinen – meist gesundheitlichen – Problemen half. Doch Michael war von seiner Frau so eingenommen, dass er nicht sah, wie sie auf ihn wirkte, energetisch aussaugte und damit nach und nach zerstörte.

Bald schon fiel es ihm immer schwerer, seinen Beruf auszuüben, weil er kränker und kränker wurde. Er konnte kein Auto mehr fahren, kaum noch laufen und sein Körper sah immer ausgemergelter aus. Ich konnte ihn zwar, wenn er mich darum bat, mit energetischen Anwendungen helfen, aber das eigentliche Problem an seiner Seite, das er nie offen zur Sprache brachte, war nicht gelöst. Vielleicht hätte es gereicht, miteinander offen zu reden und die Dinge klar zu benennen, die zwischen ihnen standen, aber dazu fehlte ihm entweder der Mut oder sie hatte ihn bereits zu sehr unter Kontrolle. Schon damals sagte ich ihm, er müsse aus dieser Partnerschaft lernen und seine Konsequenzen ziehen, sonst würde er kränker und kränker werden, bis er im Rollstuhl landen würde, denn dann könne er ihr nicht mehr davonlaufen.

Vor einiger Zeit – wir hatten länger keinen Kontakt – erzählte mir Michael, seine Frau hätte sich wesentlich gebessert, und es liefe jetzt gut zwischen ihnen. Ich freute mich für seinen Optimismus, wusste aber, dass sie diese Freundlichkeit nur kurzfristig zeigen würde. In ihrem Inneren – das wurde mir vermittelt – waren noch immer negative Strukturen, die sie bald wieder einholen würde. Doch ich gab die Hoffnung nicht auf und half auch weiterhin Michael, wenn er mich brauchte.

Noch immer – nach über einem Jahrzehnt – verhielt sich Judith immer wieder wie in der Sekte. Ihre Art sich auszudrücken, Michael Befehle zu erteilen (anders konnte man dieses Verhalten nicht nennen) und die Art, wie sie sich gab und kleidete, deutete immer noch auf die Verbundenheit mit der Sekte hin. Ob bewusst oder unbewusst war sie diejenige, die an der Sekte festhielt bzw. kam die Energie der Sekte immer wieder durch sie an beide heran, weil Judith die Tür zu ihnen nicht endgültig verschlossen hatte. Ich hätte ihr so gerne geholfen, auch von all dem loszukommen, aber sie ließ es einfach nicht zu und blieb lieber weiter die gefühlskalte Frau an Michaels Seite.

Die Jahre vergingen, Michael ging es immer schlechter, behauptete aber mir gegenüber, alles wäre in bester Ordnung, auch mit seiner Frau und ihm. Aber wieder spürte ich, dass nichts in Ordnung war und es ihm permanent schlechter ging, auch wenn er seine Späße am Telefon machte.

Michael ist ein sehr spiritueller Mensch und hat einige Seminare auf diesem Gebiet besucht und auch Ausbildungen absolviert. Nun aber fing er an, alle Engelfiguren und -bücher zu entsorgen und mir zu erzählen, das würde alles keinen Sinn mehr machen. Von nun an würde er direkt mit Gott arbeiten, sagte er, was ja auch eigentlich völlig in Ordnung ist, aber ich spürte einfach, dass seine Aussage nicht stimmte, weil ich nichts Positives um ihn herum wahrnehmen konnte. Auch redete er in nicht zusammenhängenden Sätzen und kam mir teilweise sehr wirr vor. Traurig machte mich aber, dass er mittlerweile jede Hilfe von mir ablehnte und mir ständig eine Gänsehaut über den Rücken lief, wenn ich an ihn dachte – kein gutes Zeichen. Mir war klar, dass da irgendetwas nicht stimmte und mir wurde ganz mulmig zumute…

Weil ich Michael jedoch sehr mochte und verstehen wollte, was da vor sich ging, bat ich die geistige Welt um Hinweise, wenn es sein durfte. Nur wenige Tage später saß ich in unserem Garten und wartete auf meinen Mann, der noch den Kaffee aus der Küche holte, als etwa zehn Leute vorbeigingen, die alle gleich angezogen waren. Mein Mann, der mittlerweile auch diese Personen beobachtete, erklärte mir, dass dies Mitglieder einer ganz bestimmten Sekte seien, die sich alle gleich kleiden würden und deshalb so herausgeputzt aussahen. Er wusste das, weil in seiner Nachbarschaft früher auch solch eine Sekte ihre Niederlassung hatte.

Nachdem ich nun den Namen der Sekte wusste, suchte ich im Internet danach, um mehr darüber zu erfahren. Irgendwie wusste ich, dass dies mein Hinweis aus der geistigen Welt war in Bezug auf Michael. Und genauso war es! Ich fand diese Sekte im Internet, und beim näheren Stöbern fand ich auch Michael auf dieser Seite, der dort Vorträge hielt und aktiv mitarbeitete. Jetzt wurde mir einiges klar, deshalb hatte er mich mehr oder weniger abgeblockt. Die beiden waren längst wieder in einer Sekte, und weil es damals so viel Arbeit war, vor allem ihn davon zu befreien, wollte er mir nichts darüber sagen. Meine Reaktion darauf konnte er sich sicher vorstellen.

Jetzt wunderte mich wirklich überhaupt nichts mehr, und ich überlegte tagelang, was ich nun tun könne, denn so unkommentiert wollte ich das nicht stehenlassen... Ich bin immer sehr ehrlich im Umgang mit anderen Menschen und habe einen ausgeprägten Gerechtigkeitssinn, weshalb ich diese Angelegenheit auch mit Michael direkt klären wollte und ihn anrief. Am Telefon stritt er alles ab und meinte zu mir, dass er nicht in einer Sekte sei – es wäre lediglich eine Gruppe von ehemaligen Sektenmitgliedern, die ebenfalls ausgestiegen sind und sich nun gegenseitig helfen. Ich glaubte ihm kein Wort und nahm auch geistig wahr, dass er mich anlog und am liebsten den Kontakt zu mir ganz abbrechen würde – was ich auch tat. Irgendwie spürte ich schon während des Gespräches, dass hier Gefahr im Verzug war und ich aufpassen musste, dass mir die „ehemaligen“ Sektenmitglieder nichts Negatives sendeten.

Doch schon einen Tag später stand ich morgens sehr früh auf, weil ich noch viel zu erledigen hatte und entdeckte in meiner rechten Armbeuge einen lila-roten Fleck und eine angeschwollene Vene. Es sah aus, als hätte ich gerade eine nicht sehr sanfte Blutentnahme gehabt. Auch mein Mann sagte, das sehe tatsächlich aus, als hätte da jemand ganz frisch einen Einstich gemacht. Weil er solche Phänomene von mir kennt, machte er sich aber weiter keine Sorgen und sagte, dass es sich sicher schon bald zeigen würde, wer oder was es war. Nur eine Stunde später bekam ich ungewöhnlich starke Rückenschmerzen, ich konnte weder sitzen noch liegen und rief in meiner Verzweiflung meine Freundin an, um sie um Hilfe zu bitten. Sie machte direkt eine energetische Anwendung und sah, dass man mir eine schwarze Masse in die Vene gespritzt hatte, die sich im Rücken ausbreitete. Auch war dort an einem dicken schwarzen Seil ein Anker, der fest in meinem Rücken steckte.

Bei diesem Anker handelte es sich um negative, dunkle Energien, die fest in mir verankert wurden. Die geistige Welt arbeitet gerne mit Bildern, die sie uns vermittelt, um gewisse Dinge restlos auflösen und energetisch in die Heilung bringen zu können, was hier auch so geschah.

Sie löste alles Dunkle energetisch aus mir heraus, reinigte mich energetisch und ließ aufbauende Energien in mich einfließen. Der Schmerz ließ mit der Zeit nach und schon nach wenigen Stunden fühlte ich mich wieder völlig frei und sogar der lila Fleck war verschwunden. Doch leider sollte es nicht der letzte Angriff dieser Sekte sein...

An einem Sonntagnachmittag, an dem zum ersten Mal zu Beginn des Frühjahrs die Sonne warm schien, ging ich mit meinem Mann in den Bergen wandern. Wir hatten uns eine Route ausgesucht, die nicht sehr schwer zu gehen war, da es die erste längere Tour nach dem langen Winter für uns war. Fast am Ziel angekommen, war nur noch ein kurzer Anstieg zu überwinden, bevor wir es geschafft hatten. Ab dieser Stelle lag jedoch noch Schnee, der auch teilweise vereist war. Und weil meine Wanderschuhe sehr rutschig waren und der Weg nochmal recht steil anstieg, sagte ich auf halbem Weg zu meinem Mann: *„Ich gehe keinen*

Schritt ohne die Eis- und Schneeketten unter meinen Schuhen da hinauf, das ist mir zu gefährlich.“

Sprach’s und ging den Weg wieder zurück, um mir die sicheren Eisketten an den Schuhen zu befestigen und wieder den Anstieg – diesmal mit einem sicheren Gefühl – zu bewerkstelligen. Nichts ahnend und guter Dinge überfiel mich jedoch mitten auf der letzten Strecke eine tiefe Angst, fast schon ein panikartiges Gefühl. Plötzlich war ich mir sicher, dass mein Leben gleich vorbei sein würde und sah hinter mir kurz eine Gestalt, die laut und deutlich zu mir sagte: *„Los, stürz‘ ab!“* Ich dachte, das war das Letzte, was ich in diesem Leben hören würde und betete schnell zu den Engeln, sie mögen mir doch helfen. Unter heftiger Atemnot, mit Herzrasen und sehr zittrigen Beinen schleppte ich mich das restliche Stück Berg hoch. Meine Beine schienen nicht zu mir zu gehören, sie zitterten, und ich hatte das Gefühl, als führten sie ein Eigenleben. Meine Gedanken überstürzten sich, denn ich wollte wissen, was das für eine Gestalt hinter mir war, deren Stimme ich laut gehört hatte, und die mir den Tod wünschte. Als mich mein Mann einigermaßen beruhigt hatte, kehrten wir erst einmal ein und aßen eine Kleinigkeit zu Mittag. Viel Hunger hatte ich wahrlich nicht, denn ich dachte schon voller Angst an den Abstieg...

Doch meine Engel schienen ganze Arbeit zu leisten, denn der Weg wieder herunter war zwar nicht weniger gefährlich als herauf, aber ich konnte ihn zum Glück völlig locker und mühelos gehen – ohne Zwischenfälle. Während des restlichen Weges hinab ins Tal fragte ich mich allerdings, was dies zu bedeuten hatte, und wer mir da nach dem Leben trachtete. Dass es ein geistiges Wesen war, wusste ich, das hatte ich genau sehen können, aber es musste ja irgendjemand dahinterstecken. Nun bat ich die Engel erneut um eine Botschaft, in der mir gezeigt wurde, wer mich so sehr hasste.

Es dauerte nicht lange, da bekam ich gleich mehrere Hinweise: Mein Mann und ich wollten zum Abschluss dieser anstrengenden Wanderung in ein Café, das eine wunderschöne Aussicht hatte. Dort angekommen, suchten wir uns einen schönen Platz und bestellten Kaffee und Kuchen. Plötzlich fuhr rasend schnell und mit Sirenen ein Krankenwagen an dem Café vorbei und direkt im Anschluss ein Auto mit dem Kennzeichen des Ortes, in dem Judith und Michael wohnen und welcher mehrere Kilometer weit weg war. Mein Mann und ich schauten uns fragend an und überlegten beide, was dies zu bedeuten hatte, als eine Frau auf den Nebentisch zusteuerte, die ihren – wie es aussah – Ehemann in einem Rollstuhl schob. Die Frau hatte die gleiche negative Energie wie Judith, wirkte sehr reserviert und kühl und grinste uns hämisch an. Der Mann im Rollstuhl sah genauso abgemagert wie Michael aus, sein Kopf fiel zur rechten Seite in Richtung Brust und er stieß immer wieder die gleichen Laute aus, wobei seine rechte Hand genauso zitterte wie mittlerweile die von Michael.

In diesem Moment war mir klar, dass dies zum einen ein Hinweis war, dass man mit mir nichts mehr zu tun haben wollte und mir deshalb sogar den Tod wünschte und ebenso, dass Michael einmal genauso enden würde wie dieser arme Mann im Rollstuhl, wenn er nicht selbst den Wunsch hatte, seine Lage zu ändern.

Obwohl wir schon lange mit der geistigen Welt arbeiten und viel erlebt haben, waren wir wieder einmal verblüfft, wie schnell uns die geistige Welt Hinweise und Antworten auf unsere Fragen gegeben hatte. Dies macht sie nicht nur für ein ausgebildetes Medium, wie ich es bin, sondern für alle Menschen, die darum bitten. Man muss die Zeichen erkennen und deuten können, um die Antworten auf unsere Fragen zu verstehen. Mit ein bisschen Übung und offenen Augen gewinnt man hier schnell an Sicherheit. Manchmal kommen Hinweise über Autokennzeichen, Aussagen auf Werbeplakaten, in Liedtexten im Radio, usw. Hier gibt es unzählige Möglichkeiten, wie die Engel mit uns kommunizieren können.

Zu Hause angekommen, wurde ich wieder nachdenklich. Zu sehr interessierte mich, was es mit dieser Gestalt auf dem Berg auf sich hatte. Deshalb rief ich ein befreundetes Medium an, um mir einen Rat zu holen. Nachdem ich ihr die Gestalt genau beschrieben hatte, erklärte sie mir, dass sie ihn kennen würde. Diese Gestalt wäre ihr durch Voodoo bekannt, mit ihm wünsche man anderen den Tod. Auch die Karten, die sie mir noch zu dieser Situation legte, sagten das Gleiche aus. Als sie mir anschließend ein Bild von dieser Gestalt auf mein Handy sendete, war ich schockiert, weil sie tatsächlich genauso aussah, wie der „Herr in Schwarz" auf dem Berg.

Hier bitte ich um Verständnis, dass ich nicht preisgeben kann, wer diese Gestalt ist, wie sie benannt wird und aussieht. Zu gefährlich ist der Umgang mit ihr, und zu viele Voodoo-Begeisterte haben ihm schon viel zu viel Energie gegeben, um Böses zu verrichten. Diese Energien möchte ich sowohl von Ihnen, als auch aus diesem Buch heraus halten. Besser, man weiß nicht zu viel über ihn...

Mir aber wurde immer bewusster, dass Judith immer negativer wurde und mir tatsächlich nach dem Leben trachtete, natürlich beeinflusst von der Sekte, der sie und Michael angehörten. Konsequent entsorgte ich alles, was ich von ihnen noch zu Hause hatte, wie z.B. Bilder, Geschenke, Erinnerungen und sogar alle Telefonnummern von ihnen. Erst dann war auch wirklich der Spuk vorbei und es gab keine negativen Vorkommnisse mehr.

Von dem Paar nahm ich von da an Abstand.

Wenn jemand einem anderen Menschen solche negativen Dinge sendet, kommt es auf die innere Haltung von diesem an, wie es sich auswirkt. Hätte ich mich zum Beispiel über dieses Wesen sehr erschrocken und wäre in dieser angstvollen Haltung geblieben, wäre seine Macht eine viel größere gewesen. So bemühte ich mich, in meiner inneren Mitte zu bleiben und trotz erstem Schreck besonnen zu handeln. Das ist nicht immer einfach, schützt aber vor solchen Angriffen. Die Ruhe bewahren heißt in heiklen Situationen nämlich nichts anderes, als großes Vertrauen in die geistige Welt, seinen Schutzengel und andere lichtvolle Helfer zu haben.

Der Fluch

Mein jetziger Mann wohnte zeitweise bei mir, hatte aber ein eigenes Haus in seinem Heimatort, welches nun zum Verkauf stand, da wir nach Bayern ziehen wollten. Regelmäßig fuhren wir dorthin, um nach dem Rechten zu schauen und die Außenanlage zu pflegen.

Ein früherer Arbeitskollege von ihm, der in der näheren Umgebung wohnte, mochte mich nicht und ließ mich dies auch mehrfach deutlich spüren. Ich vermute, dass er nicht akzeptieren konnte, dass mein Mann nun mit einer „Hexe" verheiratet war, wie er mich immer bei ihm zu nennen pflegte. Er kam des Öfteren vorbei, um ebenfalls nach dem Haus zu schauen, worum ihn mein Mann gebeten hatte und was er auch sehr gewissenhaft und gerne tat. Natürlich kam er auch dann, wenn wir dort waren, um uns – oder besser gesagt meinen Mann – zu besuchen. Immer wieder kam wohl das Gespräch auf die verstorbene Frau meines Mannes, die der Kollege sehr gemocht hatte – im Gegensatz zu mir. Mein Mann litt darunter, dass sein Bekannter mich nicht als seine neue Frau akzeptieren konnte, weshalb ich ihn, als er sich bereits verabschiedet hatte und gehen wollte, abpasste, um alleine mit ihm zu sprechen. Ich bat ihn, dass er seine negativen Bemerkungen über mich doch bitte meinem Mann gegenüber unterlassen möge. Er könne mich beschimpfen, aber ich bat ihn eindringlich, meinen Mann damit in Ruhe zu lassen und dass wir uns zumindest gegenseitig respektvoll behandeln sollten, mögen müsse er mich ja nicht, damit könne ich leben. Er schaute mich nur böse an, drehte sich um und ging die Auffahrt hinunter zu seinem Auto. Ich drehte mich ebenfalls kopfschüttelnd um und ging zurück in das Haus.

Am nächsten Tag wachte ich auf und traute meinen Augen nicht, weil meine Hand so aussah:

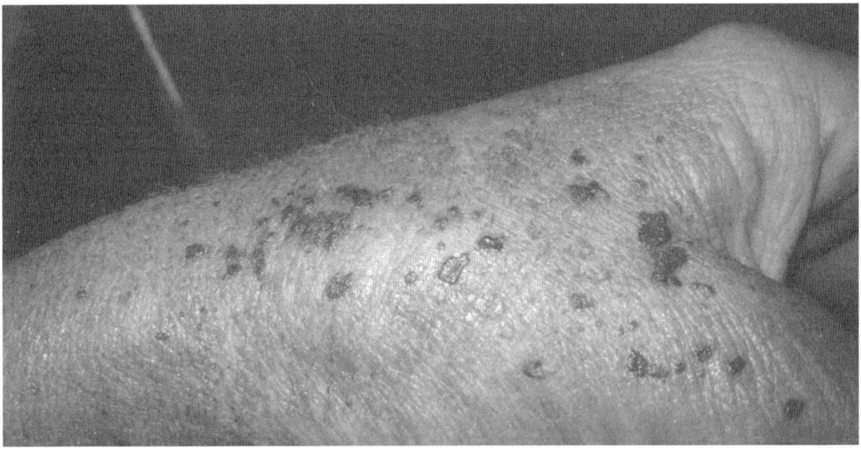

Sie war übersäht mit kleinen Blutschwämmchen, die juckten und gleichzeitig schmerzten. Ich hatte noch nie Hautprobleme oder Allergien, und ich hatte mich am Vortag weder verletzt, noch war ich mit einer Pflanze in Berührung gekommen, die so etwas hätte auslösen können. Ich war ratlos...

Und weil ich mir keinen Rat wusste, nur ahnte, dass hier etwas nicht mit rechten Dingen zuging, rief ich meinen Arzt an und fragte, ob er mir helfen könne. Er ist ebenfalls hellsichtig und sah einen Mann, der einen Fluch auf mich gelegt hatte, er würde mich regelrecht hassen, sagte er. Ich fragte ihn, ob das der Kollege sein könnte, der mich nicht leiden mochte und er bestätigte es. Mein Arzt versprach mir, den Fluch sofort aufzulösen, damit er nicht noch mehr Schaden anrichten konnte, worüber ich ihm sehr dankbar war.

Zwischenzeitlich erzählte ich meinem Mann, was der Arzt gesehen hatte, und er sagte, dass er mir erst nichts sagen wollte, weil das Verhältnis zwischen seinem Kollegen und mir sowieso sehr angespannt wäre, aber er hätte am Tag zuvor beobachtet, wie sein Kollege in die Hofeinfahrt spuckte und sehr wütend dabei wirkte. Jetzt hatte ich die Bestätigung, dass er tatsächlich erst gestern den Fluch ausgesprochen hatte und dieser über Nacht bereits seine Wirkung entfacht hatte. Nachdem aber mein Arzt während einer energetischen Anwendung alles wieder auflösen und reinigen konnte, lösten sich auch die Blutflecken wieder auf. Am nächsten Tag – das war schon unglaublich – waren alle Flecken verschwunden und meine Haut wieder ganz normal.

Man sollte die Macht mancher Menschen nicht unterschätzen. Ein einmal ausgesprochener negativer Wunsch kann wirklich solche fatalen und sofortigen Auswirkungen haben und viel Schaden anrichten. Aber es gibt auch Unterschiede, die liegen in dem Menschen selber. Manche, die eigentlich ein sehr gutes Gemüt haben und ihren Mitmenschen im Grunde nichts Böses wünschen, können sich schon mal aufregen und sich negativ äußern, ohne dass direkt etwas passiert. Streit und Aufregung sind menschlich und gehören zum Leben dazu. Da denkt man schon mal schnell etwas Negatives oder wünscht dem anderen Pech, meint es im Grunde aber nicht ernst.

Doch es gibt auch Menschen, die grundlegend negativ eingestellt sind, zerfressen von Neid und Missgunst oder besessen von Gier. Diese Menschen sind oft noch zusätzlich von negativen Wesen begleitet, welche eine negativ geäußerte Bemerkung verstärken können – bis zum Fluch oder einer schwarzmagischen Handlung. Nicht selten habe ich in Beratungen gesehen, dass solche Menschen in einem früheren Leben bereits schwarzmagisch gearbeitet haben und um die Werkzeuge und Bedingungen dafür sehr wohl wussten. Diese Macht begleitet sie oft noch – unbewusst – in deren jetzigen Leben, weshalb diese Flüche sehr stark und direkt wirken können.

Der Untersberg

Weil mein Mann und ich sehr gerne wandern und unsere schöne neue Heimat in Bayern seit unserem Umzug erkunden, planten wir einen Ausflug zum nahegelegenen Untersberg. Diesem Berg eilt sein mysteriöser Ruf voraus, weshalb ich sehr neugierig war, was uns dort energetisch erwarten würde.

Es gibt unzählige Geschichten über Phänomene, die an diesem Berg geschehen sind. Da ich noch nie dort war, konnte ich nicht sagen, ob es tatsächlich stimmt, dass der Berg zum Beispiel mehrere Zeitportale besitzt, in dem Menschen für lange Zeit verschwinden können. Angehörige dieser Menschen, die mit auf dem Berg waren, erzählen, dass ihre Lieben in der einen Minute noch da und dann plötzlich verschwunden waren. Die, die weg waren, hatten nicht das Gefühl, verschwunden zu sein, waren aber irgendwie unsichtbar. Es wird von einem Fall berichtet, in dem der Vater mit seiner Tochter auf dem Berg war, um dieses Phänomen zu erforschen. Sie gingen abseits der Wege, weil sich dieses Zeitphänomen dort befinden sollte. Der Vater berichtete hinterher, dass seine Tochter einige Meter neben ihm lief und plötzlich verschwunden war. Er selbst rief etwa 20 Minuten nach ihr, bis sie an einer anderen Stelle mit Blumen in der Hand wieder auftauchte. Sie selbst sagte, sie hätte nur kurz ein paar Blumen gepflückt, als sie ihren Vater nur ein einziges Mal nach ihr rufen hörte. Für sie war es lediglich ein kleiner Moment, für ihren Vater etwa 20 Minuten. Es gibt noch mehr solcher Geschichten, auch von den Höhlen, die es in diesem Berg gibt – um die 400 insgesamt. Wenn man in eine Internet-Suchmaschine „Untersberg" eingibt, findet man sehr viele Informationen hierzu, auch viele Filme auf YouTube, die sehr interessant sind.

Nun stand ich also vor dem herrlichen Berg und fragte mich, ob ich denn überhaupt dort hoch wollte, denn die Energien waren schon etwas merkwürdig. Sofort hörte ich von dem Berg ein ganz klares „*Nein!*".

Ich ließ mich davon jedoch nicht beeindrucken und wollte jetzt erst recht wissen, was es mit diesem Berg auf sich hat, weshalb wir beschlossen, mit der Seilbahn nach oben zu fahren.

Die Aussicht war fantastisch, und ich fühlte mich rundum wohl. Deshalb war es auch mein Wunsch, den Weg ins Tal zurück zu wandern. Wir schauten uns um und sahen, dass ein Weg als gefährlich eingestuft wurde. Dort hatte man Warnschilder aufgestellt, auf denen stand, dass man auf diesem Weg gutes Schuhwerk benötigte und sehr trittsicher sein musste. Solche Wege gehen wir grundsätzlich nicht, das ist uns zu gefährlich. Außerdem habe ich Höhenangst, wenn es neben einem schmalen Weg auch noch steil bergab geht. Zum Glück war noch ein anderer Weg ausgeschildert, der als nicht gefährlich galt und den wir schließlich nahmen.

Leider mussten wir sehr schnell feststellen, dass es auch hier sehr steil auf rutschigen Schotterwegen bergab ging – immer recht nah am Abgrund. Ich hatte plötzlich unglaubliche Angst, dass mir etwas passieren würde, rutschte in diesem Moment auch schon aus und schlitterte in Richtung Abhang. Zum Glück konnte ich mich abfangen, sodass nichts passierte. Den Rest des Weges aber ging ich mit zittrigen Beinen, aufgeschürften Knien und schmerzenden Füßen. Ich war heilfroh, als wir endlich unten angekommen waren. Dort auf dem Parkplatz schaute ich noch einmal zum Berg hoch und hörte ihn deutlich zu mir sagen: *„Ich habe Dir doch gesagt, dass ich Dich hier nicht haben möchte!“*

Ich antwortete ihm: *„Glaub‘ mir, das wird auch nicht wieder vorkommen!“*

Die Besetzung

Eine Frau rief mich an und bat um einen sehr dringenden Termin, weil sie die Wohnsituation, in der sie mit ihrer Familie lebte, nicht länger aushielt. Ein Bild von ihrem Mann hatte sie mir bereits gesendet. Sie erzählte:

„Wir leben in einem Haus zusammen mit der Tante meines Mannes. Diese Frau scheint mich regelrecht zu hassen, denn sie spricht nur schlecht über mich und versucht immer wieder, mich und meinen Mann, den sie abgöttisch liebt, auseinanderzubringen. Ich weiß nicht, was ich noch tun soll. Wir würden ja ausziehen, sind aber auf die geringe Miete angewiesen. Eine andere Wohnung können wir uns nicht leisten. Aber diesen Kleinkrieg halte ich auch nicht länger aus. Mir geht es auch gesundheitlich immer schlechter, nicht nur nervlich, mittlerweile merke ich auch, dass ich körperlich immer mehr abbaue.

Wir dachten, es wird besser, wenn unser Kind auf der Welt ist, dass sie sich darüber freut und mich endlich in Ruhe lässt. Aber auch das ist nicht der Fall. Ich merke immer mehr, dass sie das Kind auch gerne nur für sich hätte, natürlich zusammen mit meinem Mann. Alles mache ich in ihren Augen falsch, die Erziehung, die Ernährung, ich putze nicht gründlich, wasche falsch, hänge die Wäsche schlampig auf und so weiter. An allem findet sie etwas und sagt meinem Mann ständig, ich wäre nicht die Richtige für ihn. Mit mir redet sie seit neuestem gar nichts mehr, was zwar einerseits gut ist, aber andererseits noch dickere Luft produziert.

Warum ich aber anrufe, ist, dass mein Mann das Gefühl hat, er würde bedrängt. Da ist niemand, aber er meint, dass ihm jemand schaden will, ihn beobachtet. Richtig erklären kann er es nicht, aber letztens hatte er unser kleines Baby auf dem Arm und wollte in ein anderes Zimmer. Dazu musste er vier Stufen nach unten gehen und ist gestürzt. Er behauptet, nein er schwört, dass er ganz fest geschupst wurde, sonst wäre er nicht hingefallen.

Dem Baby ist nichts passiert, aber weil er es schützte, ist er schlimm auf den Rücken gestürzt und hat immer noch große Schmerzen. Jetzt ist er für längere Zeit krankgeschrieben, was gar nicht gut ist, denn in der Firma, in der er arbeitet, werden Stellen abgebaut. Das ist alles zum Verzweifeln..."

Ich sah auf dem Bild des Mannes, dass er von einer sehr negativen Energie eingehüllt war. Diese Energie, das konnte ich sehen, kam von seiner Tante, die ihn von der Frau trennen wollte, um ihn für sich alleine zu haben. Sie versuchte über ihn die Ehe kaputtzumachen. Die Tante wollte das auch ganz bewusst und versuchte alles, um die beiden auseinanderzubringen, aber sie wusste sicher nicht, dass sie mit ihrem Hass tatsächlich auch körperlichen Schaden zufügen konnte, wenn auch unbewusst. Dies geschah durch ihre furchtbare Boshaftigkeit und die Negativität, die sie aussendete, diese konnte sich manifestieren und ihn quasi schubsen, sodass es fast das Kind verletzt hätte.

In diesem Fall, das sagte ich ihr, würde eine Umstellung der Energien nicht helfen. Hier halft nur Ausziehen – und das recht schnell. So machte ich bei ihm eine energetische Anwendung, damit er überhaupt frei war, um auszuziehen und von der Tante loszukommen. Beide mussten sich dringend aus diesem Abhängigkeitsverhältnis lösen. Nachdem ich mit dem Mann gearbeitet hatte, fühlte er sich viel besser und beide fanden sogar recht schnell eine bezahlbare schöne Wohnung, in der sie sich vom ersten Tag an sehr wohl fühlten. Auch ihre finanziellen Probleme gehörten seit dem Umzug der Vergangenheit an.

Das Mörderhaus

Im Sommer 1992 hatte ich ein Erlebnis, das ich so schnell nicht vergessen werde... Mein damaliger Mann und ich waren auf der Suche nach einer größeren Wohnung, weil die Kinder jeweils ein eigenes Zimmer brauchten. Der Altersunterschied war zu groß, sodass wir entschieden hatten, eine größere Wohnung zu suchen, in der wir alle genügend Freiraum haben.

Weil jedoch bezahlbarer Wohnraum in Düren sehr selten war, suchte ich eine ganze Weile, bis ich eines morgens meinen Augen kaum traute, als ich die Wohnungsinserate in der Zeitung las. Dort wurde ein ganzes Haus zu einem wirklich fairen Preis angeboten – unglaublich. Ich rief natürlich sofort dort an und vereinbarte einen Besichtigungstermin mit dem Makler, der dieses Haus verwaltete. Auf uns würden in diesem Fall zwar hohe Maklergebühren zukommen, aber das glich die niedrige Miete auf jeden Fall wieder aus. Wir konnten unser Glück kaum fassen und fieberten dem Termin entgegen.

Das Haus sah von außen sehr nett aus, aber irgendwie wurde mir direkt mulmig. Hier stimmte etwas ganz und gar nicht, das konnte ich bereits wahrnehmen. Als wir das Haus betraten, wurde mir übel, und ich konnte nur noch schwer atmen, außerdem polterte mein Herz ganz merkwürdig.

Mein Mann merkte von alledem nichts und gab dem Makler bereits jetzt zu verstehen, dass wir großes Interesse an dem Haus hätten. Er sah in diesem Moment nur die Chance, ein ganzes Haus mit viel Platz und Garten für wenig Geld mieten zu können, was ja auch verständlich war. Mir jedoch ging es von Minute zu Minute schlechter und ich wusste, dass es sich hier um eine sehr negative Energie handeln musste, konnte jedoch nicht feststellen, worum es sich genau handelte. Dies änderte sich jedoch sehr schnell, als wir das Schlafzimmer betraten. Dort wurde mir schlagartig so übel, dass ich mich fast übergeben musste. Mein Mann bemerkte, dass es mir nicht gut ging und fragte mich, was denn mit mir los wäre, ich wäre kreideweiß im Gesicht. Ich konnte ihm in diesem Moment nicht antworten. Fast hätte ich mich wirklich übergeben, denn ich sah plötzlich, dass auf dem Bett und an den Wänden unglaublich viel Blut war. Überall war Blut, sogar an der Decke.

Ich hielt es in dem Zimmer keine Sekunde mehr aus und lief nach draußen an die frische Luft. Mein Mann und der Makler kamen direkt hinterher, weil sie sich Sorgen um mich machten. Weil es mir außerhalb des Hauses direkt besser ging, fragte ich den Makler, was denn in dem Haus geschehen wäre, es müsse schon etwas Schwerwiegendes sein. Er druckste herum und sagte, dass vorher eine kleine Familie dort wohnhaft war, sie wären aber wieder ausgezogen, weil sie sich ein Eigenheim gebaut hätten. Sonst wüsste er von keinem Vormieter etwas.

Ich spürte, dass es nicht der Wahrheit entsprach und er sehr wohl wusste, dass hier etwas Schlimmes vorgefallen sein musste. Aber er tat weiterhin ahnungslos, klar, er wollte so schnell wie möglich dieses Haus loswerden.

Eine gute Freundin von mir, ebenfalls aus Düren, kennt sich mit der Geschichte dieser Stadt gut aus und weiß ebenso viel über wichtige Vorkommnisse dort. Sie wusste auch sofort, um welches Haus es sich handelte und riet mir eindringlich davon ab. Sie erzählte: *„Dieses Haus wurde von einem Ehepaar gebaut. Er war Fernfahrer und dementsprechend oft unterwegs. Seine Frau war krankhaft eifersüchtig und unterstellte ihm ständig irgendwelche Affären. Kaum war er zu Hause, schrie sie ihn an, unterstellte ihm, dass er fremd ging. Diese Streitereien dauerten oft sehr lange und waren so laut, dass die Anwohner im nahen Umkreis bestens informiert waren. So wurde dieses Pärchen schnell zum Stadtgespräch und war über ihre Wohngrenze bestens bekannt. Eines Tages, der Mann kehrte von einer längeren Tour zurück, gab es wieder heftigen Streit, noch schlimmer wie alle anderen. In dieser Nacht hat die Frau ihren Mann mit einer Axt ermordet – deshalb das viele Blut überall.“*

Geschehen ist diese Tat bereits in den 1970er-Jahren, aber die Energie war noch so präsent, dass es kein Käufer oder Nachmieter darin lange aushielt. Mittlerweile stand das Haus schon so lange leer, dass der Makler die Miete immer günstiger gestaltete, um es überhaupt noch loszuwerden, was ihm jedoch nicht gelang.

Jahre später wurde es abgerissen und eine Lagerhalle darauf errichtet. Ich schaute mir den Platz und die neue Halle einmal an und fühlte die Energie noch deutlich, außerdem konnte ich noch immer das viele Blut sehen. Allein der Abriss konnte hier nichts bewirken, die alte Energie war nach wie vor vorhanden. Weil ich mich hier aber nicht einmischen konnte und durfte, machte ich auch keine Energie-Umstellung. Doch selbst wenn ich um die positive Wirkung einer Umstellung wusste, hätte ich dennoch niemals dieses Haus bewohnen wollen. Die Bilder, die man mir zeigte, waren einfach zu grausam.

Den Tod sehen können

Es ist wunderbar, wenn man mit medialen Gaben viel Unheil bei anderen, aber auch bei sich selbst verhindern kann. Nicht immer ist dies möglich, denn Lernprozesse durchlaufen alle Menschen – auch hellsichtige. Auch sie werden nicht vor allen Steinen gewarnt, die auf ihren Wegen liegen. Aber es ist wirklich wunderschön, wenn man Engel sehen kann oder positive Energien, die harmonisch fließen, zum Beispiel während einer energetischen Anwendung oder an einem Kraftort.

Aber Hellsichtigkeit birgt auch Momente in sich, die nicht so schön sind, und bei denen man Dinge sieht, auf die man gerne verzichten würde. Zu Beginn meiner Hellsichtigkeit zum Beispiel bin ich noch oft sehr erschrocken, wenn ich einen Geist sah. Oder auch die Arbeit mit Klienten, die mit dem Tod eines lieben Angehörigen nicht klar kommen und ich hier Hilfestellungen gebe, können manchmal sehr belastend sein. Vor allem, wenn Eltern ein Kind verloren haben, sind es oft sehr bewegende emotionale Momente, die man erlebt.

Manchmal sehe ich auch, wenn ein Mensch sehr krank ist (oft wird es mir gezeigt, damit man noch helfen kann), aber auch wenn ein Mensch bald stirbt und dies niemand mehr aufhalten kann, wird es mir manchmal gezeigt. In diesen Fällen wird der Mensch nicht nur von einer grauen Energie eingehüllt, sie lässt ihn auch durch und durch grau erscheinen.

So sah ich damals meinen Nachbarn auf einem Straßenfest. Er sah schon sehr grau aus und starb am nächsten Tag an einem Herzinfarkt. Ich konnte in diesem Fall nicht mehr eingreifen und helfen.

Je nach Klient wird mir jedoch manchmal zum Glück auch gezeigt, wenn gesundheitlich etwas nicht in Ordnung ist und man sich in ärztliche und/oder naturheilkundliche Behandlung begeben sollte.

Versunken im Meer

Während eines sehr schönen Urlaubs in Spanien machten mein Mann und ich viele Ausflüge, unter anderem auch eine Fahrt mit einem Unterwasserboot – ein wirklich spannendes Erlebnis.

Während wir uns die wunderschöne Unterwasserwelt anschauten und den Erklärungen des Gruppenleiters lauschten, sah ich auf dem Meeresgrund plötzlich eine männliche verstorbene Seele auftauchen. Ich schätzte ihn auf Mitte 30 und vermutete, dass er an dieser Stelle ertrunken war.

Ich erzählte leise meinem Mann, was ich sah und er war sehr erschrocken und wurde kreidebleich, weil er die Energie des jungen Mannes plötzlich auch wahrnehmen konnte. Als ich überlegte, ob diese Seele meine Hilfe bräuchte, verschwand der junge Mann und zeigte sich auch kein zweites Mal.

Weihrauch

Im Januar 2017 hatte ich immer wiederkehrende Grippeschübe. Immer wieder hatte ich Schüttelfrost, Fieberschübe und dazu starke Gelenk- und Rückenschmerzen, sodass ich irgendwann sehr verzweifelt war, weil nichts wirklich half und diese Schübe mich immer wieder erkranken ließen – und das ganz zuverlässig in regelmäßigen Abständen.

Die Ärzte, die ich aufsuchte, konnten sich nicht erklären, was mir fehlte, denn alle Untersuchungen wie Ultraschall, Röntgen und Blutbild blieben ohne Befund. Manchmal vergisst man das Naheliegende und so bat ich die geistige Welt erst recht spät um Unterstützung und Hinweise.

Daraufhin nahm ich nachts einen sehr starken Weihrauch-Geruch wahr, welcher sehr intensiv war, weshalb ich mich im Halbschlaf zur anderen Seite drehte, um dem starken Duft zu entkommen. Außerdem fühlte sich mein Bett sehr nass an und roch, als wäre es durch und durch mit Weihrauch-Wasser getränkt. Als ich nun kurz die Augen öffnete, sah ich einen riesengroßen weißen Engel an meinem Bett stehen. Dennoch drehte ich mich auf die andere Seite, denn Engel an meinem Bett sind nicht ungewöhnlich, weshalb ich nicht direkt reagierte. Der Geruch jedoch zog mir weiter in die Nase und bis tief in die Lunge, weshalb ich nun wirklich richtig wach wurde und feststellte, dass mein Bett gar nicht nass war. Erst dann realisierte ich, dass der Weihrauch-Duft von dem Engel ausging, und ich machte schnell das Licht an, um zu sehen, was hier los war. Doch der Engel verschwand allmählich und mit ihm der Geruch.

Ich grübelte noch etwas über dieses Phänomen nach, schlief aber schnell wieder ein. Am darauffolgenden Tag stand ich auf unserem Balkon und schaute in Gedanken versunken in Richtung Berge, als ich plötzlich wieder diesen starken Weihrauchgeruch wahrnahm, so stark, dass ich ins Haus zurückging und schnell die Balkontür schloss. Das war schon alles merkwürdig…

Als mich mein Mann ein paar Tage später in unser Bad rief und mich fragte, warum ich so extrem mit Weihrauch das Bad geräuchert hätte, sagte ich ihm, dass ich das nicht war und erzählte, was ich die letzten Tage erlebt hatte. Der Geruch im Bad war so stark, dass wir das Fenster öffnen mussten, man hätte es sonst nicht ausgehalten.

Das war mir jetzt etwas zu viel an geruchsintensiven Hinweisen, weshalb ich im Internet nach Informationen über Weihrauch nachschaute. Ich wusste ja bereits, dass man ihn hervorragend zum Räuchern von Wohnungen oder Häuser verwenden kann, um negative Energien – zumindest vorerst – zu vertreiben, doch dass er bei zahlreichen Krankheiten helfen kann, unter anderem auch bei Entzündungen, Gelenkschmerzen und grippalen Infekten, war mir neu. Das also wollten mir die Engel sagen: Das war ein Mittel, welches mir die Engel gegen meinen Infekt empfahlen. Dankbar für diesen Hinweis bestellte ich mir nach Absprache mit einer Homöopathin eine bestimmte Potenzierung von Weihrauch. Diese Globuli halfen mir tatsächlich, wenn die Grippeschübe kamen, die von da an nicht mehr so heftig und schmerzhaft verliefen. Dafür war ich den Engeln unendlich dankbar, war aber auch – obwohl ich schon viel mit und durch die geistige Welt erlebt hatte – sehr verblüfft, wozu Engel in der Lage sind, wenn sie uns helfen wollen und wir offen für ihre Botschaften sind.

Doch obwohl es mir endlich besser ging, kehrten die Schübe mit den Grippe-ähnlichen Symptomen immer wieder. Dank dem Weihrauch nicht mehr so heftig, aber ganz geheilt war ich noch immer nicht.

Wieder gab mir die geistige Welt Hinweise nach meiner Bitte um Hilfe: Ich hatte erstmal nur eine kleine Packungseinheit Weihrauch-Globuli bestellt und wollte nun gerne eine größere Packung nachordern. Immer wenn ich dies über das Internet tun wollte, zeigte es mir eine Art Werbung für Artikel, in denen es um das Epstein-Bar-Virus (EBV) ging. Genervt von der vielen Werbung klickte ich diese Banner immer wieder weg und bestellte den gewünschten Weihrauch und noch ein anderes homöopathisches Präparat. Dennoch gaben mir diese Werbebanner zu denken und ich schaute nach, was es mit diesem Virus auf sich hat. Die Beschreibungen der Symptome passten recht genau auf mich, weshalb ich stutzig wurde. Als ich dann noch zwei Tage später das falsche Präparat geliefert bekam, nämlich Weihrauch – was ja richtig war – und ein Mittel zur Ausleitung von EBV, konnte ich nicht mehr umhin, mich damit auseinanderzusetzen, was ich auch tat. Viele Artikel beschrieben sehr gut meine ganze Symptomatik, woraufhin ich einen Termin bei meinem Hausarzt machte und ihn bat, er möge doch mein Blut auf dieses Virus untersuchen.

Er stimmte zu und schon einige Tage später hatte ich das Ergebnis: sehr hohe EBV-Werte, sie selbst meinen Arzt erstaunen ließen. Nun wusste er, außer der Einnahme von Vitaminpräparaten und viel Ruhe, leider keinen Rat, weil man aus schulmedizinischer Sicht solche Viren nie wieder los wird. Ich informierte mich jedoch weiter und fand in Salzburg einen Naturheilkundler, der mit Bioresonanz arbeitet. Bei ihm hatte ich ein sehr gutes Gefühl und vereinbarte dort direkt einen Termin. Seit nunmehr eineinhalb Jahren bin ich bei ihm in Behandlung und mir ging es von Monat zu Monat besser, bis ich jetzt endlich sagen kann, dass ich mich komplett geheilt fühle. Ich bin wieder voller Energie, und die Schübe kehren schon lange nicht mehr wieder. Auf diesem Wege möchte ich deshalb Jürgen Lueger meinen herzlichsten Dank aussprechen. Er hat geschafft, was Mediziner nicht glauben können: Ich fühle mich sehr gesund habe wieder eine hohe Lebensqualität und Lebensfreude.

Es war anfangs nicht immer einfach, denn beim Ausleiten des Virus bekommt man immer wieder Verschlimmerungen, wenn der Körper die abgestorbenen Viren ausschwemmt. Das fühlt sich ähnlich den alten Symptomen an, so als ob der Körper von Giften überschwemmt wird, was jedoch zum Glück recht schnell vorübergeht. Aber die Mühe von Jürgen Lueger und meine Durchhaltekraft haben sich letztendlich ausgezahlt.

All dies wäre jedoch ohne die Hilfe der Engel nicht möglich gewesen, die mich auf mein ursächliches Problem hinwiesen, wofür ich ihnen aus tiefstem Herzen danke.

Für einen Artikel, den ich über den Epstein-Barr-Virus veröffentlichte, bat ich Jürgen Lueger um ein paar erklärende Zeilen, welche Symptome dieser Virus verursacht und wie seine Methode, den Virus auszuleiten, funktioniert. Diese Informationen möchte ich Ihnen nicht vorenthalten, weil tatsächlich 95% aller Menschen diesen Virus in sich tragen – eine wahre Volksseuche. Nicht alle erkranken chronisch schwer daran, wenn jedoch noch andere Umstände hinzukommen, wie Umweltbelastungen, Impfungen und Stressfaktoren, können sich die Beschwerden verschlechtern, da sich der Virus hauptsächlich von Stresshormonen und Schwermetallen (zum Beispiel Quecksilber aus Amalgam, Blei, Aluminium aus Impfungen usw.) ernährt.

Herr Lueger sagt dazu: „*Die Epstein-Barr-Viren (EBV) sind weltweit verbreitet und zählen zu den häufigsten Viren, an denen wir Menschen erkranken. Fast jeder macht im Laufe seines Lebens einmal eine EBV-Infektion durch.*
Nicht immer treten dabei Symptome auf, denn bei gut jedem Zweiten läuft der Infekt völlig unbemerkt ab, also ohne die typischen Symptome des ‚Pfeifferschen Drüsenfiebers'. Viele sind meiner Meinung nach chronisch durch den Virus belastet – mit den entsprechenden Auswirkungen wie unter anderem chronische Erschöpfung und Müdigkeit, Tinnitus, Schwindel, rheumaartige Schmerzzustände, Schilddrüsenprobleme (vor allem das Hashimoto-Syndrom), geschwollene Lymphknoten, usw. Ein gut umsetzbarer Weg, dieses Virus wieder loszuwerden, ist die Bioenergetic, d.h. das Anwenden der Gegenfrequenzen des Virus. Oder anders gesagt: Wird die Schwingung der Patienten so angehoben, dass sie höher schwingt als der EBV, hat dieser keine Chance mehr, länger in dem Körper zu verweilen und wird nach und nach ausgeschwemmt. Man sollte die Ausleitung jedoch sehr schonend und eher langsam vornehmen, sonst würde man von Toxinen, die der EBV beim Absterben produziert, überschwemmt werden – was heftigste Symptome zur Folge haben kann. Zusätzlich sollte unbedingt das Immunsystem gestärkt werden, mit unter anderem hochdosiertem Eiweiß, Zink und Vitamin C in Bioqualität sowie alle Mikronährstoffe, die dem Körpersystem fehlen und essentiell wichtig sind."

Wer kennt diese Frau?

Eine Klientin, die sich vor 13 Jahren an mich wandte, wurde zu einer guten Freundin. Sie selbst ist auch ein hellsichtiges Medium und brauchte meine Unterstützung, um mit ihrer besonderen Gabe umzugehen und diese weiter auszubilden. Auch sie hatte einige Schicksalsschläge hinter sich und war dabei, ihr Leben neu zu ordnen. In der Zeit, in der ich ihr half und sie auch meine Seminare besuchte, freundeten wir uns mehr und mehr an. Diese Freundschaft hält bis heute an, weshalb ich mit ihrer freundlichen Genehmigung von ihrer besonderen Gabe berichten möchte.

Sie, Andrea, beherrscht das mediale Zeichnen in Bezug auf Verstorbene. Schon viele Seelen tauchten bei ihr auf und baten um ihre Hilfe, denn sie kann die Verstorbenen nicht nur sehen, sondern auch im Detail beschreiben und zeichnen. Andrea zeichnet dabei die Hauptmerkmale und Charakterzüge so ein, dass Angehörige ihre Verstorbenen sofort erkennen können. Schon vielen Menschen konnte sie dadurch helfen, ungelöste Angelegenheiten, ungesagte Worte und verpasste Versöhnungen nachzuholen, damit die Seelen in Frieden gehen und die Hinterbliebenen ihr Leben befreiter weiterleben können.

Bei ihr ist es in den meisten Fällen genau umgekehrt wie bei mir: Die Verstorbenen melden sich zuerst bei ihr, und sie sucht die Angehörigen über das Internet und nutzt soziale Netzwerke wie Facebook dazu. Durch die geistige Welt ist dies so geführt, dass sie schon sehr viele Angehörige gefunden hat bzw. die Angehörigen diese Plattformen nutzen und somit sichergestellt ist, dass sie aufmerksam auf Andreas Zeichnungen werden.

Aus Datenschutzgründen kann ich hier keine Beispielzeichnung mit dem passenden Foto der verstorbenen Person abbilden, aber ich konnte mich selbst davon überzeugen, dass die Zeichnungen den Verstorbenen verblüffend ähnlich sehen.

Für dieses Buch jedoch hatte ich die Eingebung, Andrea zu bitten, eine ganz bestimmte Frau zu zeichnen: Als ich vor einigen Jahren mit meinem Mann eine ausgedehnte Wanderung durch den Wald machte, fotografierte er mich, als ich während einer Pause auf einem Baumstumpf saß. Zu Hause sahen wir uns die Bilder an und bemerkten hinter mir eine verstorbene Frau, deren Kopf auf dem Bild gut zu sehen ist. Ich selbst sah sie deutlich mit meinem geistigen Auge, aber ich kann leider nicht so zeichnen, dass man wichtige Merkmale gut erkennen kann. So bat ich Andrea, sich doch einmal mit dieser Frau geistig zu verbinden, um sie zeichnen zu können. Ich hoffte, sie vielleicht zu erkennen, was aber nicht der Fall war.

Aber vielleicht kennt einer von Ihnen, liebe Leser, diese Frau:

Ihr Gesicht ist über meiner linken Schulter bei dem Baumstamm sehr deutlich zu erkennen, wenn es auch scheint, dass sie sich etwas hinter dem Baum versteckt.

Dies ist Andreas Zeichnung, so traurig zeigte sich ihr die Frau. Sie war zu ihrem Todeszeitpunkt etwa 40 Jahre alt und war auf dem Rückweg von einer Hochzeit, als sie mit dem Auto tödlich verunglückte. Sie hat einen Mann und zwei kleine Töchter hinterlassen, die mittlerweile aber auch schon erwachsen sein könnten. Die jüngere der beiden Töchter leidet noch heute sehr unter dem Verlust ihrer Mutter, mehr als die ältere. Wir vermuten, dass die Frau deshalb noch nicht ins Jenseits gehen konnte. Die Frau lebte in einem großen Haus, das sehr lichtdurchflutet war, mit großen Fenstern, vielen Glastüren und einem großen, gepflegten Garten. Was ihr sehr wichtig schien und worauf sie Andrea mehrfach hinwies, war ihr Grab, auf das ihre Töchter eine Einhorn-Figur gestellt hatten. Sie übermittelte Andrea, dass Einhörner eine große Rolle bei ihnen gespielt hätten, denn sie hätte ihren Töchtern immer Einhorn-Geschichten vorgelesen. Sollte jemand diese Frau kennen oder von dieser Verstorbenen gehört haben, würde ich mich freuen, wenn er oder sie sich bei mir, Martina, melden würde.

Von Andrea bekam ich noch ein Foto zur Verfügung gestellt, welches ich nutzen möchte, um diesen ersten Teil mit einem besonderen Phänomen abzuschließen.

Auch Andrea hört und sieht Engel, die oft Botschaften für sie haben. So auch an diesem Tag, als ihr Engel in den Abendstunden zu ihr sagte, sie möge doch ihren Fotoapparat holen und ganz viele Bilder vom Fernsehgerät knipsen, während dort die Werbung läuft. Andrea wunderte sich zwar über diesen eher seltsamen Auftrag, führte ihn aber dennoch aus, weil sie hundertprozentig ihren Engeln vertraut.

So setzte sie sich direkt vor den Fernseher und knipste ein Bild nach dem anderen, während der gesamten Zeit der Werbung, die zum Glück damals noch nicht so lange dauerte. Dennoch kamen unzählige Bilder zusammen, die sie sich alle einzeln genauestens anschauen sollte. Auf einem Bild – aufgenommen während der Pizza-Werbung – sah sie eine verstorbene Seele mitten im Bild. Es war ein kleiner Junge, der sehr traurig und verloren schien. Sofort hörte sie beim Betrachten des Bildes eine sehr weinerliche, klägliche Stimme, die mehrmals fragte: „*Wo bist Du, ich kann Dich nicht finden?*"

Andrea sagte: „*Wer bist Du? Kann ich Dir helfen?*" Der Junge antworte darauf, dass er seine Mutter suche und sie nicht finden könne. Er hoffte nun, dass Andrea ihm helfen könne, die sich daraufhin mit ihm und der Situation geistig verband und die Information aus der geistigen Welt bekam, dass die Mutter über den Tod ihres Jungen nicht hinweggekommen wäre und sich stationär in einer psychiatrischen Klinik aufhielt. Deshalb auch könne der Junge sie zu Hause nicht finden. Er selbst könne auch keine Verbindung zu ihr aufnehmen, weil sie ihn unter anderem durch die vielen Psychopharmaka nicht wahrnehme.

Sie sagte dem Jungen, was sie vermittelt bekommen hatte und er sagte, bevor er verschwand: „*Meine Mama wird Dich finden.*" Seitdem hat Andrea nichts mehr von ihm gehört, konnte aber auch nicht seine Mutter oder Angehörige finden. Es könnte sein, dass er seine Mutter inzwischen gefunden hat oder zufrieden war mit der Botschaft, die er durch Andrea erhalten hatte. Nun wusste er ja, was mit seiner Mutter geschehen war.

Zu seiner Todesgeschichte bekam Andrea die Information, dass es auf jeden Fall etwas mit einer Pizza zu tun hat. Entweder war er mit seinen Eltern in einer Pizzeria zum Essen, lief auf die Straße und wurde von einem Auto tödlich erfasst. Oder er war sogar alleine unterwegs, um Pizza zu kaufen und ihm ist etwas auf dem Weg zugestoßen. Es kann aber auch sein, dass er einfach nur sehr gerne Pizza gegessen hat, weil er auch etwas pummelig war. Auf jeden Fall spielt Pizza eine Rolle im Zusammenhang mit dem Jungen.

Hier sieht man, wie der Junge mitten aus der Pizza herausschaut. Pizza scheint eine große Rolle bei ihm oder im Zusammenhang mit seinem Tod zu spielen – wahrscheinlich ein Erkennungsmerkmal.

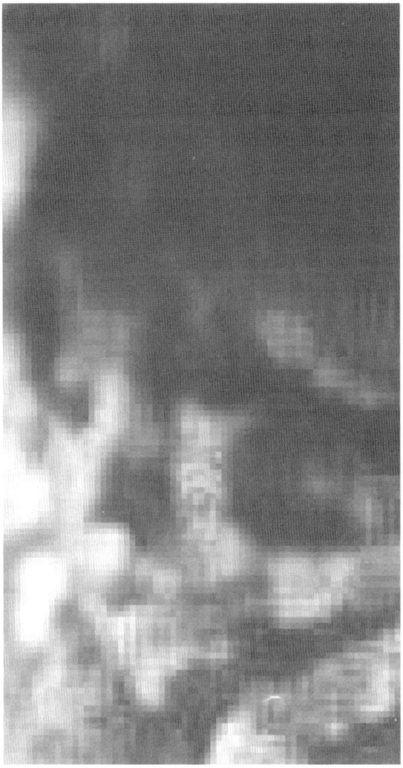

Hier noch einmal etwas vergrößert das Gesicht des Jungen.

Andrea hat diese Geschichte sehr berührt, weil es einer ihrer ersten Kontakte zu Verstorbenen war und sie dem Jungen gerne hätte helfen wollen. Deshalb auch hier die Bitte, sich an mich, Martina, zu wenden, wenn jemand den Jungen oder seine Geschichte kennt. Herzlichen Dank dafür!

Teil II

Indigokinder

Bevor wir zu den wahren Begebenheiten mit Kindern kommen – vor allem Indigokindern –, möchte ich diese besonderen Kinder näher beschreiben, so wie bereits in meinem Buch „*Schutzengel & Co.*“:

Indigo-Kinder sind besondere Kinder, die mit einer ebenso besonderen Aufgabe auf der Erde inkarniert sind. Sie sollen den Menschen beim Aufstieg in höhere Schwingungsebenen helfen. Die Bezeichnung „Indigo-Kinder“ kommt von ihrer blauen Farbschwingung. Man sagt auch, sie wären auf dem blauen Farbstrahl inkarniert, und man erkennt sie an ihrem zarten Aussehen. Sie haben weichere Gesichtskonturen und sind oft ganz zarte, feine Wesen. Ihre Augen sind strahlend, man hat das Gefühl, in ihnen zu versinken und bis tief in ihre Seelen schauen zu können.Oft haben sie von Geburt an hellsichtige Fähigkeiten. Es sind die Kinder, die mit unsichtbaren Freunden spielen, Naturwesen und Engel sehen können, und sie bringen sehr viel Wissen mit, das sich andere hier auf Erden erst hart erarbeiten müssen.

Es gibt allerdings auch Indigo-Kinder, die mit anderen Aufgaben in ihre Familien oder ihr Umfeld inkarniert sind, was heißt, dass sie nicht zwangsläufig medial begabt sein müssen. Bei manchen Indigo-Kindern können sich mediale Fähigkeiten aber auch erst mit zunehmendem Alter entwickeln.

Es kommt jedoch sehr oft vor, dass diese Kinder die Aufgabe haben, ihren Eltern zu helfen. Manchmal, indem sie einen spirituellen oder alternativen Heilungsweg gehen müssen, um überhaupt ihrem Kind helfen zu können. Hierdurch geschieht oft ein Umdenken bei den Eltern, die nun ihre erzogenen oder übernommenen Denkweisen ändern und offen gegenüber der geistigen Welt werden. Ganz oft kommt es vor, dass Indigokinder genau wissen, dass sie schon einmal gelebt haben und was genau in diesen früheren Leben passiert ist. Sie verhalten sich oft auffällig, beachten keine Regeln, kommen mit der Nahrung auf der Erde nicht klar und auch nicht mit dem Schulsystem. Oft fallen sie dadurch auf und erscheinen eher schwierig, auch Lehrer sowie Ärzte sind oft ratlos, denn diese Kinder benötigen ein ganz anderes Verständnis und Lösungsansätze, die man heutzutage meist nur in alternativen sowie geistigen Heilmethoden findet.

Wer ist Gott? Ein Indigokind erklärt

Nicole ist ein junges Mädchen, das zusammen mit ihren Eltern für eine persönliche Beratung zu mir kam. Mit ihren Eltern sprach ich über alle möglichen Themen und Nicole hörte die ganze Zeit aufmerksam und ruhig zu. Als wir soweit fertig waren, sagte sie zu mir: *„Ich weiß, wer Gott ist."* Ich schaute sie erstaunt an und munterte sie auf, mir zu erzählen, wie sie Gott sieht. Sie antwortete: *„Gott ist die vier Elemente: Erde, Feuer, Wasser, Luft".* *„Kannst Du mir das näher erklären?"*, fragte ich sie, worauf sie meinte: *„Das ist ganz einfach. Ohne die Erde könnten die Menschen nichts anbauen und würden verhungern. Ohne Feuer würden die Menschen erfrieren, ohne Wasser würde all das, was die Menschen anbauen, wir selbst und die Tiere, nicht existieren können und ohne Luft könnten wir nicht atmen und leben. Das ist der Kreislauf, der uns die Möglichkeit gibt, auf der Erde zu leben. Das ist Gott und das gibt uns Gott. In jedem steckt ein Funke davon, doch was wir daraus machen, liegt allein in unserer Hand."*

Solche Gedanken hatte ich noch nie, fand aber die Ausführungen von Nicole sehr interessant und wissenswert. Da sie ein Indigokind ist, wusste sie damals ganz genau, wovon sie redet. Eine schöne, besondere Sichtweise von Gott...

Brief von Heike

Heike ist eine sehr langjährige Klientin von mir, die mich immer mal wieder um Rat fragt. Ihre beiden Enkelkinder sind Indigokinder, mit denen sie schon viele spannende spirituelle Begebenheiten erlebt hat und mir zwei davon für dieses Buch wie folgt aufgeschrieben hat:

Gerne erzähle ich von den wunderbaren Geschichten, die ich mit meinen Enkelkindern erlebt habe. Auch wenn mittlerweile schon wieder viele Jahre vergangen sind, so erinnern sich meine Enkelkinder und ich immer noch gerne an ein sehr tiefgreifendes Erlebnis – ein Gottesgeschenk!
Ich selbst bin auch sehr spirituell und arbeite mit der geistigen Welt zusammen. So hatte ich auch an diesem Tag zusammen mit den Engeln für eine entspannte Wohlfühlatmosphäre mit gedämpfter ruhiger Musik, Kerzen und Räucherstäbchen in einem leicht abgedunkelten Raum gesorgt. Ein festes Enkel-Oma-Ritual war, dass wir uns mit einem Duftöl (jeder suchte sich vorher sein Lieblingsöl für diesen Tag aus) salbten.
Meine Enkelkinder liebten diese Atmosphäre und das Massieren mit den besonderen guten Duftölen. Mit einem kurzen Gebet luden wir unsere geistigen Helfer dazu ein und horchten, ob die geistige Welt Botschaften für uns hat, die sie uns offenbaren wollten. Nach einer kurzen Zeit, in der wir still waren, sagte mein Enkel: „Oma, das Zimmer ist voller Engel in allen Farben und der Chef sitzt im Sessel." Soweit, so gut. Nach einigen Augenblicken sagte er: „Oma, eine Stimme sagt mir, die Sache mit Deiner Kraftlosigkeit ist nur in Deinem Kopf. Du sollst von Montag bis Freitag nur grünen Salat essen, keinen Kaffee trinken, sondern nur Wasser, keinen Zucker essen. Wenn Du das tust, wirst Du Dich wie neugeboren fühlen. Wichtig ist auch, dass Du dreimal am Tag betest und in Deinen Engelbüchern liest. Das sagen die Engel für Dich."
Wunderschön, oder? Ich hielt mich an die Botschaft und mir ging es tatsächlich wieder besser, was mir sehr half, meine Gedanken umzustellen, denn das sollte ich ja auch tun.

Meine Enkeltochter, damals etwa fünf Jahre alt, sagte zu einem anderen Zeitpunkt zu mir:
„Oma, Du redest immer von den Engeln, von der Liebe musst du reden.“ Dabei deutete sie mit ihrem Händchen auf ihr Herzchakra und meinte: „Hier ist die Liebe.“ Dann legte sie ihr Händchen auf ihr Halschakra und sagte: „Da wohnt die Freiheit.“ Sie bekräftigte das alles noch, indem sie sich vor mich stellte und nochmals ganz bestimmt mit einem entschlossenem Blick im Gesicht meinte: „Ja Oma, so ist das.“

Haus in Flammen

Eine Familie lebte in einem Haus, das sie vor der Geburt ihrer Tochter Lina gebaut hatten. Lina war mittlerweile fünf Jahre alt und schon immer sehr auf ihre Mutter bezogen, sodass sie ihr den ganzen Tag nicht von der Seite wich. Sie spielte weder alleine in ihrem Zimmer noch draußen im Garten. Immer musste jemand dabei sein, und es schien, als würde ihr irgendetwas große Angst bereiten.

Nun kam hinzu, dass sie seit langer Zeit nicht mehr in ihrem Zimmer im Obergeschoss schlafen wollte, weil sie Angst hatte, dass dort etwas Schlimmes passieren würde. So fand sie seit Monaten nur noch auf der Couch im Wohnzimmer im Erdgeschoss Ruhe. Sie hatte große Angst, in ihrem Zimmer zu schlafen und alle Versuche, sie davon zu überzeugen, dass doch dort nichts sei, konnten sie nicht davon abbringen. Immer wieder erzählte sie ihren Eltern, dass sie sehe, wie das komplette Haus abbrennen würde, was ihr eine große Angst einjagte. Aus diesem Grund wollte sie immer im Wohnzimmer schlafen, um schnellstmöglich aus dem Haus rennen zu können.

Mittlerweile wirklich besorgt über diese Besonderheit ihrer Tochter, aber auch ein wenig genervt, weil sie so hilflos dem Ganzen gegenüberstand, wandte sich die Mutter, Karina, an mich. Ich bat sie, mir ein Bild von dem Haus und eines von ihrer Tochter zu senden, was sie rasch tat. Als ich das Bild von dem Haus betrachtete, sah ich vor meinem geistigen Auge, dass dort einmal eine Scheune stand, die vor sehr langer Zeit vollkommen abgebrannt sein musste. Karina war verblüfft, dass man solche Dinge allein mit dem geistigen Auge sehen kann und erzählte: *„Dort stand wirklich einmal eine Scheune, die völlig abgebrannt ist, als ich selbst noch sehr klein war. Ich weiß nur durch Erzählungen meiner Eltern, dass es damals Brandstiftung war und der Täter nie gefunden und zur Verantwortung gezogen werden konnte. Meine Eltern bauten die komplett zerstörte Scheune auch nicht mehr auf. Ja, und auf diesem Platz steht heute unser Haus.“*

Nun konnte die Mutter Linas Ängste viel besser verstehen. Zusätzlich erklärte ich den Eltern: „*Diese vernichtende Energie ist noch immer an diesem Platz vorhanden – wahrscheinlich, weil es Brandstiftung war und nie geklärt werden konnte, warum und durch wen es geschah. Nun wirkt diese negative Energie wie ein Anziehungsfeld, das heißt, die alte ‚Brandenergie' ist tatsächlich in der Lage, Umstände für einen erneuten Brand anzuziehen und Wirklichkeit werden zu lassen.*"

Ich führte eine geistige Energie-Umstellung durch und nach etwa drei Wochen war die komplette negative und alte Brandenergie aufgehoben. Diesmal sprach ich direkt mit Lina, die mir berichtete, dass das Haus jetzt nicht mehr brennen könne, alles wäre weg, und sie hätte auch keine Angst mehr, in ihrem Zimmer zu schlafen.

Karina erzählte mir anschließend, dass Lina viel fröhlicher wirke und jetzt auch tagsüber alleine in den Garten ginge oder auch längere Zeit in ihrem Zimmer spielen würde. Als das Mädchen merkte, dass die negative Energie verschwunden war, fragte sie ihre Mutter, ob ich das alles geschafft hätte und schien davon sehr beeindruckt zu sein. Sie bat ihre Mutter, ihr ein Bild von mir zu zeigen, denn sie würde mich so gerne einmal sehen. Karina erfüllte ihr diesen Wunsch sofort und Lina sagte im Befehlston: „*Wir fahren sofort zu dieser Frau hin, oder Du holst sie sofort hierher. Weil sie hat ganz viele Engel um sich herum!*"

Ein unglaublicher Traum

Eines Nachts hatte ich einen sehr, wie soll ich sagen... ausführlichen Traum, den ich in allen Einzelheiten bis ins kleinste Detail noch wusste, was mich einerseits erstaunte, aber andererseits auch schon öfter vorkam.

Wenn man einen Traum hat, in welchem viele Einzelheiten gezeigt werden und man sich auch noch am Morgen daran erinnern kann oder direkt im Anschluss daran wach wird, ist es wichtig, dass man sich den Traum näher betrachtet. Es könnte sein, dass er eine Warnung war, dass etwas Verborgenes ans Tageslicht möchte, dass sich eine Blockade zeigt oder etwas, das dringend bearbeitet oder aufgelöst werden sollte.

In meinem Fall wusste ich direkt, dass es eine Warnung war, denn der Traum handelte über die Enkelin einer meiner langjährigen Freundin Iris: Iris lebt in der Nähe von Rosenheim, ganz in der Nähe ihrer Tochter und deren Familie, zu der auch die kleine Mia gehört, die damals erst fünf Jahre alt war und die typischen äußerlichen Merkmale eines Indigokindes aufwies: Sie wirkt sehr zart, hat ein feines Gesicht, tiefgründige Augen und ein liebes, feinfühliges Wesen – und war die Hauptperson in meinem Traum, obwohl ich sie nur sehr selten gesehen hatte und hauptsächlich von Fotos kannte.

Aber nun zu meinem Traum: Ich sah Mias Mutter auf einer Beerdigung und wusste, dass ich die Aufgabe hatte, währenddessen auf das kleine Mädchen aufzupassen. So ging ich mit ihr ein bisschen in dem Ort spazieren. Ich wusste im Traum, dass sie Pferde sehr gerne mag und wollte mit ihr zu einer Pferdekoppel gehen. Aber Mia blieb lange vor den Geschäften stehen und schaute sich die Schaufenster an. Irgendwie hatte ich das Gefühl, dass sie an diesem Tag nicht die Pferde besuchen wollte, irgendwie zögerte sie. Plötzlich sah ich im Traum vor mir die Kirche, in welcher die Beerdigung stattfand. Diese Kirche hatte ich zuvor noch nie gesehen, aber ich wusste noch jedes Detail – die Kirche hatte vier auffallende Betonpfeiler und eine eher runde Kuppel, wie es in Süddeutschland oft üblich ist.

Weiter wusste ich im Traum, dass ich unbedingt mit ihr zu den Pferden gehen musste, das schien mir sehr wichtig zu sein. Und obwohl ich von Iris weiß, dass Mia ein sehr liebes Mädchen ist, war sie etwas bockig, und ich musste sie regelrecht in Richtung Feldweg, der zu der Koppel führte, ziehen. Bei der Pferdekoppel angekommen, sah ich eine Frau, die sich um die Pferde kümmerte. Sie sah mich auch an, sagte aber kein Wort. Als ich nun so mit Mia an dem Zaun stand und die Pferde beobachtete, nahm ich eine Bewegung am Waldrand wahr. Dort sah ich zwischen den Bäumen, etwas versteckt, einen jungen Mann stehen, den ich auf Anfang 20 schätzte. Er war schlank, hatte dunkles, schulterlanges Haar und war mit einem weißen Hemd und einer dunklen Hose bekleidet. Mir kam das im Traum seltsam vor und ich wusste, dass ich besonders gut auf Mia aufpassen musste.

An dieser Stelle wurde ich wach, lag aber noch einige Zeit im Bett und dachte über den Traum nach. Ich wusste, dass dies eine Botschaft war und ich dringend meine Freundin in Rosenheim informieren musste, was ich nach dem Frühstück auch sofort tat. Ich erzählte ihr jede Kleinigkeit, die ich gesehen hatte, und sie schrieb sich alles auf, um direkt nach unserem Gespräch ihre Tochter zu informieren. Eines war zu diesem Zeitpunkt schon sicher: Ihre Tochter und sie selbst gingen oft mit Mia zu einer Pferdekoppel.

Die Mutter von Mia erschrak sehr über meinen Traum und berichtete Iris, dass die Kleine schon seit einigen Tagen große Angst hatte, in ihrem Zimmer zu schlafen. Mia betonte immer wieder, sie habe *„solche Angst, dass sie eine Frau holt und mitnimmt"*. Doch auch tagsüber ließ das Mädchen ihre Mutter nicht aus den Augen und folgte ihr überall hin. Wenn ihre Mutter sie fragte, was denn los sei, antwortete sie: *„Da will mich jemand mitnehmen, aber dann werde ich nie wieder nach Hause kommen."*

Von all dem wusste ich natürlich vor dem Traum nichts. Ihre Seele hatte jedoch über diesen Traum mit mir Kontakt aufgenommen und mir hierdurch ihre Hilferufe vermittelt. Zusätzlich erhielt ich durch ihre und meine geistigen Helfer noch zusätzliche Informationen.

Meine Freundin rief später an diesem Tag noch einmal an und erzählte mir, dass es unglaublich war, welche Details mir in dem Traum gezeigt wurden. Sie war persönlich noch am Vormittag zu der besagten Pferdekoppel gelaufen und hatte sich genauer umgesehen sowie viele Fotos gemacht, die sie mir nun auf mein Handy sendete. Es war unglaublich! Das Foto, auf dem der Waldrand zu sehen war, war genau identisch mit den Bildern aus meinem Traum. Selbst die Kirche hatte sie fotografiert und auch diese war exakt die Kirche, die man mir gezeigt hatte. Das Einzige, worüber sich meine Freundin und ihre Tochter wunderten, war die Tatsache, dass Mia immer nur von einer Frau redete, die sie mitnehmen will. Doch ich wusste, dass Mia den Mann meinte, den ich zwischen den Bäumen gesehen hatte und der es auf das kleine, hübsche blonde Mädchen abgesehen hatte. Durch seine langen Haare wirkte er auf Mia weiblich und wurde als Frau wahrgenommen. Deshalb zeigte er sich auch mit langen Haaren in meinem Traum. Das war ein Hinweis, dass sich dieser Mann als Frau verkleidete, damit er schneller Vertrauen zu dem Mädchen aufbauen konnte.

Seitdem passen die Eltern und Großeltern noch mehr auf ihr Mädchen auf – auch der Kindergarten ist informiert. Die Gefahr ist auch jetzt nach einem Jahr noch nicht vorüber, das nehme ich noch immer wahr, weshalb auch weiterhin sehr gut auf Mia aufgepasst wird. Irgendwann ist die Gefahr jedoch vorbei, auch das zeigte man mir, aber bis dahin bleibt nur, das Mädchen gut im Blick zu haben.

Für solche Hinweise, die durchaus über einen Traum erfolgen können, bin ich immer sehr dankbar. Ich denke, dass die Seele von Mia durch ihre feinfühlige Art und ihr mediales Indigo-Wesen gut mit mir Kontakt mit Hilfe dieses Traumes aufnehmen konnte.
Denn auch wenn sie ihren Eltern immer wieder sagte, dass sie Angst habe, konnten sie dies nicht zuordnen, was ja verständlich ist. Man weiß oft nicht, ob die Angst der Kinder auf Tatsachen beruht, also real ist, oder ob sie vielleicht etwas gehört oder gesehen haben, was ihre Ängste hervorruft.

Umso dankbarer bin ich, wenn es die geistige Welt ermöglicht, Informationen mit Hilfe solcher Träume zu vermitteln. Sollten Sie also Träume haben, die Ihnen noch ganz genau und oft auch sehr detailliert beim Aufwachen im Bewusstsein sind, ist es gut, diese aufzuschreiben, auch die Details. Dann kann man später nochmal nachschauen, ob dieses Ereignis tatsächlich so eingetreten ist oder ob der Traum in einer bestimmten Sache eine besondere Hilfe oder ein wichtiger Hinweis war.

Ein ungeborenes Indigokind wollte nicht sterben

Schon seit vielen Jahren sucht eine junge Mutter, Jasmin, von Zeit zu Zeit Rat bei mir, sodass wir uns schon ein wenig besser kennen. Ich weiß, dass sie ihren drei Kindern eine sehr liebevolle und gute Mutter ist und ihren nicht immer einfachen Alltag gut im Griff hat. Und so weiß ich auch, dass sie ihre Zeit nach der Trennung von ihrem Mann sehr gut gemeistert hat, was tatsächlich mit drei Kindern nicht immer einfach war.

Nachdem ich nun längere Zeit nichts von ihr gehört hatte, rief sie mich an und bat mich um Hilfe. Sie erzählte, dass sie vor über einem Jahr einen Mann, Thomas, kennengelernt hatte, der wunderbar wäre und sich ebenfalls liebevoll um die drei Kinder kümmerte. Nun war sie erneut schwanger, was zwar nicht ganz so geplant war, sie aber dennoch freute. Jasmin erzählte mir unter Tränen: *„Martina, ich bin im vierten Monat schwanger. Ich weiß jetzt schon, dass es ein Junge ist. Aber die Ärzte haben einen schweren Herzfehler bei ihm festgestellt und raten mir, die Schwangerschaft abzubrechen, da er nicht überlebensfähig sein wird. Das bringe ich aber nicht übers Herz, was soll ich nur tun?"*

Weil ich Jasmin schon länger kannte, benötigte ich kein Bild von ihr, sondern konnte direkt Kontakt mit ihr und dem ungeborenen Kind aufnehmen: Vor meinem geistigen Auge sah ich nicht nur sofort den Jungen, sondern auch, dass er ein richtiger kleiner Kämpfer ist und unbedingt leben wollte. Und auch meine himmlischen Helfer sagten mir, dass er es schaffen würde, was ich Jasmin auch mitteilte.

Ich unterstützte sie in der nächsten Zeit, indem ich ihr immer wieder weitergab, dass ihr kleiner Junge wirklich leben wollte und viele Helfer an seiner Seite hätte, die in stärken, damit er es auch schafft. In diesem Fall war ich mir absolut sicher, weil er immer wieder Kontakt zu mir aufnahm und mir das alles bestätigte. Immer wieder sagte er: *„Ich will leben. Ich schaffe das."*

Jasmin entschied sich nach gutem Überlegen und vielen Gesprächen mit ihrem Mann und mir, dass sie sich gegen eine Abtreibung entschieden hätte. Das fanden die Ärzte zuerst unverantwortlich, mussten ihre Entscheidung jedoch akzeptieren und sagten ihr immer und immer wieder, dass sie mit allem rechnen solle. Es wäre sogar wahrscheinlich, dass ihr Kind die Schwangerschaft nicht überlebt, und selbst wenn, wäre er sicherlich nur wenige Tage überlebensfähig – und das wäre eine sehr optimistische Prognose. Weiterhin empfohlen die Ärzte, einen geplanten Kaiserschnitt kurz vor dem errechneten Geburtstermin zu machen. Eine normale Geburt – so die Ärzte – wäre viel zu anstrengend für sein schwaches Herz. Dagegen wollte sich Jasmin sträuben, sie hätte gerne eine natürliche Geburt wie bei ihren anderen Kindern gehabt. Aber auch hier sagte mir der junge Mann bzw. seine Seele, dass es wirklich notwendig sei, ihn per Kaiserschnitt zur Welt zu bringen, eine normale Geburt würde er nicht überleben können. Zum Glück sah Jasmin auch das ein…

Die Schwangerschaft verlief entgegen den Prognosen der Ärzte sehr gut. Natürlich musste sie viel öfter zu Kontroll-Untersuchungen zu Spezialisten, diese waren auch viel intensiver und zeitaufwendiger, aber die Ärzte stellten im Verlauf der Schwangerschaft mit Erstaunen fest, dass sich ihr Junge, der den Namen *Finn* bekommen sollte, gut entwickelte – natürlich abgesehen von dem immer noch vorhandenen schlimmen Herzfehler.

Am Ende der Schwangerschaft kündigte sich die Geburt etwas früher an als gedacht, sodass ein Notkaiserschnitt gemacht werden musste. Alles verlief soweit gut und Finn ging es den Umständen entsprechend gut. Er wurde natürlich sofort an viele Überwachungsgeräte angeschlossen und mit den notwendigen lebenserhaltenden Medikamenten versorgt. Ein paar Tage später war er soweit stabilisiert, dass die Ärzte einen schweren und langen Eingriff planten. Während einer großen Operation durch ein spezialisiertes Ärzteteam sollte der Herzfehler, der sich aus mehreren Missbildungen zusammensetzte, behoben werden.

Und auch jetzt machten die Ärzte der Mutter kaum Hoffnung, sie müsse mit dem Schlimmsten rechnen, auch wenn sie alles in ihrer Macht Stehende tun würden. Die Chance für Finn, diesen Eingriff zu überleben, war sehr gering – so die Prognose.

Jasmin vertraute zwar einerseits ihrem guten Gefühl, dass er es schaffen würde, aber sie wollte sich auch nichts vormachen, und so kam der bisher schwerste Tag in ihrem Leben: Der Abschied von Finn vor der Operation. Sie wusste nicht, ob sie ihn wirklich noch einmal lebend wiedersehen würde und war natürlich sehr aufgeregt und traurig, ihn hier loslassen zu müssen. Die Operation dauerte mehrere Stunden, währenddessen sie mich auf dem Laufenden hielt. Ich sah, dass Finn sehr viele Engel an seiner Seite hatte, die ihm alle halfen, den Eingriff zu überstehen, damit er ein normales Leben würde führen können.

Und so kam es auch: Die Operation verlief ohne Komplikationen und Finn verkraftete den Eingriff überraschend gut. Er konnte sogar schon nach wenigen Tagen die Intensivstation verlassen und kurze Zeit später auch nach Hause. Für die Ärzte, die bis zuletzt nicht geglaubt hatten, dass er auch nur die geringste Überlebenschance hätte, war es wie ein Wunder, was sie auch ständig gegenüber Jasmin und Thomas betonten. Es war nicht nur erstaunlich, dass er die Schwangerschaft, die Geburt und die schwere Operation überlebte, es war auch ein Wunder, dass er so schnell so munter war und sich fortan normal entwickelte.

Auch wenn noch einige Operationen durch das Wachstum seines Körpers nötig sein werden, so stand schon kurz nach dem ersten Eingriff fest, dass er sich ganz normal würde entwickeln können – was er auch tut, wie ich glücklicherweise immer wieder sehen kann.

Auch wenn die Prognosen der Ärzte mehr als schlecht waren, vertraute ich hier voll und ganz den Aussagen von Finn bzw. seiner Seele und natürlich denen meiner geistigen Helfer. Dennoch muss jeder die Entscheidung selbst treffen, so wie auch Jasmin – und das war wirklich nicht einfach für sie. Ich kann immer nur das weitergeben, was ich sehe und was mir durch die geistige Welt vermittelt wird.

Der Schock

Vor einigen Monaten erreichte mich ein Brief einer Klientin aus Salzburg, die sich in dieser Form bei mir bedanken wollte, aber auch alles von ihrer Seele schrieb, was sie und ihren Sohn Mattis jahrelang belastet hatte. Mit Heidis Einverständnis darf ich diesen Brief in Originalform in diesem Buch veröffentlichen – selbstverständlich mit geänderten Namen:

Liebe Martina,
mit diesem Brief und meiner Geschichte möchte ich mich von ganzem Herzen bei Dir bedanken. Ich weiß nicht, was ich ohne Dich gemacht hätte, denn bevor ich auf Dein Buch aufmerksam geworden bin, hatte ich die Hoffnung beinahe schon aufgegeben.

Es gab in unserem Leben keine logische Erklärung dafür, was andauernd mit aller Macht verhindern wollte, dass mein Mann, mein Sohn und ich eine harmonische Familie sein konnten. Doch kein Außenstehender hätte ahnen können, dass es in unserer Familie überhaupt Probleme geben könnte. Meine verzweifelte Suche nach einem Licht am Ende des Tunnels wurde durch den Tod meines Vaters vor 24 Jahren ausgelöst.

Ich selbst hatte in jungen Jahren ein Alkoholproblem. Sobald ich unter psychischen Problemen stand, musste ich mir Mut antrinken. In dem Moment aber, als mir klar war, dass ich ein Baby erwarte, hörte ich umgehend damit auf. Trotzdem befürchtete ich, wegen meiner vergangenen Lebensweise, eventuell dem Baby geschadet haben zu können. Ich legte das Gelübde ab, nie mehr in meinem Leben einen Tropfen Alkohol anzurühren, falls mein Kind gesund zur Welt käme.

Unser Sohn war ein Wunschkind, mein Mann und ich freuten uns sehr auf seine Ankunft. Daher war ich nicht darauf vorbe-

reitet, und ich konnte es mir nicht erklären, warum mein Mann sich unmittelbar nach der Geburt distanziert zurückzog und mich überhaupt nicht unterstützte. Diese Situation belastete mich über die Maßen und ich griff, trotz meinem Gelübde, wieder zur Flasche. Mich plagten aber starke Schuldgefühle, weil ich mein Gott gegebenes Versprechen gebrochen hatte. Meine fixe Idee war, als Mutter total versagt zu haben und es nicht wert zu sein, ein gesundes Kind erleben zu dürfen. Von der Zeit an war ich stets bestrebt, alle Probleme, die irgendwie mein Kind betrafen, für immer aus der Welt schaffen zu müssen, um meine Schuld damit büßen zu können, und weil mein Mann so ablehnend war, wurde die Mutter-Kind-Beziehung besonders eng.
Der Opa, mein Vater, übernahm damals die Vater-Rolle, die eigentlich Aufgabe meines Mannes gewesen wäre. Dank seinem Opa durfte mein Sohn eine unbeschwerte Kindheit und Jungendzeit erleben. Umso härter traf ihn die plötzliche Erkrankung seines Opas. Mit einem Schlag zerbrach seine heile Welt, als der Opa an die Herz-Lungen-Maschine kam und nicht mehr ansprechbar war. Er konnte sich von ihm nicht mehr verabschieden. Als er dann starb, war mein Sohn 15 Jahre alt. Mein Vater starb auf der Intensivstation in seinen Armen.
In dem Moment, als die Seele den Körper verließ, bekam mein Sohn einen Blackout. Er kann sich an die Zeitspanne unmittelbar danach nicht mehr erinnern. Ab diesem Augenblick veränderte sich mein eigentlich fröhlicher Junge zusehends. Er zeigte auch keinerlei Trauer. Bis dahin hatte ich keine Ahnung, dass es Besetzungen gibt. Es handelt sich dabei um Geistwesen, denen nicht bewusst ist, dass sie verstorben sind und sie keinen physischen Körper mehr haben. Sie gehen in die Körper hinein, deren Energielevel geschwächt ist. Auf Grund

der besonderen Umstände war das damals bei meinem Sohn der Fall.
Nach längerer Suche habe ich einen Therapeuten ausfindig machen können, der diese Besetzungen zwar nicht wie Martina sehen, aber fühlen konnte. Er erklärte uns, wie diese Wesen sich bemerkbar machen, dass sie die Ursache von Mattis damaligen Problemen waren. Einige von ihnen konnten dann auch im Laufe der Jahre von ihm entfernt werden. Sobald sich bei meinem Sohn die Stimmung veränderte, sein Augenausdruck anders wurde, und er ein fremdes Verhalten zeigte, konnte der Therapeut Verbindung aufnehmen, dem gerade präsenten Wesen seine Lage erklären und ihm den Weg ins Licht weisen. Nach jeder gelungenen Behandlung erlebte mein Sohn krasse Reaktionen, wie z.B. Schüttelfrost, stake Kopfschmerzen, Übelkeit, Schweißausbrüche, Schmerzen an einzelnen Körperteilen. Danach entspannte sich die Lage jedes Mal für eine gewisse Zeit. Wir schöpften immer wieder neue Hoffnung, dass nun alles ausgestanden sein könnte. Doch irgendwann ging alles wieder von vorne los. Eines Tages konnte der Therapeut auch nichts mehr für ihn tun. Eine unprofessionelle Rückführung hatte zudem eher geschadet, als genutzt. Es waren Türen in frühere Leben geöffnet, aber nicht mehr geschlossen worden.
Martina war mir am Telefon sofort sympathisch, und ich hatte gleich Vertrauen in sie. Bei der ersten Ablösung durfte sie mein Gelübde und meine Schuldgefühle löschen. Einige Wochen danach löste sie einige Male diverse Blockaden auf.
Schließlich durfte sie das Trauma bzw. Opas Tod im Unterbewusstsein von Mattis finden und ablösen. Danach konnte mein Sohn endlich nach 24 Jahren um ihn trauern. So ging es uns Dank Martina bereits viel besser. Gegen die Stimmungsschwankungen aber, die ihn immer mal wieder aus dem seeli-

schen Gleichgewicht brachten, war er völlig machtlos, was ihn immer noch verunsicherte.
In zeitlichen Abständen von einigen Wochen löste Martina noch einige Themen bei ihm ab, bis sie schließlich, selbst verwundert, noch eine Besetzung bemerkt hat, die ihr bis dahin noch nicht gezeigt worden war. In dem Augenblick, in dem die Wesenheit ihn durch Martinas Hilfe verlassen hatte, erwachte mein Sohn zu neuem Leben. Es war ihm so, als wäre er zum Tode verurteilt gewesen und jetzt nach vierundzwanzig Jahren begnadigt worden.
Bestimmt landen oftmals Menschen auf der Couch eines Psychiaters, weil sie keine Erklärung für ihre emotionalen Probleme finden können. Ist man erst einmal auf Psychopharmaka eingestellt worden, nimmt man der Seele jede Möglichkeit, ihren Lebensplan erfüllen zu können. Die Besetzungen entziehen dem Menschen Energie, und er bleibt sein Leben lang fremdgesteuert, ohne eigenen Willen. Bei meinem Mann konnte Martina in ein früheres Leben schauen, in welchem er und sein Sohn Rivalen waren. Martina sah, wie mein Mann ihm ein Messer in den Rücken stieß. Sie durfte auch diese Türe zu diesen anderen Leben schließen. Seitdem hat sich sein Verhalten gegenüber dem Sohn drastisch stark verändert und die gegenseitige Beziehung besserte sich bis zum heutigen Tag stetig. Mein Sohn reagierte auf diese Auflösung bei seinem Vater so, als wäre sie bei ihm selbst vorgenommen worden. Daraufhin konnte er die Empörung, die Wut, den Frust loswerden, welche sich im Laufe der Zeit in ihm aufgestaut hatten.
Ich glaubte bereits, nun sei alles bereinigt und ich könnte mich endlich entspannt zurücklehnen. Unerwartet drängte sich aber, von Tag zu Tag stärker werdend, ein Thema mit entsprechenden negativen Emotionen in mein Bewusstsein, wofür ich

keine logische Erklärung finden konnte. Ich war total hoffnungslos, obwohl die Umstände mittlerweile durchaus positiv erschienen. Innerlich sah ich ständig Szenen und Bilder, in denen mein Sohn leiden musste. Ich hatte die innere Gewissheit, dass mein schöner Traum von unserem Happy End in Wahrheit nur eine Täuschung war. Alles würde unverhofft zerstört und zunichte gemacht werden. Etwas in mir wusste, dass mein Leben bis zu meinem Tod dadurch gezeichnet sein würde, stets meinen Sohn auf irgendeine Weise leiden sehen zu müssen und dadurch auch selbst keine Lebensfreude haben zu dürfen. Da ich mich mittlerweile mit Besetzungen auskannte, war mir vollkommen klar, dass ich nach dem Tod erdgebunden bleibe. Ich würde mich, ohne meinen physischen Körper, nicht mehr bemerkbar machen können. Ich müsste mir anschauen, wie mein Sohn langsam am Leben verzweifelt und in heftige Depressionen abrutscht. So stellte ich mir die Hölle vor. Ich kam gar nicht dazu, Martina meine Horrorvision zu beschreiben. Sie nahm mir das Wort aus dem Munde und beschrieb mir genau meine negativen Gedanken, weil sie sie innerlich sehen konnte. Es wurde ihr eine offene Türe zu einem früheren Leben gezeigt. In diesem Vorleben war ich gegangen, ohne meine problematische Angelegenheit, die zwischen mir und meinem Sohn stand, vorher bereinigt zu haben. Ich hatte meinen Sohn tief enttäuscht und starb plötzlich, ohne ihn um Verzeihung gebeten zu haben und ohne dass er davon wusste. Er verzweifelte völlig am Leben, da er nicht wusste, wo ich geblieben war. Tagtäglich hoffte er, dass ich zu ihm zurückkomme. Nach vielen einsamen Jahren starb er traurig und enttäuscht. Nach meinem Tod bin ich damals erdgebunden geblieben, um in seiner Nähe zu bleiben, doch er konnte mich nicht sehen, obwohl ich andauernd um ihn herum war. Ich erklärte ihm unentwegt, wie leid mir mein Verhalten tat, doch er konnte mich nicht hören. So musste ich mit ihm mitleiden und seinen Schmerz mit ansehen, bis zu seinem Tod. Nach dieser Auflösung, welche bei mir die hartnäckigste überhaupt gewesen war, hatte ich starke psychische und körperliche Reaktionen. Jetzt erst erkannte ich die ganzen Zusammenhänge.

Betrachtet man das Leben rückwärts, kann man den roten Faden erkennen, der all die vergangenen Situationen durchzieht und miteinander verbindet. Dieses frühere Leben, das ständig seine Informationen in mein gegenwärtiges Leben gedrängt hatte, war die Ursache für meinen Glauben, ich hätte Schuld an allen möglichen Problemen. Es erklärte, warum ich in diesem Leben glaubte, alle seine Probleme aus der Welt schaffen zu müssen, solange ich noch am Leben bin. Die Erklärung, warum mir ständig die Angst im Nacken gesessen hatte, viel zu früh zu sterben. Jetzt war mir klar, warum ich nie restlos überzeugt sein konnte, dass ab jetzt eine bessere Zeit auf uns wartet. Und dieser Film in meinem Unterbewusstsein sendete seine Fehlinformationen ebenfalls von mir zu meinem Sohn. Natürlich war er sich dessen nicht bewusst. Für ihn war es eine innere Gewissheit, dass irgendwann, aus heiterem Himmel, ein Unglück sein Leben zerstören würde. Diese Odyssee hat endgültig ein Ende. Es ist meine innere Gewissheit. Es wird noch eine gewisse Zeit dauern, bis alles ins Gleichgewicht gekommen ist, aber wir sind auf dem richtigen Weg.

Es vergeht nicht ein einziger Tag, an dem ich Gott, den Engeln und Martina unendlich dankbar bin.

In Dankbarkeit, Heidi

Ich möchte mich ganz herzlich bei Heidi für ihren ausführlichen Bericht bedanken, und natürlich dafür, dass ich ihn hier im Original abdrucken durfte.

An diesem Beispiel sieht man gut, wie verstrickt und verworren manch eine Familientragödie sein kann, und dass ein Vorleben ganz oft im jetzigen Leben eine tiefgreifende Rolle spielt. Aber wie wir wissen, dient das aktuelle Leben immer zur Aufklärung, damit wir diese alten Energien aus unserem Energiefeld lösen können. Tun wir das nicht, kann es sein, dass wir in einem nächsten Leben wieder dieses Thema bearbeiten müssen bzw. unsere Seele es auflösen möchte.

Mattis zum Beispiel ist ein Indigokind und hat sich bereit erklärt, in diesem Leben mit seiner Mutter ein uraltes Karma zu bearbeiten und in die endgültige Auflösung zu bringen. Genauso wie beim Vater, mit dem er sich mittlerweile sehr gut versteht und man nichts mehr von der Ablehnung spürt. Endlich konnte er nach so vielen Jahren die Vaterrolle übernehmen, die er damals zu gerne seinem Schwiegervater überlassen hatte.

Und Mattis konnte endlich ganz normal Abschied von seinem Opa nehmen und sein eigenes Leben in die Hand nehmen, was auch sehr gut funktioniert, denn vor einiger Zeit berichtete mir Heidi, dass ihr Sohn wieder sehr unbeschwert ist, fröhlich und voller Lebensfreude und Zukunftspläne. Auch seine Arbeitskollegen und sein Chef haben diese positive Veränderung bei ihm bemerkt und fragen oft, was denn geschehen sei. Aber das behält Mattis lieber für sich, denn nicht jeder kann mit solchen spirituellen und geistigen Themen umgehen. Leider wird diese Arbeit noch viel zu oft belächelt und in das Land der Märchen geschoben.

5 vor 12

Vor einigen Jahren hatte ein Elternpaar einen persönlichen Termin bei mir. Es ging um ihre schwerstbehinderte Tochter Laura, die mittlerweile zwölf Jahre alt war. Die Ärzte hatten den Eltern von ihrer Geburt an gesagt, dass sie mit dieser Behinderung keine hohe Lebenserwartung habe und wahrscheinlich noch im Kindesalter sterben würde. Nun war sie zwölf Jahre alt und hatte immer wieder Krankheitsschübe, weshalb sich die Ärzte in ihrer Prognose bestätigt sahen. Die Eltern jedoch hatten nicht das Gefühl, dass ihre Tochter früh sterben sollte, weil sie auch eine Kämpfernatur war und trotz ihrer Beeinträchtigungen sehr viel Lebensfreude zeigte.

Als die Eltern nun so besorgt wegen der Krankheitsschübe von Laura vor mir saßen, zeigten mir die Engel ihren Lebensplan. Dort war festgelegt, dass sie im Alter von fünfzehn Jahren eine sehr schwere gesundheitliche Krise erleben, aber nicht daran sterben würde. Der Engel von Laura sagte mir ganz genau, was jetzt zu tun wäre, um ihr Leben später zu retten. Aus der geistigen Welt bekam ich ein spezielles Symbol gezeigt, zeichnete es sofort auf ein Stück Papier und gab es den Eltern. Dieses Symbol sollte einmal für ihre Rettung sehr wichtig sein.

Eine Wiederholung dieser Probleme sollte es dann wieder im Alter von dreißig Jahren geben, auch hier war die Gefahr, daran zu sterben, groß, aber nicht als unwiderrufliches Schicksal eingetragen. Das Ende war demnach noch offen.

Zunächst freuten sich die Eltern sehr, dass ihr geliebtes Kind viel länger würde leben können, als die Ärzte es jemals prophezeit hatten. Der Vater von Laura hatte sich während des Gespräches immer wieder Notizen gemacht und wollte diese zusammen mit dem Symbol gut aufbewahren. Am Tag des fünfzehnten Geburtstages von Laura musste sie dann tatsächlich wegen großer gesundheitlicher Probleme in ein Krankenhaus und kam direkt auf die Intensivstation. Ihr Vater erinnerte sich an seine Aufzeichnungen und studierte diese direkt intensiv. Er rief mich an, weil er nicht wusste, was jetzt das Richtige war und was sie im

Detail für ihre Tochter tun könnten, denn wieder wurde sie von den Ärzten bereits aufgegeben. Diese sagten den Eltern, dass ihre Tochter keine Überlebenschancen hätte und sie sich auf ihren baldigen Tod vorbereiten sollten. Sinnvoll wäre es, sich schon einmal über ihre Beisetzung Gedanken zu machen oder diese zu planen…

Der Vater rief mich an und erzählte mir, was passiert war. Beide Elternteile waren sehr verzweifelt und hatten große Angst, ihr Kind zu verlieren. Ich erinnerte ihn an seine Aufzeichnungen und das Symbol, das ich für Laura von der geistigen Welt bekommen hatte. Dieses Symbol sollten sie unter die Matratze von Laura legen, damit es gut wirken konnte.

Die Eltern ließen also die normale schulmedizinische Behandlung weiterlaufen und vertrauten, wenn auch zögerlich, der positiven Wirkung des Symbols. Von Stunde zu Stunde ging es Laura nun besser und die Ärzte standen vor einem Rätsel. Es war einfach unglaublich, wie schnell sie sich plötzlich erholte. Bereits nach vier Tagen ging es dem Mädchen sogar wieder so gut, dass sie auf eine normale Station verlegt werden konnte.

Laura ist heute 22 Jahre alt und erfreut sich, abgesehen von ihrer Behinderung, bester Gesundheit. Die Ärzte damals konnten nicht glauben, dass sie es tatsächlich geschafft hatte und hielten es für ein Wunder – was ja auch ein bisschen stimmte, wenn man um die damals so präzisen Botschaften der geistigen Welt weiß.

Henry – ein kleiner Junge im Besitz eines großen Waldes

Henry war schon als kleiner Junge immer am liebsten mit seinem Vater in dem Wald unterwegs, der ihrem Haus am nächsten war. Sie machten dort viele Spaziergänge, bei denen Henry immer aufmerksam zuhörte, wenn sein Vater ihm etwas über die Natur erzählte. Doch je älter Henry wurde, umso mehr fing auch er an, über diesen Wald Geschichten zu erzählen – so als würde er jeden Baum, jede Pflanze und jeden Stein dort kennen.

Irgendwann behauptete er nicht nur, dass der Wald sein eigener wäre, er bestand sogar darauf und zeigte seinem Vater als Beweis Wege, die sie zuvor noch nie gegangen waren, Henry aber tatsächlich zu kennen schien, denn er sagte immer schon vorab, wohin dieser oder jener Weg führen würde. Auch zu den verschiedenen Plätzen im Wald kannte er viele Geschichten, die sich für den Vater oft wie Märchen anhörten. In dieser Zeit, als der Junge mit seinen Erzählungen und Behauptungen begann, glaubten der Vater und auch die Mutter, dass Henry einfach eine blühende Phantasie hätte. Nachdem Henry aber eines Tages bei einem Spaziergang behauptete, ihm gehöre auch ein Haus in diesem, seinem Wald und er hieße eigentlich Franz-Gustav, lachte der Vater laut, weil er dachte, dies wäre nur eine weitere seiner Geschichten. Da wurde Henry böse und sagte beleidigt: *„Das stimmt alles Papa. Warum glaubst Du mir nicht? Das ist mein Wald und eigentlich heiße ich Franz-Gustav und wohne in dem Haus, an dem wir oft vorbeigegangen sind. Warum, denkst Du, kenne ich hier jeden Fleck und jeden Weg?"*

Nach diesem Vorfall wandte er sich an mich, was seine Frau ihm geraten hatte. Er erzählte mir alles und fragte, ob sein Junge verrückt wäre. In dieser Hinsicht konnte ich ihn schnell beruhigen, denn mir wurde von meinen geistigen Helfern gezeigt, dass Henry sich an sein früheres Leben in diesem Wald erinnerte, wo er sich wohl gefühlt hatte und immer wieder gerne war. Er war tatsächlich einmal der Mann, von dem er sprach und dessen Namen er immer wieder nannte. Diesem Mann hatte auch tatsächlich dieser Waldabschnitt, in dem er damals auch wohnte, gehört.

Henry hatte als Indigokind die Besonderheit, sich an dieses frühere Leben im Detail zu erinnern, konnte aber sehr wohl zwischen seinem jetzigen Leben sowie der aktuellen Identität und seinem früheren Leben unterscheiden. Ich konnte erkennen, dass er keine Probleme haben würde, diese zwei Leben getrennt voneinander zu betrachten – da konnte ich den Vater beruhigen.

Dieser jedoch schaute mich eher skeptisch an, hatte er sich doch eine andere Antwort erhofft. Ich glaube, er hatte gehofft, dass ich Henrys Phantasie wieder „gerade rücken" würde und ihm diese „Faxen" austreiben könnte. Ich allerdings riet ihm, einmal nachzuforschen, wer in diesem Haus gewohnt hatte und welche Geschichten sich in dem Wald zugetragen hatten, er würde sicher staunen, dass alles, was Henry sagte, der Wahrheit entsprach.

Leider habe ich nichts mehr von dieser Familie gehört. Aber ich bin mir sicher, wenn der Vater tatsächlich Nachforschungen angestellt hatte, er den Beweis sogar Schwarz auf Weiß sehen konnte, dass das alles stimmte...

Erinnerung an ein früheres Leben

Dies ist eine weitere Geschichte, die meine ebenfalls hellsichtige Freundin Elisabeth erlebt hatte und mir auf mein Bitten hin für dieses Buch aufschrieb, wofür ich mich ganz herzlich bei ihr bedanke. Es handelt sich um ein Erlebnis, das sie während ihrer Arbeit als Erzieherin in einer Kindertagesstätte erlebt hat:

„Einmal saß ich neben einem vierjährigen Jungen und gab ein wenig Hilfestellung beim Puzzeln. Das Puzzle zeigte eine Baustellenszene mit einem Haus im Rohbau und einen Bagger. Ganz unvermittelt sagte der Junge zu mir: ‚Weißt Du, als ich schon mal groß war, habe ich auch auf einer Baustelle gearbeitet. Ich habe den Bagger gefahren. Damals war ich ein großer Mann und hatte eine Frau und zwei Kinder. Und die Katharina war bei mir. Aber da war sie meine kleine Schwester und nicht wie jetzt meine große.' Damit war das Thema für ihn beendet, er wollte nicht mehr dazu sagen und spielte ganz selbstverständlich sein Puzzle weiter."

Kinder, so wie Henry oder dieser Junge, können sich oft an ein vorhergehendes Leben erinnern und erzählen daraus wie selbstverständlich. Manchmal geschieht dies detailliert wie in den beiden letzten Begebenheiten, manchmal ist es aber auch nur eine Bemerkung, die darauf schließen lässt, dass sich die Kinder erinnern. Man bemerkt das an Sätzen wie unter anderem:

- *Hier war ich schon einmal (obwohl es nicht sein kann)*
- *In diesem Haus habe ich schon einmal gewohnt*
- *Meine Mutter ist ganz früher gestorben*
- *Das war früher, als ich groß war, mein Lieblingsplatz, -essen, -baum etc.*
- *Das war früher meine Schwester, mein Bruder, mein Vater, meine Mutter, mein Freund,...*

Ein Indigokind auf Abwegen

An einem Sommermorgen rief ein junger Mann, Christian, bei mir an, um einen Termin zu vereinbaren. Ohne ein Bild von ihm gesehen zu haben, wusste ich, dass es sich um ein – mittlerweile natürlich erwachsenes – Indigokind handelte. Außerdem spürte ich, dass er dringend Hilfe brauchte.

Ich erfuhr, dass er nicht allzu weit von mir entfernt wohnte und bat ihn, persönlich vorbeizukommen. Als er nun vor mir saß, konnte ich in seinen Augen sehen, dass er ein ganz besonderer Mensch war. Zwar konnte ich in seinem Blick auch sehen, dass er dringend Hilfe benötigte, aber auch, dass man ihm bis ganz tief in die Seele schauen konnte.

Nach einem kurzen und netten Vorgespräch fing Christian auch direkt zu erzählen an: *„Ich war ein sehr schwieriges Kind, als ich klein war. So schwierig, dass meine Eltern nicht mit mir fertig wurden. Ich war hyperaktiv, konnte nicht still sitzen, konnte nicht zuhören und befolgte keine Regeln. Meine Eltern bestraften mich ständig, was aber nichts half und fingen an, mich zu schlagen. Vor allem meine Mutter schlug mich sehr oft. Weil sie merkten, dass sich weder durch Strafen noch durch Schläge irgendetwas änderte, kam ich mit zehn Jahren in ein Kinderheim.*

Martina, meine Kindheit war das Schlimmste, was ich erlebt habe. Ich habe nur ganz schreckliche Erinnerungen an die Zeit von damals, und ich bin noch lange nicht darüber hinweg, was man mir dann auch noch im Heim alles angetan hat.“

Er erzählte weiter, dass er heute ein ganz normales bürgerliches Leben führe und selbst zwei Kinder habe sowie eine gute Arbeitsstelle. Mit seiner Ursprungsfamilie, seinem Vater und seiner Mutter hätte er heute einen wie er sagte, „einigermaßen normalen“ Kontakt.

Nun stehe er wieder am Abgrund, und obwohl er nicht wie sein Vater war und seine Kinder nie geschlagen hätte, sondern sehr liebevoll mit ihnen umging, fühlte er sich dennoch, als hätte er versagt, genauso wie damals sein Vater. Er selbst würde jetzt nämlich auch seine Kinder durch die Trennung von der Mutter verlieren, was ihn sehr traurig mache und verletze, denn sie hätte das alleinige Sorgerecht beantragt und stelle ihn als schlechten Vater dar.

Ich sah, dass er das Karma seines Vaters übernommen hatte. Eigentlich hätte dieser seinen Sohn nie weggeben dürfen, sondern ihm helfen müssen, mit seiner Besonderheit umzugehen. Und obwohl ich nicht sehen konnte, dass Christian seinen Kindern jemals Schaden zugefügt hatte, erfüllte sich das Karma, und er bekam die Kinder weggenommen. Es wäre jetzt seine Aufgabe, sagte ich ihm, das Karma zu bearbeiten, wobei ich ihm gerne helfen würde, auch müsse er Schocks und Blockaden aus seiner Kindheit aufarbeiten und ablösen, damit er sich ein normales Leben aufbauen könne. Weiter sah ich, dass es sich lohnen würde, wenn er um seine Kinder kämpft – das wäre sogar sehr wichtig, dass er viel Energie in diese Situation investieren würde. Er willigte in alles ein und ich konnte einen Hoffnungsschimmer in seinen Augen sehen...

Über viele Monate begleitete ich ihn, half ihm, seine Blockaden zu lösen und auch das übernommene Karma. Ebenso stärkte ich ihn immer wieder, damit er die Kraft für den Rechtsstreit, der wirklich viel Energie kostete, hatte. Für seine Kinder bekamen sie dann auch das gemeinsame Sorgerecht zugesprochen, was nach anfänglichen Schwierigkeiten mittlerweile gut funktioniert und ihn sehr glücklich macht. Er hat so viel Liebe für seine Kinder und ist immer für sie da.

Beruflich ließ er sich neben seinem normalen Job als Astrologe ausbilden, was ihm sehr leicht fiel. Denn das – so hatte ich es bei ihm gesehen – war seine Lebensaufgabe, für die er als Indigo-Geborener schon sehr viel unbewusst abgespeichertes Wissen mitgebracht hatte. Während der Ausbildung kam es ihm vor, als würde er lediglich dieses Wissen abrufen müssen, so, als wäre schon alles in ihm vorhanden. Er führt heute ein gutes, glückliches Leben und arbeitet hauptberuflich als ein wirklich sehr guter Astrologe.

An diesem Beispiel kann man erkennen, wie schnell ein Elternteil Karma auf ein Kind übertragen kann. Oftmals, weil man selbst mit seinem Schicksal nicht fertig wird und es nicht lösen kann. Dann überträgt man unbewusst diese Energie, dieses Karma auf das Kind, und nun kommt dieses in Situationen, die ähnlich sind wie die der Eltern.
Oder die Kinder handeln in bestimmten Situationen genauso wie die Eltern – im Positiven, aber auch im Negativen. Das sind die familiären Prägungen, die sich übertragen können, manchmal sogar über viele Generationen. Bis zum sechsten Lebensjahr übernehmen die Kinder ungefiltert die Prägungen der Eltern.
Schlimm ist, wenn die Eltern ihre Existenz mit dem festen Vorsatz aufbauen, dass die Kinder die Firma oder den Familienbesitz sowie die Familientradition unbedingt weiterführen müssen. Da muss der Sohnemann die Firma übernehmen, die Tochter Ärztin werden, es dürfen nur Partner aus bestimmten gesellschaftlichen Schichten geheiratet werden, die eigene verpatzte Sportkarriere soll das Kind bitte übernehmen, usw. Manchmal werden diese Botschaften auch nur unbewusst ausgesandt und nicht erzwungen, aber auch das kommt vor.
Zum Glück leben wir in einer Zeit, in welcher der freie Wille immer mehr Bedeutung bekommt und die Menschen mehr und mehr ihre Berufung zum Beruf machen, ihre Partner und Hobbies selbst auswählen sowie das Leben führen, das sie wirklich glücklich macht.
Dennoch habe ich schon einige Klienten begleiten dürfen, die in den alten familiären Strukturen festhingen und sich nicht trauten, die Familie zu enttäuschen.

Eine Sechsjährige in der Psychiatrie

Die kleine Rika war gerade mal sechs Jahre alt, als sie schon viel Schlimmes über sich ergehen lassen musste. Als hellsichtiges und hellhöriges Kind geboren, war es für sie völlig normal, Stimmen zu hören und Verstorbene zu sehen. Und weil sie dachte, das wäre normal und alle hätten dieselben Wahrnehmungen, erzählte sie auch völlig frei davon. Nun war es aber für alle anderen sehr befremdlich, und man stellte sie verschiedenen Ärzten vor. Das Kind war einfach nicht normal und wahrscheinlich geisteskrank, dachten ihre Verwandten. Selbstverständlich aber konnte keine der konsultierten Fachärzte das Geringste gegen ihre „Krankheit" tun.

Und so kam es schlimm für Rika: Weil keiner mehr einen Rat wusste, Rika aber immer wieder Stimmen hörte, beschloss man, sie in eine psychiatrische Klinik einzuweisen, in der man sie mit Hilfe von Medikamenten ruhig stellte. Dies tat man nicht nur vorübergehend, sondern ganze unglaubliche zehn Jahre!

Erst als Rika 16 Jahre alt war, hörte ihre Mutter von mir und wandte sich hilfesuchend an mich, so lernte ich Rika kennen. Sofort konnte ich erkennen, dass ihre Tochter keineswegs krank, sondern sehr hellsichtig und hellhörig war. Alles, was sie erzählte, entsprach der Wahrheit, denn ich konnte die gleichen Personen wie sie hören und sehen. Leider war es so, dass sie auch sehr dunkle Gestalten um sich hatte, die sie auf einen dunklen Weg bringen wollten und ihr sagten, sie solle schlimme Dinge tun, zum Beispiel sich selbst umbringen, was sie zum Glück nie getan hatte.

Nun reinigte ich erst einmal ihre Aura und befreite sie von den vielen negativen Energien um sie herum, was ihr sehr gut tat. In den folgenden Wochen arbeitete ich viel mit ihr, sie bekam regelmäßig energetische Anwendungen, um wieder ganz auf ihre Füße zu kommen und sie von den Nebenwirkungen der vielen Medikamente zu befreien. Solche energetischen Anwendungen stärken immer die Selbstheilungskräfte und regen den Körper zur Reinigung und Regeneration an. Weiterhin schulte ich sie im Umgang mit ihren Begabungen, sodass sie schon sehr bald selbst als (sehr gutes!) Medium arbeitete. Heute ist sie glücklich verheiratet und hat selbst Kinder, die sie sehr liebevoll und spirituell erzieht.

Vom Großvater besetzt

Nach meinem Buch „*Schutzengel & Co.*“ kam eine junge Familie mit einem kleinen Jungen zu mir.

Die Frau erzählte mir unter Tränen, dass ihr Sohn oft sehr aggressiv ihr gegenüber wäre. Er war oft wie außer sich, schrie sie an und trat und schlug sogar nach ihr. Das alles kam ihr vor wie ein böser Albtraum, denn in dem Moment war ihr Junge nicht mehr er selbst. Sie litt sehr unter der Situation und war verzweifelt, weil sie nichts tun konnte, um ihn zu beruhigen, wenn er ausrastete. Dies schien nur sein Vater zu können, denn wenn er anwesend war, hatte der Junge keine Aussetzer. Anfangs glaubte der Mann seiner Frau sogar nicht, dass sich sein lieber Junge so schlimm verhalten würde und gab ihr irgendwann die Schuld, sie könne ihn nicht richtig erziehen. Immer öfter stritten sie deswegen, weshalb ihre Ehe schon Schaden nahm. Zum Glück aber sah der Mann, wie sehr seine Frau litt und stimmte zu, mich um Rat zu fragen.

Nun saß der Junge vor mir und schaute mir direkt in die Augen, die starr und aufdringlich waren. Ich sah, dass er eine schlimme Besetzung hatte *(eine verstorbene Seele oder ein Wesen, das einen Menschen besetzt, gewissermaßen durch ihn lebt, sich ernährt und ihn fremdsteuert)*. Weil ich schon einige Erfahrungen mit Besetzungen hatte, wusste ich, dass diese hier sehr hartnäckig war. Deshalb versuchte diese verstorbene Seele, die den Jungen in Besitz genommen hatte, ständig Augenkontakt mit mir zu halten, um auch mir Energie zu rauben. Aus diesem Grund machte ich mich schnell an die Arbeit und zog dieses unheilvolle Wesen aus ihm heraus. Als diese Seele aus ihm heraus war und von den Engeln ins Jenseits geführt wurde, merkte ich, dass er jetzt etwas schwach war und machte noch eine energetische Anwendung bei ihm, damit er wieder zu Kräften kommen konnte.

Währenddessen hielt er seine Augen geschlossen und war sehr ruhig und entspannt. Jetzt, da der Geist aus ihm heraus war, versuchte er nicht mehr, unbedingt Blickkontakt mit mir zu halten. Auch daran merkte ich, dass er befreit von der Besetzung war. Als er die Augen wieder aufmachte, wirkten sie sehr viel ruhiger und klarer und strahlten eine liebevolle Wärme aus – sein eigentliches Wesen.

Nachdem es dem Jungen nun besser ging, sprach ich mit seinen Eltern, damit sie verstehen konnten, was ihr Kind so belastet hatte. Ich erklärte ihnen, dass es sich um eine ältere männliche Seele gehandelt hatte, vermutlich den Großvater des Jungen. Dieser, so war meine Wahrnehmung, konnte die Frau nicht leiden und wollte die Beziehung der beiden zerstören, als er noch lebte. Und als er verstarb, besetzte er den Jungen, um über ihn Unheil in die Familie zu bringen und sie zu entzweien.

Die beiden staunten doch sehr über meine Worte, denn es war tatsächlich der Vater des Mannes, der die Freundin seines Sohnes nicht mochte und deshalb immer wieder versuchte, die beiden auseinanderzubringen. Als sie dann auch noch schwanger wurde und sie heiraten wollten, war er sehr zornig. Noch während der Schwangerschaft war er jedoch an einem plötzlichen Herztod gestorben und das Paar dachte, nun hätten sie endlich Ruhe vor ihm und seinem Hass. Auf den Gedanken, er könne ihr geliebtes Kind besetzen und negativ beeinflussen, wären sie niemals gekommen.

Viele Monate, nachdem ich den Jungen von der Besetzung befreit hatte, berichteten mir seine Eltern, dass der Junge seiner Mutter gegenüber nicht mehr in dieses wütende, hassbesetzte Verhalten fiel und somit natürlich wieder viel Ruhe in die Familie einkehrte.

Wie erkenne ich eine Besetzung?

Meist sehen die Augen verändert auch, der Blick ist lieblos, starrer, kälter und sieht verhärtet aus, aber auch die Pupillen sind oft gleichbleibend klein oder vergrößert. Bei sehr kleinen Pupillen versucht sich die Besetzung zu verstecken, bei sehr großen Pupillen ist Vorsicht geboten, dann hat das Wesen oder die verstorbene Seele keine Angst vor Entdeckung. Hier kann man davon ausgehen, dass man es mit einer starken dunklen Macht zu tun hat und sollte vorsichtig sein. Aber auch der Charakter eines Menschen ändert sich, wenn er besetzt ist. Oft wechselt eine Person dann sein Verhalten sehr schnell und oft vom Positiven zum Negativen und umgekehrt.
Menschen, die sehr negativ denken, ziehen mit dieser Negativität schneller Besetzungen an als Menschen, die sehr positiv durch ihr Leben gehen. Aber auch körperliche Schwächen nutzen Besetzungen, um sich anzuhaften. Diese Bereiche können dann noch schmerzhafter werden oder es entwickeln sich noch mehr Beschwerden. So können die körperlichen Probleme der Verstorbenen übernommen und zu den eigenen werden.
Zu erwähnen sind hier auch bestimmte Medikamente, wie zum Beispiel Psychopharmaka, welche die Schwingungen des Menschen herabsetzen und sie somit ebenfalls schwächen und für niedere Wesen öffnen können. Vorsicht ist auch bei gebrauchten Gegenständen geboten, die ebenfalls eine Anhaftung von negativen Energien haben können. Nicht selten holt man sich mit gebrauchten Sachen Energien in das Haus oder in seine Aura, die uns sehr negativ beeinflussen können, weshalb man sie vor einer Benutzung immer energetisch reinigen sollte.

Warum werde ich besetzt?

Es gibt Lebenssituationen, in denen wir in Wut geraten, uns ärgern oder sehr aufregen. Auch wenn diese Emotionen zum Leben gehören, sollten wir aufpassen, dass wir dabei nicht in eine negative Schwingung herabsinken und somit angreifbarer für die sogenannte „dunkle Seite“ sind. Geraten wir einmal in Wut, sollten wir dieses Gefühl zwar zulas-

sen, aber nach dem Durchleben schnell wieder in die Liebe gehen, damit keine negativen Energien bestehen bleiben können. Die Wut zu unterdrücken, ist jedoch keine Lösung, damit können wieder andere Probleme entstehen.

Ein gesunder Neid, der uns an Vorbildern wachsen lässt oder uns die Richtung anzeigt, ist ganz normal. Aber extremer Neid, Missgunst, Hass, Geldgier usw. sind niedere Energien, die noch mehr Negativität anziehen können.

Es gibt jedoch auch Besetzungen von Personen oder Häusern, hinter denen verstorbene Verwandte stehen oder andere Menschen, die uns nahestanden. Diese haben manchmal noch etwas mit den Hinterbliebenen zu klären oder können ihre Besitztümer nicht loslassen. Auch hier sollte man in der Liebe bleiben und diese Seele ins Jenseits führen, was nicht immer einfach, aber durchaus machbar und von der geistigen Welt in den meisten Fällen auch so gewollt ist und liebevoll unterstützt wird.

Endlich wieder ein glückliches Kind

Beim nächsten Ereignis handelt es sich um ein Kind, das hellsichtig ist und hierdurch Einblicke in die Vergangenheit hat. Dieses Kind hatte eine schlimme Besetzung an sich „kleben". Die Eltern waren ziemlich verzweifelt, als sie sich an mich wandten und sehr dankbar, nachdem ich dem Kind hatte helfen können, weshalb mit der Vater des Kindes den folgenden Brief schrieb, aus dem die ganze Geschichte hervorgeht:

Liebe Martina,

herzlichen Dank für Deine großartige Hilfe! Wir hatten Dich kontaktiert, weil wir mit unserer fünfjährigen Tochter Laura nicht mehr zurechtkamen und zunehmend Schwierigkeiten hatten. Sie war seit Monaten sehr launisch, hat fast täglich mehrere Wut-, Schrei- und Tobsuchtsanfälle bekommen, uns teilweise geschlagen, und es wurde immer schlimmer. Bei diesen Anfällen, die jederzeit wegen jeder vermeintlichen Kleinigkeit ausbrechen konnten, war sie auch nicht mehr normal ansprechbar. Sie war dann einfach nicht mehr sie selbst. Teilweise hat sie dabei ganz merkwürdig die Augen verdreht und uns mit gesenktem Kopf dämonisch angeschaut. Das hatte sie früher nie gemacht.

Sie stand morgens schon schlecht gelaunt auf, hat genörgelt und war mit sämtlichen Dingen unzufrieden. Bei ihren Anfällen hat ihr zweijähriger Bruder Bruno auch zunehmend Angst bekommen.

Als sie dann noch anfing, Selbstmordgedanken zu äußern („Soll ich mich die Treppe runterwerfen, wenn ihr nicht hochkommt, oder mir das Gesicht mit einem Messer aufschneiden?"), haben wir schließlich die Reißleine gezogen und Dich kontaktiert.

Natürlich haben wir vorher schon alle möglichen Sachen ausprobiert, um mit ihr besser zurechtzukommen und uns auch gefragt, was wir falsch gemacht haben oder noch falsch machten, aber nichts hat wirklich geholfen. Das war aus unserer Erfahrung heraus definitiv kein normales Verhalten für ein fünfjähriges Kind, ganz gleich in welcher Entwicklungsphase es sich befindet.

Du hast uns dann unsere schwierige Gesamtsituation aufgezeigt, die Lauras Verhalten wahrscheinlich verursacht hat: Du hast eine zerstörerische Energie in unserem neu gebauten Haus festgestellt und bei Laura eine ganz hässliche Besetzung gesehen. Durch ihre häufigen Wutanfälle war ihre Aura instabil und leichter anfällig für Besetzungen.

Du hast auch ein negatives Karma zwischen mir (ihrem Vater) und ihr erkannt, welches zusätzlich zum Tragen kam. Dein Engel teilte Dir mit, dass ich in einem früheren Leben schon mal ihr Vater war, mich aber damals viel mehr ihrem Bruder gewidmet und sie so sehr vernachlässigt hatte, dass sie sich schließlich im Alter von acht Jahren selbst das Leben nahm. Eifersucht auf ihren Bruder war ein weiteres aktuelles Thema, das uns beschäftigte. Vor diesem Hintergrund waren ihre geäußerten Selbstmordgedanken für uns noch beunruhigender.

Aufgrund dieser Situation hast Du uns eine Energieumstellung unseres Hauses empfohlen, inklusive der Ablösung von Lauras Besetzung, worauf wir sofort eingewilligt haben. Beim Anschlussgespräch hast Du uns berichtet, dass Laura zu allem Überfluss noch ein schwarzes Kreuz im Rücken hatte, was bedeutete, dass ein Fluch auf ihr lastete und ihr jemand den Tod wünschte.

Unser Haus wurde von negativen Energien bereinigt, einige negative Seelen wurden entfernt und das Erdreich war u.a.

durch Erdbeben und Erdverschiebungen auch krank bzw. nicht in Ordnung, sodass Du es auch gereinigt hast. Laura bekam als zusätzlichen Schutz ihres Energiefeldes einen auf sie ausgetesteten Kristall in einer Silberspirale als Kettenanhänger um den Hals.

Seit der Energieumstellung hat sich ihr Zustand sicht- und spürbar zunehmend verbessert. Die Besetzung und das Kreuz waren weg, die Energie im Haus war komplett umgestellt, das negative Karma zwischen Laura und mir war gelöst und das Erdreich geheilt.

Die Wut- und Schreianfälle wurden weniger und sind jetzt vollkommen verschwunden. Laura liebt ihren Kettenanhänger, wacht morgens wieder glücklich auf, wie es für eine Fünfjährige normal ist, verdreht ihre Augen nicht mehr und ist wieder ein ganz anderer Mensch geworden.

Mit anderen Worten: Wir haben wieder unser fröhliches, lustiges Mädchen zurück, endlich wieder ein entspanntes Familienleben und sind Dir dafür äußerst dankbar!

Und Deine Berechnungen mit Hilfe von Feng Shui ergaben noch einen für uns überraschenden Nebeneffekt: Du hattest empfohlen, die Kinderzimmer zu tauschen, weil es so für die Kinder nach der Lehre von Feng Shui energetisch vorteilhaft wäre, was wir auch taten. Nun kann ich berichten, dass beide Kinder viel leichter einschlafen und sogar unser Jüngster nachts 12-14 Stunden am Stück durchschläft. Vielen Dank auch hierfür, liebe Martina.

Herzliche Grüße, Tim

Der Schatten

Philipp, ein kleiner aufgeweckter Junge und Indigokind, war fast fünf Jahre alt, als sich seine Mutter große Sorgen um ihn machte und mich anrief. Sie, Carola, erzählte mir, er wolle keine Nacht mehr in seinem Kinderzimmer schlafen und auch tagsüber würde er sich weigern, alleine sein Zimmer zu betreten – und das bereits seit Monaten. Abends gingen die Eltern immer mit ihm in sein Zimmer und versuchten ihm klar zu machen, dass er dort beruhigt schlafen könne. Doch immer wieder zog er sich die Bettdecke über den Kopf und sagte, nachts würde er komische Geräusche hören und dann käme immer ein schwarzer Schatten. Vor diesem Schatten hatte er so unglaubliche Angst, dass er dann doch Nacht für Nacht bei seinen Eltern schlief.

Carola sandte mir ein Foto von Philipp und ich konnte sehen, dass er ein Indigokind mit ganz feinen Gesichtszügen war, sehr liebevolle Augen hatte und man ihm bis auf den Grund seiner Seele schauen konnte – eben alles typische Merkmale für ein Indigokind. Der Schatten, das wurde mir gezeigt, kam aus dem Keller des Hauses jede Nacht zu dem kleinen Kerl in das Zimmer, um ihm Angst zu machen. Das ging nun schon so weit, dass die Erzieherin im Kindergarten Verhaltensauffälligkeiten bei ihm bemerkte und den Eltern gesagt hatte, so könne Philipp nächstes Jahr nicht eingeschult werden, man müsse ihn zurückstellen.

Nachdem ich in dem Haus eine Energie-Umstellung durchgeführt hatte, verschwand der Schatten, und von dem Tag an spielte und schlief Philipp wieder in seinem Zimmer. Er wusste genau, dass ihm nun nichts mehr passieren konnte.

Weil er aber ein sehr feinfühliges Kind war und auf negative Einflüsse von außen reagierte, bekam er von mir noch einen Kristall, der ihn vor negativen Energien schützt. Seitdem er diesen nun immer bei sich trägt, wurde er auch im Kindergarten ruhiger und ist nicht mehr verhaltensauffällig, sodass er regulär eingeschult werden konnte.

Dieser Kristall ist ein besonderer aus der Gruppe der Bergkristalle, welcher im Sekundentakt die Polarität wechselt. Alles Negative, das sich dem Kristall nähert, wird sofort neutralisiert, sodass ein unglaublich großer Schutz entsteht. Er hat außergewöhnliche Kräfte, die unser Bewusstsein stärken, die Selbstverwirklichung unterstützen, sowie die Lebenskraft und die Lebensfreude stärkt. Er spendet Klarheit, Vitalität und Offenheit und wird für seinen Träger zu einem wertvollen Schutzstein.
Ich möchte hier nicht die genaue Bezeichnung für den Kristall nennen, weil mein Mann und ich festgestellt haben, dass es viele Fälschungen auf dem Markt gibt, die diese starke Wirkung nicht haben. Sollten Sie Interesse an einem solchen Kristall haben, nenne ich Ihnen gerne persönlich den Namen und die Bezugsquelle.

Ein halbes Jahr, nachdem ich die Energieumstellung durchgeführt hatte, telefonierte ich nochmals mit Carola. Während des Telefonats kam Philipp in den Raum und fragte, mit wem seine Mutter denn spreche. Sie sagte: *„Das ist Martina, von ihr hast Du den Kristall."* Er wollte nun unbedingt auch mit mir reden und so reichte Carola ihm den Hörer.

„Du, Martina", sagte er, *„Du bist doch die Frau, die Geister durch die Wände gehen sieht?"* Ich wunderte mich, weil er das eigentlich nicht wissen konnte, doch ehe ich Zeit hatte, darauf einzugehen, fuhr er fort: *„Der Schatten ist jetzt ganz weg und ich habe keine Angst mehr. Danke, dass Du das gemacht hast. Den Kristall aber bekommst Du nicht mehr zurück, der gehört jetzt für immer mir."* ☺

Energetisch-geistige Arbeit mit Kindern

Am Ende dieses Teiles über Indigokinder hatte ich den Wunsch, dass Katja Kutza, die Schreiberin dieses Buches, noch einen Auszug aus ihrem eigenen Buch „*Giftdeponie Mensch*" einfügt. Ich halte ihre Ausführungen für sehr wichtig in der heutigen Zeit, in der immer mehr Kinder bereits in sehr jungen Jahren unter Autoimmunkrankheiten, wie zum Beispiel Allergien, leiden.

Sie arbeitet nicht nur als Schreibmedium und Ghostwriterin, sondern macht ebenso Energie-Arbeit für Erwachsene und Kinder. Über ihre Arbeit mit Kindern schreibt sie wie folgt:

> *„Seit vielen Jahren liegt mir die Arbeit mit Kindern sehr am Herzen. Mehr und mehr beobachte ich, dass viele Kinder unter Allergien, Neurodermitis, Unruhezuständen oder Schlaf- und Konzentrationsstörungen leiden – meist schon im Säuglingsalter. Sie sind oft chronisch verschleimt, haben schlecht ausheilende Erkältungen, ein schwächeres Immunsystem und so weiter.*
> *Viele Krankheiten jedoch – gerade bei Kindern – ließen sich durch eine gesunde und vor allem hauptsächlich natürliche Ernährung vermeiden oder eindämmen. Würde man mehr auf die Kinder und deren individuelle Unverträglichkeiten und Bedarf an Vitaminen, Mineralien und Spurenelemente eingehen, könnte man mit einfachen Mitteln sehr viel erreichen. ‚Krankheiten' wie ADHS, ADS, bestimmte Formen des Autismus, Unruhezustände, Konzentrationsstörungen und andere, könnten alleine damit schon eingedämmt oder auch behoben werden, wie mir viele Heilpraktiker und ganzheitlich arbeitende Therapeuten bestätigten.*
> *Schaut man dann noch, ob das Kind (gleiches gilt natürlich auch für Erwachsene) einen guten Schlafplatz hat, die Energien in Zimmer oder Wohnung reinigt und andere seelische oder geistige Blockaden beseitigt, wie zum Beispiel mit einer energetischen Wirbelsäulenaufrichtung, steht meist einem ‚normalen' Heranwachsen nichts mehr im Wege. Bevor man bei Kindern mit der Diagnose ADHS oder ADS zu dem Medi-*

kament ‚Ritalin' greift, sollte man alle alternativen Möglichkeiten probiert haben – auch in sogenannten schweren Fällen.
Diese Kinder sind nicht gestört oder wirklich krank, doch viele starten schon mit enormen Belastungen (zum Beispiel Schwermetallbelastung durch die Mutter, Nahrungsmittelzusätze in Babynahrung und so weiter) in ihr Leben. Kommen noch weiter Belastungen aus der Ernährung und Umwelt hinzu, Impfungen, Antibiotika beim kleinsten Schnupfen oder andere Medikamente wie auch geistige oder seelische Blockaden, dann kapituliert irgendwann auch der stärkste Körper.
Hierzu kann ich ein selbsterlebtes Beispiel erzählen: Einer meiner Söhne hatte einen absoluten ‚Durchhänger'. Zuhause war er ständig müde, wollte nicht spielen, wollte auch keinen Besuch von Freunden und hatte kaum Appetit. Ich machte Reiki-Anwendungen, reinigte das Zimmer und hielt ihn so irgendwie am Laufen. Dabei spürte ich, dass noch etwas fehlte, denn energetisch war er gut versorgt. Auch seine Klassenlehrerin sprach mich darauf an und meinte, er sei so still und wirke fast schon depressiv und wäre auch sehr unkonzentriert. Sie gab mir den Rat, ihn auf ADS testen zu lassen – was ich strikt ablehnte.
Wir hatten April und der Winter dauerte ewig. Von Sonne und warmen Wetter war wenig zu spüren, was in mir einen Verdacht regte, sodass ich ihm beim Arzt Blut abnehmen ließ und um einen Vitamin-Status bat. Heraus kam ein starker Vitamin-D-Mangel, dem sofort mit erhöhten Vitamin-D-Gaben in Form von Tabletten entgegengewirkt wurde. Nach bereits wenigen Tagen hatte ich mein fröhliches Kind wieder und auch von Seiten der Schule kam eine positive Mitteilung. (...) Doch wie viele Kinder gibt es, die mit solchen Symptomen direkt als depressiv abgestempelt werden und zum Kinderpsychologen gehen? Das soll nicht heißen, dass es keine Depressionen bei Kindern gibt und in diesem Fall sind Psychologen sicherlich eine gute Unterstützung, dennoch sollte man sich zuvor ein ganzheitliches Bild über das Kind machen. Ich weiß, dass nicht immer von Seiten der Ärzte ein Mangel an Vitaminen als Ursache in Betracht gezogen wird, genauso wenig wie Nahrungsmittel-Unverträglichkeiten.

Ein Elternpaar, dessen Kind bei mir zu einer Energie-Anwendung war, erzählte, dass sich nach Weglassen der ausgetesteten Nahrungsmittel unter anderem das Schriftbild ihres Kindes wieder sehr positiv verändert hätte. Vorher schrieb das Kind übergroße und zittrig aussehende Buchstaben und konnte auch nicht altersgerechte Bilder malen. Nach Weglassen der störenden Nahrungsmittel und Aufbau seiner Darmflora durch einen Heilpraktiker war das Schriftbild deutlich verbessert und auch die Zeichnungen waren wieder altersgerecht.
(…)
Ich selbst konnte während meiner schlimmen Vergiftungszeit (verursacht durch Schwermetalle aus Amalgamfüllungen) auch nicht ordentlich schreiben und hatte eine Zitterschrift, teilweise konnte ich noch nicht mal die Wörter überhaupt zu Papier bringen, weshalb ich diese Kinder bestens verstehen kann. Diese auffälligen Schriftbilder werden heutzutage übrigens auch als eines der Symptome bei ADHS-‚Erkrankungen' aufgeführt. Für mich ein eindeutiger Hinweis, dass man dabei individuelle Ursachenforschung betreiben sollte. Und bevor ein Kind ‚Dyskalkulie' oder eine Lese-Rechtschreib-Schwäche attestiert bekommt, kann ich nur empfehlen zu schauen, ob nicht andere Ursachen dahinter stecken, wie zum Beispiel eine Belastung durch Umweltgifte oder Nahrungsmittel-Unverträglichkeiten.

In ihrem Buch beschreibt Katja nicht nur ihre eigene spannende Krankheits- und Gesundungsgeschichte und die vielen Möglichkeiten alternativer Heilmethoden, sondern berichtet außerdem über die Energie-Arbeit mit Erwachsenen und Kindern, aber auch über Impfungen und wie sie diese energetisch mit Hilfe der geistigen Welt wieder ausleitet. An dieser Stelle bat ich sie, ein Beispiel für ihre energetische Arbeit (Quantenheilung, Reiki, usw.) näher zu beschreiben, weil sie diese auch schon mehrmals für Kinder meiner Klienten – aber auch für Erwachsene – erfolgreich angewendet hat:

„Eine Freundin von mir, Ella, lernte ich durch unsere Kinder kennen, die damals zusammen in den Kindergarten gingen. Sie ist ein Ass in Sachen Homöopathie und auch spirituell sehr offen, weshalb wir uns di-

rekt sehr gut verstanden. Bei ihrem damals gerade zweijährigen Sohn fiel mir ein starker Husten auf, der anfallsartig kam und sich wirklich schlimm anhörte. Auf meine Nachfrage hin erzählte mir Ella, dass ihr Sohn – gerade mal ein halbes Jahr alt – nach einer Impfung sehr heftig reagiert hatte. Nur ein paar Tage später bekam er Probleme beim Atmen, was sich erst einmal nach einer beginnenden harmlosen Bronchitis anhörte und auch so von seinem Kinderarzt diagnostiziert wurde. Jedoch bekam er am nächsten Tag nur noch sehr schwer Luft, sodass seine Lippen sich blau färbten und er mit dem herbeigerufenen Notarzt in eine Kinderklinik und dort sofort auf die Intensivstation kam, weil Lebensgefahr bestand. Ein Schock für Kind und Eltern!
Er bekam dort vor allem Antibiotika und Kortison, was erst einmal lebensrettend für den kleinen Kerl war, aber im Nachhinein weitere Probleme verursachte. Nach ein paar Tagen, so meine Freundin, konnte er auf eine normale Station verlegt werden. Die heftige Reaktion war erst einmal überwunden… Von diesem Zeitpunkt an hatte er jedoch chronischen Husten und sehr oft starke Bronchitis, worunter er sehr litt. Beim kleinsten Luftzug fing er zu Husten an oder wurde krank.

Ich schlug Ella vor, mit ihm energetisch zu arbeiten, wobei ich vorab den Schock von ihm auflöste, der in der Krisensituation entstanden war und natürlich auch den von seiner Mutter. Anschließend begann ich mit energetischen Impfausleitungen, so wie mir die geistige Welt dies zeigte. Ich arbeitete in regelmäßigen Abständen mit ihm, die immer länger wurden, weil es ihm von Mal zu Mal besser ging. Nach etwa einem Jahr war sein Husten komplett verschwunden, was uns alle sehr freute.
Abschließend kann ich nur bestätigen, dass mit Hilfe der geistigen Welt so viel Gutes passieren kann, wenn wir offen sind und vertrauen. Ich bin unendlich dankbar dafür, dass ich diese energetische Arbeit machen darf und staune immer wieder über die vielen Möglichkeiten, die sich dabei bieten und über die verschiedensten Ursachen, die hinter Problemen oder Krankheiten stecken können.

Teil III

Tiere

Die Balkontüre

Seit einigen Jahren habe ich eine Katze mit dem Namen *Fine*, und sie erstaunt mich immer wieder aufs Neue. Fine ist keine gewöhnliche Katze, sie versteht jedes Wort, was ich ihr sage und antwortet mir auf ihre Weise. Sie kann positive von negativen Energien unterscheiden und spürt schon im Vorfeld, wenn etwas Negatives auf uns zukommt, wie zum Beispiel, wenn Handwerker kommen, die negative Energien bei sich haben oder aussenden. Fine verschwindet in solchen Fällen schon Stunden vorher und kommt erst wieder aus ihrem sicheren Versteck, wenn alle weg sind. Umgekehrt spürt sie ebenso, wenn wir Besuch von jemandem bekommen, der eine positive Ausstrahlung hat. In diesem Fall bleibt sie sehr entspannt und man könnte meinen, sie freut sich regelrecht auf die Besucher, weil sie vorher schon wartend an der Tür sitzt.

Nun hatte ich schon längere Zeit das Gefühl, dass unser Haus beobachtet wird und wir von Einbrechern ins Visier genommen wurden. Die Angst war nicht ganz unbegründet, denn in unserer Gegend fanden in der letzten Zeit einige Einbrüche statt. An einem Tag war dieses Gefühl, diese Vorahnung, wieder sehr präsent und ich erzählte Fine von meinen Ängsten. Dabei fragte ich sie: *„Du Fine, sag' mal, weißt Du vielleicht, ob hier im Haus noch eine unsichere Stelle ist, bei der es Einbrecher leicht hätten, einzusteigen?"*

Fine sprang auf, miaute die ganze Zeit auf ihre ganz besondere Art, so, als würde sie mit mir reden und lief ins Wohnzimmer, legte sich direkt vor die Terrassentür – was sie sonst nie macht – und streckte sich ganz nach vorne aus. Sie sah aus, als würde sie meditieren und tief darin versunken sein.

Ich wunderte mich zwar, weil ich diese Tür für sicher hielt, da die Nachbarn einen freien Blick dorthin hatten, aber ich nahm den Hinweis dankend an, weil diese in letzter Zeit oft nicht zu Hause waren und sagte: *„Danke Fine für den Hinweis. Das wird sofort erledigt, wir kümmern uns darum."* Meine Katze sprang aus ihrer Haltung auf und lief munter miauend wieder zurück zu ihrem Lieblingsplatz.

Mein Mann sorgte in den folgenden Tagen dafür, dass ein Rollladen von außen und ein spezieller Riegel von innen für mehr Sicherheit sorgte. Nachdem diese Arbeiten durchgeführt waren, verschwand direkt die merkwürdige „Einbruchsenergie“, die mich über einen längeren Zeitraum begleitet hatte und ich fühlte mich wieder sicher.

Danke, liebe Fine!

Der zärtliche Kuss

Nachdem sich Fine nach unserem Umzug nach Bayern an ihr neues Zuhause gewöhnt hatte, ging ich mit ihr zusammen in den Garten. Dort war bereits vom Vorbesitzer ein kleiner schöner Teich mit Goldfischen darin angelegt.

Die ganze Zeit, wenn ich morgens die Fische draußen fütterte, saß sie auf der Fensterbank und schaute von innen interessiert zu. Als sie nach der Eingewöhnungsphase nun das erste Mal im Garten war, steuerte sie, wie zu erwarten, direkt und sehr zielstrebig den Gartenteich an. Ich ging ihr hinterher, weil ich dachte, dass sie – typisch Katze – einen Fisch fangen wollte. Fine aber lief nur um den Teich herum und beobachtete die Fische. Unsere Goldfische kannten Katzen, die immer mal wieder zum Teich kamen. Vor diesen hatten sie Angst, weil eine auch schon einmal einen Fisch getötet hatte. Seitdem schwimmen sie immer, wenn sich eine Katze dem Teich nur annähert, ganz tief nach unten, um nicht gefangen zu werden. Fasziniert beobachtete ich aber an diesem Tag, dass kein Fisch Angst zu haben schien. Alle schwammen weiterhin an der Oberfläche und sogar in Richtung Fine – so, wie sie morgens zu mir schwimmen, wenn sie Futter bekommen.

Fine blieb nun eine Weile ruhig am Rand sitzen, bis sie aufstand und sich ganz langsam über das Wasser beugte. Ich griff nicht ein, weil ich den Impuls hatte, mich ruhig zu verhalten und das Geschehen zu beobachten. Instinktiv wusste ich, dass sie den Fischen nichts tun würde.

Bis ganz knapp über die Wasseroberfläche streckte Fine nun ihren Kopf den Fischen entgegen. Der größte Goldfisch von allen schwamm auf sie zu, stieß mit dem Kopf ein wenig durch die Wasseroberfläche und küsste Fine. So etwas hatte ich noch nie erlebt. Nicht nur, dass die Fische keine Angst zeigten und sich eine Katze ihnen schon fast zärtlich nähern durfte, nein, hier wurde sogar geküsst!

Geärgert hat mich hinterher nur, dass ich weder Handy noch Fotoapparat bei mir hatte, um diesen besonderen Moment festzuhalten.

Wenn Fine nun in den Garten geht, besucht sie immer zuerst die Fische, die dann direkt auf sie zuschwimmen, als würden sie sich freuen, sie zu sehen. Bei allen anderen Katzen, die sich dem Teich nähern, schwimmen sie nämlich weiterhin sofort ganz tief nach unten. Es scheint, als wäre hier eine ganz besondere, wenn auch ungewöhnliche Freundschaft entstanden.

Hier liegt Fine auf ihrem Lieblingsstein, ein Labradorit. Einmal zeigte man mir, wie sie sich über den Stein mit der geistigen Welt verband und wie in eine Art Meditation verfiel. Dieser Stein scheint sie mit vielen positiven Energien aufzuladen, weshalb sie ihn immer wieder aufsucht, um darauf zu schlafen oder zu meditieren.

Kalero – ein prachtvoller Bursche

Eine etwa 20-jährige junge Frau, Jenny, lernte ich kennen, als wir nach Bayern umgezogen waren. Sie hatte in einem nahen Reitstall ihr eigenes Pferd stehen – Kalero, ein prachtvoller Hengst, der schon einige Springturniere gewonnen hatte. Seit einiger Zeit aber machten ihm seine Gelenke und sein rechtes Vorderbein Schwierigkeiten, weshalb Jenny mich bat, doch einmal nach ihm zu sehen. Als ich am vereinbarten Termin am Reiterhof ankam und aus meinem Auto stieg, umarmte mich Jenny herzlich. Sie freute sich sehr, dass ich Kalero helfen wollte.

Es war ein sehr schöner Reiterhof mit etwa 25 Pferden und vielen Koppeln, und weil es ein sehr schöner warmer Tag im Frühling war, waren die Pferde alle draußen. Jenny wollte mich auf die Probe stellen, ging mit mir zu den Koppeln und fragte mich lachend: *„Und Martina, welches Pferd glaubst Du, ist Kalero?“*

Gerne nahm ich die Herausforderung an und verband mich geistig mit ihrem Pferd, während ich an den Koppeln vorbeiging. Plötzlich sah ich ihn, und als ich ihn erkannte, hörte ich ihn sagen: *„Ich bin Kalero!“* Völlig verblüfft schaute mich Jenny an und war sichtlich verwundert, dass ich ihn so schnell gefunden hatte. Ich glaube, in diesem Moment wichen bei ihr die allerletzten Zweifel an meiner Arbeit und der Existenz der geistigen Welt. Jenny hatte mir vorab nicht genau gesagt, was ihm fehlte, sodass sie wieder verwundert schaute, als ich ihr sagte, dass ich bei ihm eine Versteifung der Muskulatur wahrnehmen würde. Dies, so sagte sie erstaunt, hatte ihr der Tierarzt bereits bestätigt. Von da an machte ich bei Kalero einige energetische Energieanwendungen und von Mal zu Mal verbesserte sich sein Zustand, bis er wieder an Springturnieren teilnehmen konnte.

Nachdem einige Wochen vergangen waren, nahm er jedoch geistig wieder Kontakt mit mir auf und erzählte mir, dass er sich zu alt für das Springen fühle und dies nicht mehr möchte. Nachdem ich Jenny seine Botschaft übermittelt hatte, leitete sie sofort alles in die Wege, um ihm seinen Wunsch zu erfüllen. Sie sicherte ihm ein gutes Leben als „Rentner“ auf dem Reiterhof und kaufte ein junges Pferd, mit dem sie bald wieder bei Turnieren starten konnte.

Eines Tages lud sie mich ein, um sie, Kalero und ihr neues Pferd einmal zu besuchen, was mich sehr freute. Auf dem Reiterhof begrüßte ich als erstes Kalero, dem es wunderbar ging. Anschließend schaute ich mir Jennys neues Pferd an – ebenso ein prachtvolles, großes Pferd, das mir Respekt einflößte. Doch es kam ganz vorsichtig auf mich zu und stupste mich ganz sanft mit seinem Maul an meinem Arm und fragte mich ganz lieb: „*Kommst Du auch zu mir, wenn mir etwas fehlt, so wie bei Kalero?*“ Ich musste lachen und versprach ihm natürlich, dass ich ihm jederzeit helfen würde.

Das war ein wunderbares Erlebnis für mich, an das ich noch heute gerne zurückdenke. Die ehrliche Direktheit von Tieren ist einfach wunderbar…

Traum oder Vision?

Eines Nachts hatte ich einen fürchterlichen Traum: Auf einer mir gut bekannten Pferdekoppel, die am Rande meines Lieblingsspazierweges liegt, lag ein Pferd reglos auf dem Boden. Ich rannte zu ihm hin und rief: *„Bitte steh' auf, bitte nicht sterben!"* Aber das Pferd bewegte sich nicht mehr, es war bereits tot. Ich war so erschrocken und traurig darüber, dass ich sofort wach wurde und längere Zeit nicht mehr einschlafen konnte. Ich wusste, dass etwas passieren würde, war mir aber nicht im Klaren, ob ich hier eine helfende Aufgabe hatte.

Am übernächsten Tag traf ich die Besitzerin des Pferdes. Sie war sehr traurig, weil sie ihr geliebtes Pferd wegen einer Krankheit hatte einschläfern lassen müssen. Es war genau das Pferd aus meinem Traum. Ich habe damals wohl die Energien des Pferdes gespürt und die Angst der Besitzerin, ihr geliebtes Pferd zu verlieren, weshalb ich alles so deutlich in meinem Traum gesehen habe.

Eine verrückte Amsel

In den viereinhalb Jahren, in denen wir nun in Bayern wohnen, begleitet mich eine ganz bestimmte Amsel. Sie scheint sich auf unserem Grundstück sehr heimisch zu fühlen und ist ausgesprochen redselig. Vor allem beansprucht sie den Garten für sich und mag es nicht, wenn ich auf der Terrasse sitze. Prompt kommt sie angeflogen, setzt sich in meine Nähe und schimpft, dass dies ihr Platz wäre, ich solle dort weggehen. Ich sage ihr dann jedes Mal, dass ich nicht ewig dort sitzen bleibe und sie dann wieder ihr Revier für sich alleine hat, worauf sie immer beruhigt ist und Ruhe hält, mich aber weiterhin ganz genau beobachtet.

Im letzten Winter, in dem lange sehr viel Schnee fiel und der recht hart war, ging ich an einem sonnigen Morgen nach draußen, um nach dem Futter für die Vögel zu schauen. Prompt tauchte ein verrücktes Amsel-Männchen auf und meckerte, dass die Futterstelle ja schön, aber viel zu klein wäre, um sie anzufliegen. Es hätte aber auch Hunger und wolle etwas von dem Futter haben, machte es mir unmissverständlich und vehement klar. Es stimmte, was das Amsel-Männchen sagte, denn die kleinen Vögel konnten die Futterstelle gut anfliegen, nur es war zu groß, um diese zu erreichen.

Ich versprach ihm, mich darum zu kümmern und ging zurück ins Haus, weil mein Mann schon mit dem Frühstück auf mich wartete. Am Frühstückstisch erzählte ich ihm von der Amsel und deren Wünsche, als sich der Vogel vor das Fenster setzte, an dem wir saßen und uns beobachtete, während sie einen Höllenlärm durch ihr schimpfendes Gezwitscher machte. Meinem Mann war direkt klar, dass es sich hier um die verrückte Amsel handelte und war sprachlos, dass sie sich so deutlich bemerkbar machte und mit uns kommunizierte.

Wir machten direkt eine Schüssel mit Vogelfutter für sie fertig und brachten es nach draußen. Nun gab sie endlich Ruhe und wir konnten friedlich zu Ende frühstücken.

Nun ist es so, dass das Amsel-Männchen mich seitdem zu tolerieren scheint, denn er ist mir gegenüber friedlicher gestimmt, wenn ich „sein Revier“ betrete.☺

Hundebesitzer

Es ist immer wieder erstaunlich, wenn man beobachtet, wie viele Hundebesitzer ihr Aussehen ihren Hunden – natürlich unbewusst – mit der Zeit anpassen bzw. einen Hund aussuchen, der ihnen ähnelt. Wenn Sie mal genauer hinschauen, können Sie sicher auch viele Ähnlichkeiten zwischen Herrchen oder Frauchen und ihren Hunden beobachten. Auch die ausgewählte Rasse gibt oft Aufschluss über den Charakter des Besitzers. Kampfhunde z.B. weisen oft auf einen Besitzer mit wenig Selbstwertgefühl hin. Natürlich gibt es auch gut und lieb erzogene Kampfhunde, die sich sehr gut in eine Familie einfügen. Ich meine hier die Kampfhundebesitzer, die ihre Hunde aggressiv erziehen und als eine Art Waffe sehen.

Oder die Besitzer der kleinen Schoßhunde, die all die Liebe und Aufmerksamkeit bekommen, die man auch gerne selbst (vielleicht schon als Kind) gehabt hätte. Hier identifiziert man sich mit dem Hund und lebt über ihn aus, was man selbst gerne sein würde oder wie man selbst gerne behandelt werden würde.

Dies soll jetzt aber keine Herabstufung oder ein Lustigmachen über die Besitzer sein. Aber mir gibt es immer wieder Aufschluss über die Tierbesitzer, wenn ich sehe, wie sie mit dem Tier umgehen.

Ein weiterer wichtiger Punkt ist, dass Menschen ihre Probleme und Krankheiten oft – und dies natürlich auch unbewusst –, auf ihre Tiere übertragen, weil sie diese alleine nicht mehr tragen können. Tiere helfen in solchen Fällen gerne ihren geliebten Besitzern und nehmen ihnen ihre Lasten ab. So wie im nachfolgenden Fall…

Doch vorab noch ein Rat: Wenn man ein Tier besitzt, sollte man immer aufmerksam sein, wenn es erkrankt und schauen, ob es nicht sogar mit einem selbst zu tun hat. Das ist nicht immer der Fall, auch Tiere können einfach krank werden. Aber oft ist es tatsächlich so, dass man den Tieren hilft, wieder gesund zu werden, wenn man sich selbst hilft und die eigenen Probleme löst. Dann müssen es die Tiere nicht länger für ihre Besitzer tragen. Manchmal ist es jedoch gewollt und ein Akt der Liebe, wenn Tiere Krankheiten oder Lasten von „ihrem“ Menschen übernehmen und es als ihre Aufgabe sehen, ihnen somit zu helfen.

Ein Bernhardiner als Lastenträger

Jeden Morgen um die gleiche Zeit sah ich ein älteres Pärchen mit ihrer Bernhardinerhündin spazieren gehen. Diese Hunderasse ist bekannt für ihre Gutmütigkeit und deshalb auch gut geeignet als Familienhund. Die Hündin in diesem Fall war ebenso ein sehr gemütliches, aber irgendwie auch schwerfälliges Wesen, weshalb sie gerne lange Ruhepausen einlegte. Den Besitzern schien es nichts auszumachen, länger mit dem Hund stehen zu bleiben, auch sie wirkten eher gemütlich und zeigten im Umgang mit dem Hund viel Ruhe und Gelassenheit. Beide waren kleine Leute, höchstens 1,60 m groß. Es sah schon oft lustig aus, wenn sie mit dem großen Tier an der Leine ihre Runden drehten.

Oft kam ich mit ihnen ins Gespräch, sodass ich bald einiges über sie wusste. Der Hund diente, so fand ich heraus, als Ersatz für ihre erwachsenen Kinder, die sich alle von ihnen abgewendet hatten, was die Eltern sehr belastete. Den Hund liebten beide sehr, das konnte man sehen. Doch ich konnte auch sehen, dass der Hund anfing, die Probleme seiner Besitzer zu übernehmen, denen die Last – die Traurigkeit über den Bruch mit ihren Kindern –, zu schwer geworden war. Weil ich sie nur flüchtig kannte und mich nicht ungefragt in die Angelegenheiten von anderen einmische, sagte ich nicht, was sich hier deutlich abzeichnete. Einige Male sah ich sie noch und mir tat der Hund schon recht leid, der immer schwerfälliger und dicker wurde. Er konnte die Last nun kaum noch tragen und stand traurig und schwer atmend vor mir. Ich versuchte das Pärchen ein wenig darauf hinzuweisen, was mit ihrem Hund los ist, aber sie wollten einfach nicht auf meine Bedenken eingehen.

Dann sah ich die beiden und ihren Hund für etwa zwei Jahre nicht mehr, bis ich ihnen wieder einmal begegnete. Sie erkannten mich direkt und freuten sich, mich zu sehen. Wir kamen ins Gespräch, und sie erzählten mir, dass ihr geliebter Bernhardiner von damals recht schnell verstorben war, obwohl er noch nicht so alt gewesen war. Sie wären sehr traurig gewesen, hätten sich aber direkt einen neuen Hund gekauft – wieder einen Bernhardiner, wie ich sehen konnte. Und wieder fing der Hund an, ihre Lasten zu übernehmen.

Kurzerhand hatten die Leute den Hund ersetzt, statt ihre Probleme zu lösen und mit den Kindern Kontakt aufzunehmen und in Frieden zu kommen. Kurz darauf zogen wir um, weshalb ich sie nicht mehr sah. Aber ich bin mir sicher, wenn sie nichts gegen ihre Probleme unternommen haben, wird sich ein Hund nach dem anderen für sie opfern – leider.

Ein Rabe als Warnsignal

Als an einem schönen sonnigen Tag meine Freundin anrief, nahm ich das Telefon und setzte mich auf unsere Terrasse, um mit ihr zu plaudern. Plötzlich kam ein Rabe angeflogen, setzte sich in den Baum vor mir und machte einen wahnsinnigen Lärm, sodass ich mein eigenes Wort nicht mehr verstand. Meine Freundin hörte den Raben auch und fragte, was denn bei mir los wäre. Wir hatten beide ein komisches Gefühl, so als würde der Rabe mich vor irgendetwas warnen...

Wenn ich das Gefühl habe, dass man mich vor etwas warnen möchte, bin ich in der nächsten Zeit immer sehr aufmerksam und achte auf Botschaften oder Eingebungen. Nur drei Tage später, als ich spätabends mit meinem Mann Fernsehen schaute, sprang ich plötzlich auf und lief nach oben auf unseren Balkon. Der Impuls, schnell dort oben hinzulaufen, kam so plötzlich und massiv, dass ich – vorgewarnt – sofort darauf reagierte.

Von diesem Balkon aus konnte ich die Straße einsehen und sah zwei Männer, die schwarz gekleidet waren, die unser Haus beobachteten. Ich stellte mich demonstrativ so hin, dass sie mich auf jeden Fall sehen mussten und fing an, sie auffällig zu beobachten. Dies merkten sie sehr schnell und suchten prompt das Weite.

In dieser Nacht schauten wir nochmals besonders gründlich nach, ob auch alle Fenster und Türen gut verschlossen waren, bevor wir zu Bett gingen. Ein paar Tage später erfuhren wir von unserem Nachbar, dass eine Straße weiter ein Einbruch stattgefunden hatte.

Ich bin mir sicher, dass die Einbrecher vor hatten, es auch bei uns zu probieren und nur auf eine gute Gelegenheit gewartet hatten. Ich war dem Raben für die Vorwarnung bzw. das Aufmerksammachen sehr dankbar sowie der geistigen Welt für die Impulse, die ich immer wieder bekomme.

Ein Pferd mit Allergien

Ich habe eine sehr gute Freundin, die allen Tieren in Not hilft. Sie selbst besaß damals zwei Pferde, einen Hund und zwei Katzen. Zur Pflege hatte sie zusätzlich noch zwei Pelikane, einige Vögel, eine Feldmaus und mehrere Kaninchen. Alle diese „Pflegekinder" waren ihr zugelaufen und benötigten ihre Fürsorge. Und alle diese Tiere pflegte sie liebevoll, bis sie wieder vollständig genesen waren und in die Freiheit entlassen werden konnten.

Eines ihrer Pferde, Darko, jedoch hatte eine schlimme Allergie, die sie nicht in den Griff bekam, weshalb sie mich um Hilfe bat. Ich nahm daraufhin direkt mit Darko Kontakt auf. Er sprach zu mir: *„Ich möchte weg von hier. Auch wenn alle sehr nett zu mir sind, ertrage ich die Luft hier nicht, die ist so stickig und macht mich krank."*

Ich erzählte meiner Freundin, was Darko mir mitgeteilt hatte und brach ihr damit fast das Herz. Doch sie vertraute mir und der Botschaft, die Darko ihr über mich mitgeteilt hatte und war so voller Liebe für ihn, dass sie in diesem Moment wusste, sie würde ihn weggeben müssen. Auch war ihr klar, dass sie ihn niemals alleine würde abgeben können, sondern nur zusammen mit dem anderen Pferd. Sie versprach Darko, dass sie nun alles tun würde, um einen guten Platz in einer Umgebung zu finden, die für ihn optimal wäre. Dies dauerte allerdings einige Zeit, weil es nicht so einfach war, den geeigneten Platz für gleich zwei Pferde zu finden. Erst nach vielen Wochen Suche fand sie ein schönes neues Zuhause für ihre beiden Lieblinge in der Eifel. Es war ein Ort, der höher gelegen war, und die Luft dort war weitaus besser. Außerdem kamen die beiden zu sehr netten Menschen, die sich sofort liebevoll um sie kümmerten.

Meiner Freundin fiel es zwar schwer, ihre geliebten Pferde dort zu lassen, aber die Besitzer versicherten ihr, dass sie sie jederzeit besuchen könnte, was sie auch bis heute regelmäßig tut. Nach nur drei Wochen Aufenthalt dort wurde die Allergie von Darko besser und verschwand in den folgenden Wochen gänzlich. Darko wieder gesund und ausgelassen auf der Koppel zu sehen, war für meine Freundin trotz der Trennung die allergrößte Freude.

Ein Hund verschwindet beim Tierarzt

Ein Anruf einer sehr aufgeregten Dame erreichte mich an einem frühen Abend. Sie war außer sich vor Sorge, weil ihr erst vor wenigen Tagen neu erworbener Hund verschwunden war. Ich spürte direkt, dass da etwas ganz und gar schlecht gelaufen war und der Hund eine riesengroße Angst hatte. Es handelte sich um einen sehr sensiblen Rüden, der schon Probleme hatte, sich überhaupt an die neuen Besitzer und die Umgebung zu gewöhnen. Man hätte ihm noch eine Weile Zeit lassen sollen, damit er Vertrauen zu seiner neuen Familie hätte aufbauen können. Stattdessen fuhr die Dame zu einer Untersuchung mit ihm zum Tierarzt, was ihm immense Angst einflößte, und er nutzte die erstbeste Gelegenheit, um zu entwischen. Sie suchten sofort die nähere Umgebung nach ihm ab und riefen immer wieder seinen Namen – doch er blieb spurlos verschwunden. Die Dame machte sich große Sorgen und bereute zutiefst, dass sie ihn diesem Stress ausgesetzt hatte.

Sie schickte mir ein Bild von ihm und ich nahm Kontakt mit ihm auf, was nicht ganz so einfach war, weil der Hund sehr verwirrt und voller Panik schien. Dennoch gelang es mir und ich bat ihn, zurück zu der Praxis zu kehren, dort würden seine neuen Besitzer, Wasser und Wurst auf ihn warten. Aber seine Angst war so groß, dass er sich weigerte, zurückzukehren. Ich vermutete, dass er einmal sehr schlechte Erfahrungen bei einem Tierarzt gemacht hatte.

Daraufhin versuchte ich herauszufinden, welche Wege er genommen hatte, aber dies war nicht so einfach, weil er völlig ziellos umher gelaufen war. Ich bat die Engel um Rat, die mir sagten, ich solle ihn an eine geistige goldene Leine binden und sanft dorthin zurückführen, wo er entlaufen war, was ich sofort in die Tat umsetzte. Weiterhin sprach ich ihm gut zu, dass er keine Angst haben bräuchte, die neuen Besitzer wären gute Menschen und ihm würde es dort sehr gut gehen, und er müsste erst einmal nicht zum Tierarzt. Doch als die Nacht hereinbrach, war er immer noch nicht zurück.

Ich sagte der Dame aber, sie solle den Engeln und der geistigen Welt vertrauen, er käme sicher zurück. Am nächsten Morgen rief sie mich schon sehr früh an und berichtete mir freudig, dass ihr Hund am Morgen ganz brav vor der Tierarztpraxis gesessen hätte.

Ich freute mich sehr für sie und nahm noch einmal kurz Kontakt mit dem Hund auf, der mir sagte, es wäre alles in Ordnung, er hätte sich entschieden, bei seinen neuen Besitzern zu bleiben und würde auch nicht mehr weglaufen.

Charly stirbt

Als die Kinder noch klein waren, hatten wir ein Kaninchen – Charly. Es wurde sehr alt, älter als Zwergkaninchen eigentlich werden. Als das Frühjahr anbrach, fiel mir auf, dass Charly von einem weißen, kleinen Geistkaninchen heimgesucht wurde. Plötzlich war es ständig an seiner Seite, und ich erfuhr von den Engeln, dass Charly nun auf das Sterben vorbereitet werden würde, was ich zum ersten Mal in dieser Form miterleben durfte.

Ich fragte die geistige Welt: „*Warum bekommt denn ein Kaninchen die Sterbebegleitung eines bereits verstorbenen Kaninchens, das machen doch sonst die Engel?*"

Mein Engel antwortete mir: „*Wenn ein Tier Angst vor dem Sterben hat, stellen wir ihm oft ein ihm bekanntes verstorbenes Tier als jenseitigen Begleiter zur Seite, damit es nicht vor Angst den Sterbeprozess hinauszögert oder gar erdgebunden bleibt, weil es nicht den Weg in die jenseitige Welt findet. Das ist wie bei den Menschen. Du weißt ja, dass oft liebe verstorbene Angehörige die Seele des Menschen abholen, damit das Sterben angstfrei und liebevoll geschehen kann. Engel sind auch immer dabei, aber es ist oft leichter, ins Jenseits zu gehen, wenn man von einem vertrauten Menschen oder in diesem Fall Tier abgeholt wird.*"

Bald schon war der Tag gekommen, an dem Charly starb, was ich miterleben durfte. Als es soweit war, schnupperte das Geistkaninchen an ihm und stupste ihn an. Sofort sah ich, wie seine Seele aus dem Körper stieg und beide ins Licht gingen. Vorher sahen sie mich noch einmal an und verabschiedeten sich von mir, worauf ich direkt anfing zu weinen. Es war nicht nur der Abschied von diesem süßen Kaninchen, das uns so lange begleitet hatte, sondern auch die Ergriffenheit, dass ich in dem Moment des Sterbens bei ihm war und mit ansehen durfte, wie friedlich und liebevoll dieser Prozess vonstatten ging.

Ein Hund hat Angst

Die nachfolgende Geschichte stammt aus meiner Anfangszeit und ist mir noch sehr gut in Erinnerung, weil ich selten so viele verstorbene Seelen innerhalb eines Hauses erlebt habe: Eine sehr junge, alleinstehende Frau, Sabrina, wohnte zusammen mit ihren zwei Hündinnen in ihrem Elternhaus, welches sie von ihren schon seit langer Zeit verstorbenen Eltern geerbt hatte. Sie wandte sich hilfesuchend an mich, weil eine der Hündinnen, Saskia, sehr große Probleme hatte. Die junge Frau erzählte mir, dass bereits ihre Schwester, die das Dachgeschoss bewohnt hatte, ausgezogen sei, weil sie es nicht mehr länger in diesem Haus ausgehalten hätte. Ihre Hündin wollte erst gar nicht die Treppe zum Dachgeschoss hoch laufen, sie weigerte sich regelrecht, auch nur in die Nähe dort zu gehen. Ähnlich verhielt es sich mit dem Obergeschoss: Saskia ging zwar mit hinauf, aber niemals alleine...

Im Erdgeschoss hatte sie Angst, an einem bestimmten Zimmer vorbeizugehen. Ich war damals vor Ort und konnte beobachten, wie sie ihren Schwanz ängstlich einzog und sich schnell so weit wie möglich entfernt von der Zimmertür vorbei schlich. Als ich die Tür zu diesem Zimmer öffnete, verschwand Saskia sofort völlig angsterfüllt. Was kein Wunder war, denn als ich das Zimmer betrat, nahm ich einen sehr unangenehmen Geruch wahr, den ich von erdgebundenen Geistern kenne. Dieser Raum hatte eine sehr schwere, belastende Energie. Die junge Frau erzählte mir, dass in diesem Zimmer ihre Mutter an einem Krebsleiden verstorben war. Die verstorbene Mutter konnte ich wahrnehmen, aber auch noch andere verstorbene Seelen waren in diesem Raum. Ich fing an, den Hund zu verstehen...

Im Obergeschoss war es nicht anders. Schon als ich die Treppe nach oben stieg, wurde mir eiskalt und ich hatte eine Gänsehaut am ganzem Körper, die ich ja immer dann habe, wenn ich sehr negative Energien wahrnehme. Oben im Flur stand ein großer Porzellanhund, in welchem sich viele negative Seelen versteckten. Kein Wunder, warum die hellsichtige Hündin nicht alleine in diese Etage wollte. Ganz schlimm wurde es aber erst im Dachgeschoss. In der dort ausgebauten Wohnung wimmelte es vor Puppen und Stofftieren – dort befanden sich verteilt über hundert dieser gesammelten ehemaligen Lieblingsstücke der Mutter und später auch der Schwester.

Ich sah die junge Frau an und sagte: „*Kein Wunder, dass deine Schwester hier ausgezogen ist und Saskia erst gar nicht hier herauf kommt. Hier sind unzählige Geister, die sich in und hinter diesen ganzen Puppen und Stofftieren verstecken, um unerkannt zu bleiben.*" Ich hatte zuvor noch nie so viele verstorbene Seelen in einer Wohnung bzw. in einem einzigen Haus gesehen. Und was Saskia betraf, hatte ich nun vollstes Verständnis für ihr Verhalten, denn die Hündin war sehr sensibel und zudem hellsichtig. Tiere sehen zwar allgemein sehr viel mehr als wir, aber Saskia war schon etwas Besonderes.

Sie lief mir auch die ganze Zeit nach, so als wollte sie noch etwas von mir, was auch der Besitzerin auffiel: „*Martina, ich glaube, Saskia will noch etwas von Dir. Das habe ich von ihr noch nie so erlebt. Es sieht tatsächlich so aus, als wenn sie Dir noch etwas sagen oder zeigen möchte.*" Genau das war tatsächlich der Fall, denn als ich mich vor sie kniete und geistig mit ihr verband, sagte sie mir, dass sie große Angst habe in dem Haus, und sie fragte, ob ich ihr wirklich helfen könne. Dabei schaute sie mich mit ihren großen, lieben Hundeaugen sehr verzweifelt und traurig an, sodass ich schnell einen Termin mit der jungen Frau ausmachte.

Damals war es sehr interessant zu sehen, wie die Hündin auf die Energie-Umstellung reagierte. Sie freute sich sehr, mich wiederzusehen, als ich zum vereinbarten Termin dort ankam. Damit ich meine Arbeit in Ruhe durchführen konnte, lag sie während der gesamten Zeit auf dem Sofa und schaute mir entspannt zu. Die junge Frau sagte damals verwundert, dass sie sonst nie so ruhig für längere Zeit still liegen würde, wenn Besuch da wäre.

Nachdem ich die Energie-Umstellung beendet hatte, die in diesem Geisterhaus wirklich sehr intensiv war, sprang die Hündin direkt auf und lief von Raum zu Raum. Sie ging sogar in den Raum, in dem die

Mutter verstorben war, lief alleine in das Obergeschoss und sogar bis ins Dachgeschoss. Für die junge Frau war das unglaublich und grenzte an ein Wunder. Saskia aber untersuchte jeden Raum, um ganz sicher zu gehen, dass nun die Energien endlich positiv waren. Nach ihrer Inspektion kam sie schwanzwedelnd und sichtlich erfreut zu mir zurück und bedankte sich geistig auf ihre Art bei mir.

Von diesem Tag an konnte Sabrina, aber vor allem die Hündin wieder friedlich und angstfrei in dem Haus leben. Auch die andere Hündin, die sich nicht ganz so auffällig verhalten hatte, wirkte direkt viel freier und entspannter.

Ich freute mich sehr, dass ich in diesem Fall hatte helfen können.

Teil IV

Elementar- und Naturwesen

Der Waldgeist

Die folgende Geschichte habe ich komplett aus meinem Buch *„Schutzengel & Co.“* übernommen, weil ich sie hier gerne nochmals erzählen möchte und sich darauf die nächste Begebenheit aufbaute: Während meines Lebensabschnittes in Vaals in den Niederlanden, durfte ich einem verzweifelten Waldgeist helfen. Mit meinem Mann ging ich gerne und viel wandern und in der Nähe unseres Wohnortes gab es einen Wander- bzw. Spazierweg, der durch einen Wald führte. Als wir diesen Weg zum ersten Mal bewanderten, bekam ich in dem Wald ein ganz mulmiges Gefühl, denn die Bäume waren zum Teil kaputt und wirkten auf mich krank – so wie der ganze Wald. In dem Gedanken, dem Wald helfen zu wollen, erschien ein Waldgeist vor mir und stellte sich als „Falke“ vor. Er war etwa einen Meter groß, hatte ein ganz verrunzeltes Gesicht und seine Schuhe waren nach oben gebogen. *„Kannst Du bitte den Wald heilen?“*, fragte er verzweifelt und ich versprach ihm, mir zu überlegen, wie ich ihm am besten helfen könnte. Wir unterhielten uns noch eine Weile über meine Arbeit, und er wollte ganz genau wissen, wie ich vorgehen würde. Es war ein sehr schönes Gefühl, mit diesem Naturwesen reden zu dürfen.

Ich beschäftigte mich eine Zeit lang mit dem Wald und erfuhr durch Ortskundige und das Internet, was es mit dem Wald auf sich hatte: Der Schutz des Waldes wurde früher genutzt, um Zigaretten und Alkohol zu schmuggeln, vor allem nach Deutschland. In früheren Jahren hieß sogar der Weg, den wir entlang gewandert waren, Schmuggelweg. Durch das illegale Schmuggeln hatte sich dort über die Jahre hinweg ein negatives Energiefeld aufgebaut und dazu kamen viele Touristen, um diesen alten illegalen Handelsweg entlang zu wandern. An manchen Plätzen im Wald wurden zusätzlich noch wilde, laute Partys gefeiert und die Natur konnte irgendwann diesen Energien nicht mehr standhalten und verkümmerte allmählich.

Mit diesem Hintergrundwissen machte ich eine Energie-Umstellung in diesem Gebiet und mit sofortiger Wirkung war der Wald lichtvoller, und ich wusste, dass die Natur jetzt wieder aufleben würde.

Falke bedankte sich sehr herzlich bei mir, und sogar andere Waldgeister standen lächelnd und dankbar vor mir. Es war ein sehr schönes Erlebnis, denn aus allen Richtungen kamen sie herbei, um ihre Dankbarkeit auszudrücken. Bei diesem Anblick ging mein Herz auf und ich war sehr ergriffen.

Von da an kam der Waldgeist öfter zu mir und bat mich um Hilfe. Nach und nach zeigte er mir weitere leblose Stellen in dem Wald und ich machte auch dort Energie-Umstellungen. Erst jetzt fiel meinem Mann und mir auf, dass die Menschen mit der Zeit auf dem Weg viel freundlicher wurden, denn sie lächelten mehr, grüßten freundlich, und es ergab sich das eine oder andere Gespräch. Vorher hatten die Spaziergänger und Wanderer immer verkniffene Gesichter, grüßten kaum und sahen zu, dass sie schnell weiterkamen. Es war sehr auffällig, wie sich diese jetzt positive Energie auch auf die Menschen übertrug und sich eine sichtbare Wandlung bemerkbar machte.

Naturgeister sind Wesen, die es sich zur Aufgabe gemacht haben, der Natur und den Tieren zu helfen. Es gibt verschiedene Naturwesen, die jeweils andere Aufgaben oder Zuständigkeitsbereiche haben.
Naturgeister halten die Natur lebendig und lichtvoll, sie hüten und schützen, was ihnen unterstellt ist und sie leiten lichtvolle Energien in die Natur und entsorgen alte, verbrauchte Energien.
Alles was ein guter Gärtner auf der Erdenebene macht, beschäftigt die Naturwesen auf geistiger Ebene. Ein Gärtner versorgt die Pflanzen mit Nährstoffen und Wasser, beseitigt Schädlinge und sorgt für gutes Wachstum. Die Naturgeister laden die Pflanzen mit positiven Energien auf, transformieren negative Energien, soweit es möglich ist, und kümmern sich um ein gutes, geistiges Wachstum der Pflanzen.
Es gibt verschiedene Naturgeister, die zwar alle die Aufgabe erfüllen, sich um das Wachstum und Gedeihen der Natur zu kümmern, aber dennoch unterschiedliche Zuständigkeiten haben. Zum Beispiel sind El-

fen den Devas unterstellt. Devas leiten lichtvolle Energien in die Pflanzen und sorgen dafür, dass diese Pflanzen genau nach ihrem Bauplan wachsen können, genau so wie von Gott gedacht. Elfen verleihen durch ihre magischen Kräfte den Pflanzen die Heilkraft, sie sorgen dafür, dass sich die spezielle Energie einer jeden Pflanze voll entfalten kann.
In der Natur findet man offenen Auges die Eingänge in diese andere Welt, zum Beispiel in Höhlen, zwischen Wurzeln, in Baumlöchern, zwischen Steinen, in einem klaren Bergbach usw.

Als mein Mann und ich nach Bayern umzogen, verabschiedete ich mich von Falke und der Waldgeister-Gruppe und alle waren traurig, dass ich nun weg ging. Doch kaum in Bayern angekommen, erschien mir eines Tages wieder Falke, und ich war sehr überrascht, ihn an diesem Platz zu sehen. Seine Aufgabe und die seiner Waldgeist-Gruppe waren in den Niederlanden erledigt und er fragte, ob ich ihn mit seinem ganzen Team ebenfalls nach Bayern in meine Nähe umsiedeln könne. Nach der Zustimmung meines Schutzengels tat ich Falke gerne den Gefallen und stellte eine Lichtsäule auf, welche als Transportmittel dienen sollte. Es sah aus wie eine Lichtbrücke, auf der nun etwa fünfzehn Waldgeister ihren Weg nach Bayern fanden, wo dann alle versammelt vor mir standen und sich bei mir bedankten. Danach gingen sie in verschiedene Richtungen zu ihren neuen Aufgaben. Das war schon ein recht seltsames Erlebnis. Bis dahin wusste ich nicht, dass auch Naturwesen Hilfe benötigen, wenn sie umziehen möchten… ☺

Probleme und Sorgen

Eine Weile nach dem Umzug nach Bayern hatte ich einige private Probleme und war gerade dabei, einiges in meinem Leben neu zu ordnen. Oft ging ich auch mal alleine spazieren, um in Ruhe nachdenken zu können. Einmal war ich ganz verzweifelt und setzte mich auf eine Bank an einem Waldrand. Auch wenn ich hellsichtig bin und viele geistige Helfer an meiner Seite habe – wie wir alle –, kam ich nicht zu einer Lösung und war an diesem Tag wirklich traurig.

Plötzlich kam ein kleiner Waldwichtel auf mich zu und fragte mich, warum ich denn so traurig wäre. Ich schaute ihn überrascht an und antwortete: „*Ich habe einige Probleme, die ich lösen muss, aber das ist nicht so einfach!*"

Nun setzte er sich neben mich, drückte seinen Kopf an meine Schulter und sagte: „*Ja, ja, die Menschen. Ein schwieriges Unterfangen.*" Das klang so lustig von ihm, dass ich lachen musste. Er sagte weiter: „*Nicht traurig sein, damit erschwerst Du Deine Probleme nur noch mehr. Bitte doch einfach darum, dass sich Deine Probleme von alleine lösen.*" Ich schaute ihn an und fragte, wie das gehen sollte. So viele Probleme könnten sich sicher nicht von ganz alleine lösen. Er lachte und pfiff ganz laut, worauf plötzlich so viele Waldgeister um mich herum waren, dass ich sie nicht hätte zählen können. Alle versuchten nun, tröstende Worte für mich zu finden, was teilweise ein ganz schönes Durcheinander war. Damit schafften sie es aber tatsächlich in kurzer Zeit, mich aufzumuntern. Dann waren alle plötzlich still und der kleine Wichtel sagte zu mir: „*Mach es so, wie Du dem Wald hilfst, und gebe einfach auf alle Deine Probleme goldenes energetisches Wasser. Dabei bitte darum, dass sich alle Deine Probleme in Harmonie auflösen.*" Anschließend verschwanden er und die anderen Waldgeister und ich ging nach Hause. Auf dem Nachhauseweg entschied ich, dies direkt zu probieren und hüllte alle meine Probleme in Gold.

In den nächsten Tagen fingen meine Probleme an, sich aufzulösen, eins nach dem anderen, ganz von alleine ohne Grübeln, ohne Kampf. Es war phantastisch und kaum zu glauben! Hier hatte ich wieder einmal eine Lektion gelernt, die ich mir ganz sicher merken würde.

An einem Sonntag, an dem das Wetter wunderschön war, bin ich wieder zu dieser Bank gegangen, um mich bei dem Wichtel für seinen lieben Rat zu bedanken. Dort angekommen, setzte ich mich auf die Bank und bat ihn in Gedanken zu mir. Kaum hatte ich es gedacht, tauchte er auch schon auf. Ich bedankte mich herzlich bei ihm und er sagte: *„Die Menschen denken immer so kompliziert und leben nicht in der Einfachheit. Aber die Lösung ist immer so nahe.“* Dabei kratzte er sich an seinem Bart und verschwand, sodass ich ihm nur noch ein ganz herzliches Dankeschön hinterherrufen konnte.

Waldgeister sind wunderbare Wesen, mit denen ich sehr gerne zusammenarbeite. Sie freuen sich sehr darüber, wenn sich die Menschen für die Natur interessieren und ihr helfen. Oft sind die Waldgeister mit der Pflege und der Versorgung des Waldes überfordert, weil die Menschen im Wald alles achtlos entsorgen und ihn mit ihrem Müll nicht nur physisch, sondern auch energetisch verunreinigen.

Wenn Sie einmal im Wald unterwegs sind, stellen Sie sich einfach einmal vor, dass sie geistig goldenes Pulver in den Wald oder einen Bachlauf streuen. Oder Sie lassen einen Goldregen über und in den Wald rieseln. Die Waldgeister – ob Sie sie sehen können oder nicht –, werden sich sehr darüber freuen. Versuchen Sie doch auch einmal, einem Baum, der den Anschein hat, einzugehen und energetisch schwach erscheint, mit einem Goldregen einzuhüllen. Schauen Sie einige Tage oder Wochen später noch einmal nach, Sie werden sehen, dass er sich erholt und eine viel positivere Ausstrahlung hat.

Dies alles können Sie natürlich nicht nur im Wald, sondern immer in der Natur machen, wenn Sie das Gefühl haben, dass diese Hilfe benötigt. Hiermit unterstützen Sie die Wald- und Naturgeister sehr und machen positiv auf sich aufmerksam. Sollten diese sehr scheuen Wesen Vertrauen zu Ihnen aufbauen, werden Sie sich Ihnen vielleicht sogar zeigen oder auf ihre Art Kontakt mit Ihnen aufnehmen.

Der gekaufte Kobold

Als wir damals unsere neue Wohnung bezogen hatten, schaute ich mich um und dachte, dass noch hier und da ein paar kleinere Pflanzen fehlen. Ich machte mich direkt auf den Weg, um welche zu besorgen. Ich kannte einen sehr guten und etwas größeren Blumenladen, dort gab es auch mal ausgefallenere Gewächse, weshalb es mich dort hinzog. In dem Geschäft angekommen, ging ich an den verschiedenen Pflanzen vorbei, um eine Auswahl zu treffen, als plötzlich eine Stimme zu mir sagte: „*Nimm mich mit!*“ Ich musste lachen, denn bis dahin hatte noch keine Pflanze direkt mit mir gesprochen. Das war eine ganz neue Erfahrung für mich. Weil mir die Pflanze gut gefiel, schaute ich auf den Preis und sagte: „*Puh, Du bist aber teuer.*“ Darauf antwortete die Pflanze sofort, sie sei aber reduziert.

Nun fragte ich die Verkäuferin, ob ich mir die Pflanze genauer anschauen dürfe, worauf sie diese vom Regal nahm und vor mich stellte. Jetzt erst konnte ich sehen, dass an dem Übertopf ein anderer Preis als auf dem Schild stand, das bei der Pflanze steckte. Die Verkäuferin bemerkte dies auch und sagte mir, dass ich die Pflanze zu dem günstigeren Preis kaufen könne. Also hatte die Pflanze tatsächlich Recht, sie war reduziert. Der Blumenladen war nicht allzu weit entfernt von unserer Wohnung, weshalb ich dorthin gelaufen war. Nun, auf dem Rückweg, bereute ich das, weil die Pflanze mit jedem Schritt schwerer wurde. Sie war zwar recht groß, aber in dem Blumenladen erschien sie mir nicht schwer zu sein. Warum sie jetzt so schwer wurde, dass ich sie kurz vor unserem Haus keinen Meter mehr hätte tragen können, war mir unbegreiflich. Ich rief über mein Handy meinen damaligen Mann an, der direkt zu mir kam und die Pflanze in die Wohnung trug. Er selbst fand die Pflanze leicht und konnte sich auch nicht erklären, warum ich solche Schwierigkeiten hatte, sie zu tragen.

Als die Pflanze auf ihrem Platz stand, sah ich, was ich mir mit in die Wohnung gebracht hatte: einen Kobold. Er war derjenige, der mit mir im Blumenladen gesprochen hatte und nun saß er quietschvergnügt auf dem Rand des Blumentopfes, wackelte mit seinen Beinen und sagte etwas hämisch lachend zu mir: *„Na Du, jetzt hast Du mich gekauft und ich muss bei Dir bleiben!“*

Ich antwortete: *„Ich weiß genau, wozu ihr Kobolde fähig seid. Deshalb sage ich Dir, dass Du gerne bleiben darfst, wenn Du friedlich bist und Dich gut benimmst. Aber wirklich nur dann...“*

Eigentlich hätte ich es mir denken können, dass er nicht auf mich hören würde, denn in den nächsten Tagen verschwanden Gegenstände und tauchten nie wieder auf. Unter anderem Kosmetikartikel, eine Schere, ein Messer, das ich am liebsten benutzte und das immer einen festen Platz in der Küche hatte. Aber auch Kleinigkeiten, wie zum Beispiel Radiergummi und Stifte, verschwanden auf Nimmerwiedersehen.

Das wurde mir allmählich zu bunt, weshalb ich ihn zu mir rief und mit ihm schimpfte. Er stritt in typischer Kobold-Manier alles ab und tat so, als interessiere ihn das alles überhaupt nicht. Noch einmal ermahnte ich ihn und drohte ihm mit Rauswurf, wenn er nicht damit aufhören würde. Doch er hörte nicht auf und wurde seinem Ruf täglich gerecht, indem er Dinge verschwinden ließ, was ja mal ganz lustig sein kann, aber mit der Zeit richtig nervte. So einfach wurde ich ihn aber nicht los, weil er immer alles abstritt und für alles Ausreden hatte. Eines Tages aber erwischte ich ihn auf frischer Tat, als er meine Vitamintabletten in den Mülleimer warf. Da riss mein Geduldsfaden und ich befahl ihm, sofort unsere Wohnung zu verlassen.

Er wusste, dass dies kein Scherz und mein Entschluss absolut nicht mehr verhandelbar war. Mit den Worten *„Du wirst schon sehen, was Du davon hast.“* verschwand er. Ich konnte ihn von da an weder wahrnehmen, noch verschwanden Sachen – im Gegenteil, es kehrte wieder Ruhe ein.

Die schöne Pflanze aber, die ich gekauft hatte, ging von Tag zu Tag mehr ein, und ich konnte nichts dagegen tun. Das war das Abschiedsgeschenk von dem Kobold und der Dank, dass ich ihn so lange hatte gewähren lassen.

Es gibt wunderschöne und sehr hilfreiche Naturwesen wie Elfen, Devas und zum Beispiel die Waldgeister, denen ich begegnen durfte. Aber es gibt auch, wie in dieser Geschichte, Kobolde, die zwar lustig erscheinen, aber schon ordentlich die Nerven strapazieren können.

Weiterhin gibt es Elementarwesen, die weder den Naturwesen noch den Geistern zugeordnet werden können, weil es selbsterschaffene Kreaturen sind, die allerdings sehr lebendig wirken können.

Selbsterschaffenes Monster

Werner kümmerte sich als kleiner Junge sehr rührend um seine kranke, aber liebevolle Mutter, die viele Tabletten nehmen musste und fast nur liegen konnte. Er half ihr deshalb bei der Hausarbeit und war für sie da, wenn sie etwas benötigte, brachte ihr die Medikamente und oft auch das Essen an das Bett. Niemals hatte er die Hoffnung aufgegeben, dass sie wieder ganz gesund werden würde – deshalb wollte er ihr auch helfen und übernahm einige ihrer Aufgaben. Von seinem Vater kam keinerlei Hilfe oder Anerkennung für das, was er tat, er war ein strenger und recht aggressiver Mensch und demnach alles andere als feinfühlig.

Eines Tages ging es seiner Mutter so schlecht, dass sie in ein Krankenhaus musste und dort leider auch verstarb. Werner erlitt einen Schock, als ihm bewusst wurde, dass er seine geliebte Mutter niemals würde wiedersehen können, und sein Leben von nun an ein ganz anderes sein würde – er war erst 10 Jahre alt.

Sein Vater war mit der Situation restlos überfordert und heiratete schnell wieder eine zwar auch sehr liebevolle Frau, die ihn und auch Werner sehr liebte und ihnen zur Seite stehen wollte, aber dennoch nicht so schnell und so plötzlich Werner seine Mutter ersetzen konnte, um die er noch immer trauerte und die er schmerzlich vermisste. Doch sein Vater wollte, dass alles am besten so weiterging wie bisher, ohne Rücksicht auf die Gefühle eines Kindes, das ganz alleine mit seinem Schmerz dastand und natürlich nicht fähig war, sich von einer fremden Frau trösten zu lassen, was eigentlich der Vater hätte tun sollen.

Aus diesem Grund, sicher auch durch seine unterdrückte Trauer und der Wut in ihm, weil seine Mutter ihn so früh verlassen hatte, fing er an, seine Stiefmutter zu hassen. Alle seine negativen Gefühle projizierte er auf sie. Dazu kam, dass sein Vater und seine Stiefmutter immer öfter heftig stritten, und auch diese hässlichen Szenen belasteten Werner zusätzlich.

Dieser frühe Verlust und Schock in seinem Leben, die von ihm so gehasste Stiefmutter und sein aggressiver Vater formten bereits in seiner frühen Jugend einen negativ denkenden Menschen aus ihm, der in allen Dingen nur das Schlechte sah und immer mit dem Schlimmsten rechnete. Hätte er damals schon seine Trauer, seine Ängste und Gedanken mit jemand Vertrautem aufarbeiten können oder professionelle Hilfe bekommen, wäre sein Leben sicher anders verlaufen.

Seine negativen Gedanken zogen so auch permanent noch mehr Negatives an. Zwar heiratete er seine Traumfrau, die er sehr liebte, wurde jedoch von ihr ohne Nennung von Gründen verlassen. Beruflich brachte ihm seine härtere Art zwar anfangs viel Erfolg, doch auch hier wurde er von seinem Geschäftspartner bitter enttäuscht und verlor viel Geld durch ihn.

Diese vielen Negativ-Ereignisse, dieses Gefühl, in diesem Leben kein Glück zu haben und immer nur enttäuscht zu werden, zog ihn immer mehr in einen Strudel aus negativen Gedanken und Hoffnungslosigkeit. Mehr und mehr wurde er zu einem Menschen, der schlagartig sehr aggressiv reagieren konnte und die Menschen in seinem Umfeld in diesen Momenten respektlos behandelte – ohne Rücksicht auf Verluste –, und ohne selbst zu bemerken, wie verletzend er sein konnte. Und das, obwohl er mittlerweile wieder eine sehr liebevolle Frau gefunden hatte und auch finanziell gut abgesichert war. Eigentlich hatte sich sogar vieles in seinem Leben zum Guten gewendet, als er damit begann, an sich und seinen Blockaden, Schocks und Traumata, übernommenen Verhaltensweisen usw. mit Hilfe verschiedenster Therapeuten zu arbeiten. Er hatte sich auch insgesamt sehr zum Positiven verändert, dennoch hatte er regelmäßig Wutausbrüche bei kleinsten Anlässen, die oft über Tage andauerten und aus ihm einen anderen Menschen machten. Er reagierte dann aggressiv auf die Menschen in seinem Umfeld, zog sich aber auch für längere Zeiten zurück und war nicht ansprechbar -- zumindest nicht im Guten…

Als seine Frau diese Zustände kaum noch aushielt, wollte sie sich mit diesem Problem an mich wenden. Ihr Mann – in einer guten Phase – war bereit, diese Chance zu nutzen, da er zum Glück offen gegenüber meiner Arbeit war und auch einsah, dass es so nicht weitergehen konnte. Er selbst merkte ja auch, wie sehr seine Frau unter seiner unberechenbaren und explosiven Art litt.

Beide vereinbarten also einen persönlichen Termin bei mir. Schon als sie ankamen, konnte ich sehen, dass Werner ein Wesen bei sich hatte. Es war jedoch keine verstorbene Seele, sondern eine seltsam wirkende, dunkle Kreatur, die ihn ständig begleitete. Mir wurde direkt von meinen geistigen Helfern gesagt, dass dies ein von ihm selbst erschaffenes Wesen wäre, welches von mir ab- und aufgelöst werden dürfe, da er bereits an sich gearbeitet hätte und bereit dazu wäre.

Nachdem ich mit dem Ehepaar gesprochen und vor allem Werner erklärt hatte, wobei es sich bei diesem Wesen handelte, stimmte er sofort einer Anwendung von mir zu. Weil ich diese Kreatur direkt erkannt hatte und mir meine geistigen Helfer zur Seite standen, war sie recht schnell aufgelöst und Werner davon befreit.

Einige Monate später rief mich seine Frau an und berichtete, dass er sich seitdem sehr zum Positiven verändert hätte und auch bei den bekannten Auslösern, die ihn immer zum aggressiven Explodieren brachten, ruhig blieb. Jetzt, so erzählte sie, käme noch viel mehr seine eigentlich sehr liebevolle und mitfühlende Art hervor und sie wäre sehr dankbar dafür.

Das Wesen, das Werner bei sich hatte, nennt man Elementarwesen. Diese sind durch ständiges negatives Denken selbst erschaffene Kreaturen. Erst einmal erschaffen, setzen sie sich in unserem System und der Aura fest und manifestieren sich. Man könnte es auch als eine Art Eigenbesetzung bezeichnen, die uns unsere negativen Gedanken ständig spiegelt und uns demzufolge negativ beeinflusst. Bleiben sie unerkannt oder möchte der „Eigentümer“ des Wesens nichts an sich verändern, können sie immer mächtiger und einflussreicher werden.

Wichtig ist, wenn diese Wesen abgelöst sind, dass man sein eigenes Denken wieder positiv gestaltet und eine für das Gute offene Grundeinstellung hat, optimistisch ist und nicht wieder in alte Denkmuster fällt.

Wutausbrüche

Eine völlig verzweifelte Mutter, Sabine, suchte Hilfe bei mir, weil ihr Sohn sich stark in seinem Wesen verändert hatte. Bis vor einigen Jahren noch war er ein ganz normaler junger Heranwachsender, intelligent und aufgeschlossen. Seine Entwicklung bis dahin verlief völlig problemlos, er hatte immer ein mitfühlendes und sympathisches Wesen und war überall beliebt.

Sabine erzählte mir am Telefon Folgendes:

„Sascha bekam plötzlich – quasi über Nacht – immer öfter Wutausbrüche. Ich kann nicht mehr sagen, wann es genau anfing, nur, dass ich seitdem die Welt nicht mehr verstehe und auch keinen Rat mehr weiß, was ich für ihn tun kann.

Eine Freundin, die Dein Buch gelesen hat, riet mir, Dich zu kontaktieren. Ich hoffe sehr, dass Du Sascha helfen kannst, denn ich habe mittlerweile Angst vor ihm bzw. seinen Ausbrüchen.

Er bekommt dann immer ganz starre und lieblose Augen, die wie von Hass erfüllt sind. Sogar seine Art, sich zu bewegen, verändert sich von einer Sekunde auf die andere – ohne Vorwarnung und ohne wirklichen Auslöser. Wenn ich in diesen Situationen in seine Augen sehe, wird mir schon angst und bange. Und dann kommt die gesamte Wut aus ihm raus, er schreit und verletzt alle, die gerade anwesend sind, mit Worten. Wenn das so weitergeht, habe ich allerdings die größten Befürchtungen, dass es nicht bei verbalen Attacken bleibt, sondern er auch irgendwann handgreiflich werden wird. Selbst sein Hund, der ihm immer treu ergeben war, wendete sich vor einiger Zeit von ihm ab.

Was auch keiner verstehen kann, ist, dass er sich hinterher, wenn er sich beruhigt hat, an nichts mehr erinnern kann. Dann ist er wieder völlig normal und man kann mit ihm normal reden. Dass er ausgerastet ist, weiß er anschließend nicht mehr. Nachdem wir ihn einige Male bei seinen Ausbrüchen filmen konnten, glaubt er uns zum Glück und kann jetzt auch verstehen, warum sich sein Hund von ihm abwendet und Angst vor ihm zu haben scheint. Sascha leidet mittlerweile selbst unter

dieser Situation und hat Angst, den Verstand zu verlieren und schlimme Dinge zu tun.
Meine Freundin sagte nun, dass er bestimmt eine Besetzung habe und ich mich doch mal an Dich wenden sollte, Du könntest so etwas sehen und entfernen. Meinst Du, Du kannst ihm helfen?"

Ich schaute mir das Bild von Sascha an, das mir Sabine bereits zugeschickt hatte und sah auf Anhieb, was ihm zu schaffen machte:

„Sascha hat keine Besetzung, er ist auch nicht schizophren. Das könnte man zwar wegen seinem Verhalten vermuten, aber bei ihm steckt ein anderer Grund hinter seinen Wutausbrüchen: In seinem Vorleben war er ein schrecklicher, rücksichtsloser Mann, der in seiner Gier hinterhältig und skrupellos gegenüber seinen Mitmenschen war und hochgradige Wutausbrüche bekommen konnte, allerdings war ihm das im Gegensatz zu diesem Leben vollkommen bewusst. Die Energie aus diesem früheren Leben haftet auch heute noch an ihm, die hat seine Seele mitgebracht in dieses Leben, um sie aufzulösen. Aus dieser negativen Energie ist dann ein Wesen entstanden, genauer ein Elementarwesen, das nun eigenständig die Kontrolle über ihn hat und während seiner Wutausbrüche durch ihn handelt. Im Prinzip siehst Du während seiner Ausbrüche dieses Wesen, Sascha ist in diesem Moment zurückgedrängt und weiß deshalb anschließend auch nicht mehr, was los war."

Sabine war sehr erleichtert, als ich ihr sagte, dass ich dieses Wesen – mit dem Einverständnis von Sascha – auflösen könne. Sascha war sofort einverstanden, denn er hatte schon große private Probleme durch sein Verhalten. Nachdem ich dies während einer Energieanwendung getan hatte, rief mich Sabine vier Wochen später an und meinte, dass Sascha wieder ganz der Alte sei und keinen Wutausbruch mehr hatte. Selbst der Hund würde ihm wieder wie früher hinterherlaufen und seine Nähe suchen. Die ganze Familie war sehr dankbar, dass er jetzt wieder ein ganz normales Leben führen konnte und Ruhe in die Familie einkehrte.

Solche Energien aus einem früheren Leben treten oft in dem Jetzt-Leben in Erscheinung, wenn das gleiche Lebensalter erreicht ist wie im Vorleben – das Alter, in dem schon damals alles begann. Dann wundert man sich und auch das Umfeld, wie sich ein Mensch so schlagartig verändern kann. Das Elementarwesen, das man in einer früheren Inkarnation zum Leben erweckt und genährt hatte, wird quasi auch in dem Jetzt-Leben im gleichen Alter wieder aktiv.
Erschaffen werden diese monsterartigen Wesen meist aus Aggressionen, Wut, Ärger, Hass, Missgunst, dem Ego oder Geldgier. Den meisten Menschen ist oft nicht bewusst, dass sie von solchen Energien umgeben sind. Erst dann, wenn man sie darauf aufmerksam macht und sie auch Einsicht zeigen, kann man ihnen helfen, diese Wesen wieder loszuwerden. Es gibt jedoch auch Menschen, das möchte ich hier erwähnen, die eine solche Energie bewusst aussenden, um anderen zu schaden.

Grauenvolle Manipulation

Robert, 55 Jahre alt, ging es sehr schlecht, er musste viele Medikamente nehmen – hauptsächlich Psychopharmaka –, und er lebte bereits lange Zeit in einer Psychiatrie. Hin und wieder durfte er aber die Klinik und das Gelände verlassen. Er hatte damals mein Buch gelesen und erhoffte sich Hilfe von mir.

Robert war am Telefon völlig verzweifelt und erzählte von seinen Problemen. Währenddessen änderte sich massiv seine Stimme, wurde fordernder und sprach nicht mehr so klar wie zuvor. Ich sah direkt, dass ein Elementarwesen Besitz von ihm ergriffen hatte und durch ihn sprach. Hier hatte ich es jedoch mit einem schon sehr starken Wesen zu tun, weshalb es mir direkt eiskalt wurde. Dieses Wesen hatte Robert in einem früheren Leben selbst erschaffen und es sich in diesem Leben zur Aufgabe gemacht, es abzulösen.

Es wunderte mich nicht allzu sehr, als Robert erzählte, was er schon seit Jahren mit diesem Wesen mitmachte. Diese Kreatur verlangte schlimme Dinge von ihm, befahl ihm, anderen weh zu tun, Menschen zu quälen und zu schlagen, die nicht das machten, was das Elementarwesen befahl. Robert kämpfte seit Jahren dagegen an und widersetzte sich den Befehlen, doch nichts half – die Kreatur verschwand nicht. Auch trotz der vielen Psychopharmaka, die er mittlerweile einnahm und der vielen Therapien, die er durchführte, nahm dieses Wesen immer wieder Besitz von ihm und drängte ihn zu bösartigen Handlungen – und Robert kämpfte seit Jahren dagegen an und bettelte um Hilfe. Eine grauenhafte Vorstellung, was er alles ertragen musste... Ich wollte Robert sehr gerne helfen und bat ihn, seine Ärzte zu fragen, ob er die Medikamente zumindest reduzieren könne.

Gerade Psychopharmaka senken den Energielevel derart, dass die Schwingungen des Menschen noch niedriger werden und solche Kreaturen dann leichtes Spiel haben, diese zu besetzen. Dazu kommt, dass diese Medikamente eine Art energetische Mauer um den Menschen aufbauen, die eine geistige Energiearbeit enorm erschwert und zum Teil auch unmöglich macht, etwas Positives zu bewirken.

Wir vereinbarten, dass Robert mich wieder anruft, wenn er Ausgang hat und bis dahin mit den Ärzten reden würde. Als er mich wieder anrief, sagte er, dass die Ärzte auf keinen Fall die Dosierung der Medikamente herabsetzen würden, das wäre ihnen viel zu gefährlich. Das hatte ich bereits geahnt, wollte ihm aber dennoch helfen.

Ich brauchte drei sehr intensive Anwendungen, damit es ihm zumindest schon einmal besser ging und er viel klarer sehen konnte und er wieder mehr er selbst war. Das bemerkten auch die Ärzte und begannen, die Medikamente zu reduzieren. Insgesamt dauerte es jedoch noch einige Monate, in denen ich ihm immer wieder half, bis Robert soweit stabil war, dass er weitaus weniger Medikamente nehmen musste und in eine betreute Wohngruppe umziehen konnte, was für ihn schon einen großen Schritt darstellte und ihn glücklich machte.

Naturphänomene

In der Natur gibt es viele Phänomene zu beobachten, die einem oftmals eine Gänsehaut über den Körper jagen. Wer genau hinschaut, kann in der Natur, in Bäumen, Büschen, Blumen und so weiter andere Wesen erkennen. Dies sind keine zufälligen „Verwachsungen", sondern tatsächlich Abbildungen der Wesen, wie auf den nachfolgenden Bildern aus der Natur.

Können Sie die Wesen erkennen? Falls Sie bei dem einen oder anderen Bild Schwierigkeiten haben sollten, können Sie im Anhang des Buches nachschauen, dort finden Sie jeweils eingekreist die Wesen.

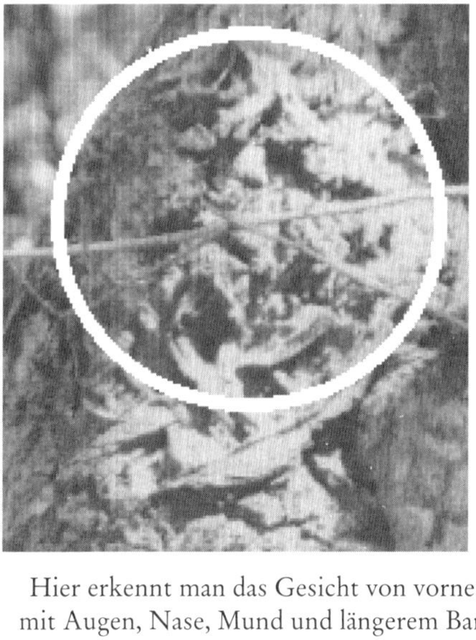

Hier erkennt man das Gesicht von vorne,
mit Augen, Nase, Mund und längerem Bart

Hier befinden gleich drei Wesen in dem Baum,
von denen man jeweils die Gesichter sieht.

Dieses alte Baumwesen schaut mit dem halben Gesicht heraus.

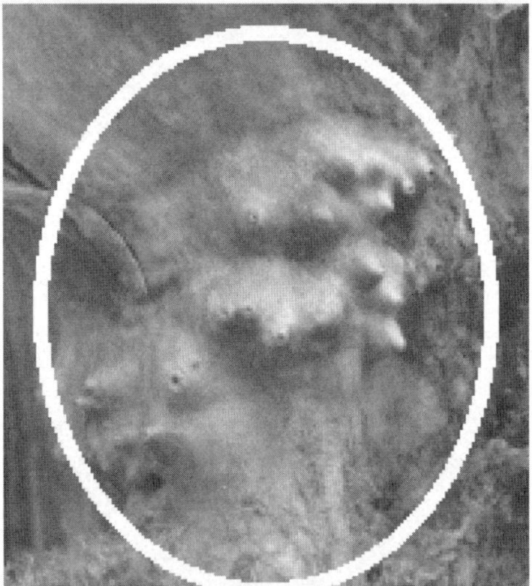

Man sieht mehrere Baumgeister, die hervorschauen.

Dieses Wesen hat leicht tierische Züge bzw. Merkmale.

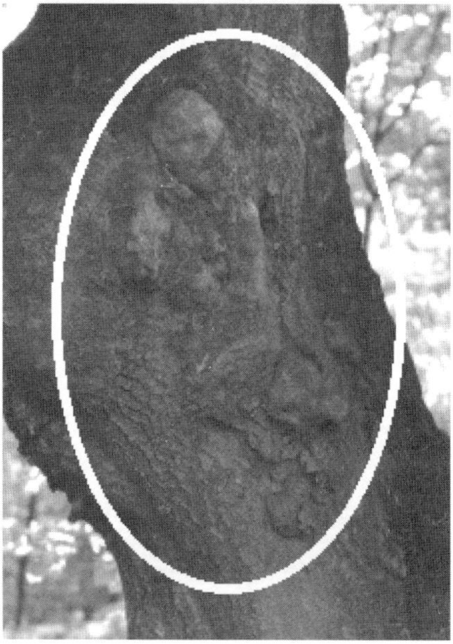

In diesem Baum sieht man das Wesen mit Kopf, Armen, Rumpf und Beinen, die angewinkelt sind. Es scheint etwas in den Händen zu halten.

Zum nachfolgenden Bergbild gibt es folgende Geschichte: Anlässlich eines Geburtstages waren wir mit einer kleinen Gruppe auf Segways unterwegs im bayerischen Land (Segway ist ein Fortbewegungsmittel auf zwei Rädern, auf dem man aufrecht steht, sich an einer Stange mit zwei Griffen festhält, und durch entsprechende Körperbalance die Geschwindigkeit reguliert sowie vorwärts und rückwärts fahren kann). Es war eine Mordsgaudi, und wir haben viel gelacht.

Unser einheimischer Gruppenführer trug mit der einen oder anderen Anekdote zur allgemeinen Erheiterung bei, da er viele lustige Geschichten rund um die Umgebung dort kannte, die er während kleiner Pausen zum Besten gab. Irgendwann sollten wir uns nebeneinander stellen, um eine gute Sicht auf einen bestimmten Berg zu haben. Dort sagte er, sei ganz deutlich ein Gesicht zu erkennen, das sich hervorheben würde. Wir sahen es alle auf den ersten Blick: ein männliches Gesicht mit dunklen Haaren und dunklem Schnurrbart. Der Gruppenleiter erzählte uns, dass dieser Berg früher von einigen Menschen angebetet wurde, weil sie in dem Gesicht das Konterfei von Adolf Hitler zu erkennen glaubten.

Mit etwas Phantasie könnte dieses Gesicht ihm ähnlich sehen, aber ich sehe darin nur eine männliche Person mit Schnurrbart, dunklen Haaren und einer großen Nase. Können Sie es erkennen?

Man sieht ein recht großes Gesicht im Profil, welches halb schräg aus dem Berg herauszuschauen scheint.

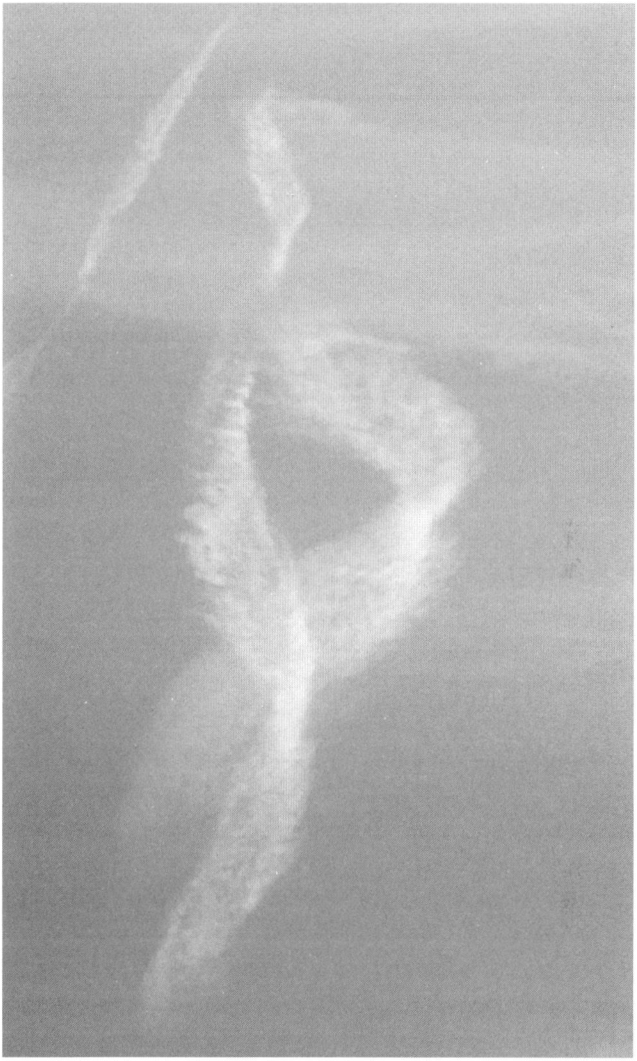

Diese Wolkenformation sah ich, als ich im Garten arbeitete. Besonders war daran, dass sie einem Lichtwesen glich und senkrecht am Himmel stand – nicht wie die anderen Wolken, die man auf dem Bild erkennen kann, welche waagrecht verlaufen. Diese Wolke stand so senkrecht, dass es schien, als würde sie die Erde berühren wollen.

Teil V

Ehe, Partnerschaft und Beziehungen

Probleme in der Partnerschaft bzw. in Beziehungen können vielfältige Ursachen haben. Manchmal entstehen sie durch mangelnde Liebe und Anerkennung in der Kindheit, wenn nicht sogar durch erlebte Gewalt durch ein Elternteil. Manche Kinder, die ein oder beide Elternteile verloren haben oder deren Eltern sich haben scheiden lassen, tragen oftmals Schocks und Blockaden in sich, die Auswirkungen auf die eigenen Partnerschaften haben können und sich nicht selten immer und immer wiederholen, als hätten die Beteiligten nichts aus den Fehlern gelernt.

Doch hier liegen Muster zugrunde, die sogar von Generation zu Generation übertragen werden können, wenn sie nicht erkannt und aufgelöst werden, wie zum Beispiel Verlustängste oder Eifersucht. Viele Probleme können aber auch durch Einflüsse von außen entstehen, wie durch negative Energien in Häusern oder Wohnungen – wenn zum Beispiel in einem Haus, das man bezieht, viel gestritten wurde oder eine Scheidung stattfand. Sind diese Energien sehr präsent, können sie sich auf die neuen Bewohner übertragen und so das gleiche Verhalten und die gleichen Szenarien initiieren.

Nach der Lehre von Feng Shui gibt es in jeder Wohnung und in jedem Haus eine Partnerschaftsecke, die für alles steht, was man mit diesem Thema in Verbindung bringt, das heißt sowohl die Partnersuche als auch die bestehende Ehe usw. Fehlt dieser Bereich in einem Haus, dessen Platz durch ein bestimmtes Schema festgelegt ist, durch zum Beispiel einen L-förmigen Bau des Hauses, kann man massive Probleme im Bereich Partnerschaft bekommen.

Ich selbst habe dies erfahren müssen, als ich nach einer Trennung in eine Wohnung gezogen bin, in welcher der Partnerschaftsbereich komplett fehlte. Nach einer längeren Zeit wunderte ich mich, dass ich keinen Partner bekam, nicht einmal der Hauch eines Interesses von der männlichen Seite aus erreichte mich. Damals beschäftigte ich mich intensiver mit der Lehre des Feng Shui und richtete mir quasi einen Ersatz für die Partnerschaftsecke ein, die somit aktiviert war. In kürzester Zeit lernte ich meinen Mann kennen, mit dem ich noch immer glücklich verheiratet bin.

Es gibt aber noch viele andere Gründe, weshalb in einer Partnerschaft massive Probleme entstehen können, wie Verwünschungen, schwarzmagische Handlungen oder Flüche. Aber lesen Sie auf den nächsten Seiten bitte selbst, welche Hintergründe den folgenden Beziehungen Probleme bereiteten:

Auf der Suche nach der Mutter

Das nachfolgende Interview führte ich mit einem langjährigen Klienten, dem ich für seine Offenheit sehr dankbar bin. Er hat nie aufgehört, an sich zu arbeiten und ehrlich zu sich selbst zu sein, was ich sehr an ihm schätze:

Lieber Peter, schön, dass Du Dich bereit erklärt hast, mit mir dieses Interview zu führen und den Lesern und Leserinnen zu erzählen, was Dich damals dazu bewogen hat, fremdzugehen. Du hast ja mit mir sehr offen darüber geredet, wofür ich Dir hier nochmals herzlich danken möchte. Dann erzähle doch bitte mal, wie alles begann…

Das mache ich gerne und hoffe, es hilft vielen Lesern zu verstehen, dass nicht alle Frauen und Männer, die fremdgehen, dies aus Berechnung oder aus Langeweile im Bett tun, sondern dass manchmal wirklich auch andere Gründe mit hineinspielen. Das soll jetzt auch keine Entschuldigung sein, ich weiß ja, wie sehr ich meine Ex-Frau dadurch verletzt habe. Aber es war wie ein innerer Zwang, der in mir war und mich immer wieder meine Frau betrügen ließ. Erst viele Jahre später konnte ich mit Deiner Hilfe die Gründe dahinter erkennen und so Stück für Stück dieses schon zwanghafte Verhalten komplett auflösen, wofür ich sehr dankbar bin.

Ok, Peter, dann bitte ich Dich mit den Schilderungen aus Deiner Kindheit anzufangen, denn dort liegt ja die Wurzel für Dein späteres Handeln, auch für das Fremdgehen.

Ok, dann mal gleich zurück zum Anfang: Ich würde mal behaupten, dass ich keine gute Kindheit hatte. Zumindest kann ich mich nicht daran erinnern, dass irgendwann einmal etwas wirklich gut war. Mein Vater war sehr hartherzig, und nichts konnte ich ihm recht machen. Er schlug mich immer und immer wieder. Das waren selten harmlose Klapse auf den Po oder Ohrfeigen, das hätte ich bestimmt gut wegstecken können. Oft hatte ich gar nichts gemacht, aber es brauchte auch

nicht viel, um ihn in Rage zu bringen. Es reichte zum Beispiel schon aus, wenn ich vergaß, die Küchentür richtig zu schließen. Er wartete förmlich auf solche Gelegenheiten, um zu brüllen und zu toben und mir immer und immer wieder zu sagen, wie unfähig ich wäre und dass er niemals gedacht hätte, so einen ausgesprochen dummen Jungen zu bekommen. Was sich Gott wohl dabei gedacht hätte, ihn so zu strafen.
Meine Mutter war eine sehr liebevolle Frau, die sich jedoch nicht gegen meinen Vater durchsetzen konnte, doch schützte sie mich so gut sie konnte vor ihm.
Als ich jedoch zwölf Jahre alt war, verstarb sie leider für mich sehr plötzlich. Sie war nie krank und man hat mir immer verschwiegen, woran sie gestorben war – ich weiß es bis heute nicht. Es war ein Schock! Der einzige Mensch, der mir Liebe geben konnte, war nicht mehr da. Meine geliebte Mutter war gestorben und ich war somit auf mich allein gestellt mit der Trauer, der Verarbeitung, dem Schock und natürlich mit meinem jähzornigen Vater.
Dieser heiratete schnell wieder und setzte mir eine Stiefmutter vor, mit der ich mich nicht verstand. Die Schläge wurden zwar immer weniger, wahrscheinlich, weil ich auch größer und stärker wurde, aber besser wurde mein Leben bei ihm und dieser Frau nicht mehr. An ihr ließ er sich auch aus und behandelte sie sehr respektlos, so wie er das zuvor schon mit meiner Mutter getan hatte.
Umso schmerzlicher vermisste ich meine Mutter und konnte nicht begreifen, warum sie so früh gehen musste.

Also war für Dich herzloses und kaltes Verhalten sowie Gewalt schon fast Normalität?

Ja, auf jeden Fall. Ich kannte es ja nicht anders. Mir fehlte einfach die Liebe meiner Mutter, die ich schmerzlich vermisste. Das soll jetzt aber nicht heißen, dass ich nur Opfer war und es keinen anderen Weg für mich gegeben hätte, als den, den ich gegangen bin. Ich hätte mich dennoch anders entscheiden können und versuchen können, ein normales Leben mit Respekt gegenüber Frauen zu führen. Da glaube ich, hat jeder die Wahl, es besser zu machen und seine alten Muster zu verlassen.

Und wenn man es nicht alleine schafft, sollte man sich dafür Hilfe suchen, so wie ich das damals gemacht habe.

Ja, das war wohl das Beste, was Du für Dich und Dein weiteres Leben tun konntest. Deshalb kannst Du ja heute so offen und hilfreich darüber berichten. Und Du hast Dich ja auch zum Positiven geändert.

Das ja, aber es war ein langer Weg, bis ich erst einmal überhaupt sehen konnte, was ich da anrichte und dass ich selbst im Begriff war, wie mein Vater zu werden. Und das war ich ganz offensichtlich.

Ok, Peter, dann erzähle doch bitte weiter, was noch geschah.

Ich wusste, dass ich diese Situation zu Hause nicht länger ertragen konnte und dort raus musste. Als ich mit siebzehn Jahren ein Mädchen – sie hieß Ulla – kennenlernte und mich sofort in sie verliebte, dauerte es auch nicht lange, bis mein Beschluss feststand, so schnell wie möglich mit ihr zusammen eine Wohnung zu suchen. Du weißt ja, dass ich in der früheren DDR aufgewachsen bin.
Dort war es früher nicht so einfach bzw. fast unmöglich, ohne Trauschein eine geeignete Wohnung zu finden, weshalb Ulla und ich auch schnell heirateten. Das war früher im Osten normal, man heiratete früh, damit man eine Wohnung und eine finanzielle Starthilfe vom Staat bekam. Dennoch fragte ich Ulla damals nicht wirklich, ob wir heiraten wollen oder ob sie mit mir zusammen wohnen möchte. Ich bestimmte von Beginn an über sie und unser gemeinsames Leben, so wie mein Vater mir das immer vorgelebt hatte.

Entschuldige, wenn ich Dich hier unterbreche, aber könntest Du Ulla etwas näher beschreiben? Wie war sie? Was an ihr zog Dich an?

Ulla war eine bildhübsche Frau, sie war sehr zierlich, hatte lange dunkelbraune Haare und war erst sechzehn Jahre alt, als ich sie kennenlernte. Ulla wirkte irgendwie zerbrechlich, so als bräuchte sie Schutz. Sie war sehr verständnis- und liebevoll, aber auch sehr schüchtern und ängstlich. Heute weiß ich, sie war genau der Typ Frau, den ich brauchte und suchte. Sie schaute zu mir auf, machte, was ich von ihr verlangte, widersprach mir nie und hatte so eine unterwürfige Haltung mir gegenüber. Das nutzte ich natürlich aus, bestimmte über sie und traf alle Entscheidungen, die uns beide angingen, alleine. Ich muss zugeben, dass ich sie mir so formte, wie ich sie wollte, damit ich die perfekte Frau an meiner Seite hatte. Genauso hatte ich es von meinem Vater gelernt. Er hatte sich meiner Mutter gegenüber so verhalten, und auch meine Stiefmutter hatte bei ihm nichts zu melden. Aber eins muss ich hier auch noch erwähnen: Geschlagen habe ich sie nie!

Ok. Wie ging es weiter?

Wir fanden anfangs trotz der Heirat keine Wohnung, denn der Wohnungsmarkt in meiner Heimatstadt war damals katastrophal. Uns blieb nichts anderes übrig, als in das Haus meines Großvaters zu ziehen – in ein acht Quadratmeter großes Zimmer. Das war keine schöne Zeit, aber nach einer Weile bekam ich ein Haus im Nachbarort zum Kauf angeboten. Ohne Ulla zu fragen, kaufte ich das Haus und zeigte es ihr erst später. Sie weinte bitterlich, weil ihr das Haus überhaupt nicht gefiel. Es glich auch eher einer Ruine, und sie konnte sich nicht vorstellen, dort glücklich zu werden. Aber ich hatte bereits entschieden und das Haus gekauft, ein Zurück gab es für mich nicht. Mir war auch irgendwie egal, wie sie sich fühlte, so schrecklich das auch klingt. Ich wäre ja auch nie auf die Idee gekommen, sie mit in die Entscheidung einzubeziehen. Sie hatte sich zu fügen – fertig. Das war schlimm, ich weiß…
Später aber gefiel auch ihr das Haus, nachdem ich es – natürlich nach meinen Vorstellungen – umgebaut hatte. Wir zogen dort ein und sie wurde schwanger. Ich wollte eigentlich keine Kinder, aber hier setzte sie sich das erste und einzige Mal wirklich durch und so bekamen wir eine Tochter. Im Nachhinein freute ich mich auch darüber, aber ich habe ihr lange nicht verziehen, dass sie sich über mich hinwegsetzte. Das bekam sie natürlich zu spüren…

Wie denn Peter?

Also geschlagen habe ich sie nie, außer mit Worten, das konnte ich besonders gut. Ich war ihr gegenüber aggressiv und half ihr nicht viel mit dem Kind. Wenn sie meine Hilfe verlangte, sagte ich nur, dass sie das doch so wollte. Ich war schon ein Ekel, das muss ich leider zugeben.

Ok, dann erzähle weiter…

Nach und nach formte ich Ulla, so wie ich sie wollte – ganz nach meinen Vorstellungen, bis sie eine unattraktive, kleine graue Maus wurde. Ich wollte nicht, dass sie auch für andere Männer attraktiv war, denn ich sah ja die Blicke, die ihr zugeworfen wurden. Nein, ich wollte sie alleine für mich, und sie hatte sich nicht schön anziehen dürfen, erst recht nicht aufreizend.

Du weißt ja, dass ich mittlerweile sehr viel aufgearbeitet und über alles nachgedacht und reflektiert habe. Ich weiß, dass ich mir unbewusst eine graue Maus geformt hatte, die keine andere Chance sah, als bei mir zu bleiben, dachte ich zumindest. Unbewusst habe ich mir so den Weg zu anderen Frauen freigemacht. Was sollte ich mit Ulla anfangen? Sie war ja jetzt auch nicht mehr attraktiv für mich und ihre unterwürfige Art nervte mich mehr und mehr. Aber Widerworte duldete ich auch nicht, da wurde ich direkt aggressiv und ausfallend.

Also suchte ich mein sexuelles Vergnügen in Bordellen. Dort wählte ich mir attraktive Frauen aus, die mir natürlich auch unterwürfig waren und machten, was ich wollte – gegen Geld natürlich. Das merkte auch Ulla sehr bald und litt sehr darunter, sagte aber nichts. Sie wusste, dass sie sowieso gegen mich keine Chance gehabt hätte.

Und dann… (Peter kämpft länger mit den Tränen) *Puh, das fällt mir jetzt schwer… starb Ulla ganz plötzlich an einer Krebserkrankung. Nach der Diagnose blieben ihr nur wenige schlimme Wochen, bis sie verstarb. Das haute mich komplett um und eine Welt brach für mich zusammen. Ich schämte mich unendlich für mein Verhalten und gab mir natürlich die Schuld an ihrem Tod. Wie verzweifelt musste sie gewesen sein mit so einem Mann wie mir. Doch mein Aufwachen kam leider zu spät – Ulla war tot und ich konnte nichts mehr gut machen. Auch ihre letzten Wochen, in denen ich sie pflegte, konnten das Unheil, das ich ihr angetan hatte, nicht mehr ausgleichen.*

Das ist wirklich schlimm, vor allem Ullas Schicksal. Hattest Du gedacht, das könne ewig so weitergehen? Sie klein halten und nebenher ins Bordell gehen? Ist ja sicher auch kein billiges „Hobby"…

Da hast Du Recht. Ich habe wirklich viel zu viel Geld zu Prostituierten getragen. Das war schon bald wie eine Sucht. Dort konnte ich all das ausleben, was mir Ulla nicht geben konnte. Aber es ging nicht, wie es oft bei anderen Männern der Fall ist, um wilden Sex, sondern ich holte mir dort die Zärtlichkeiten, die mir Ulla nicht geben wollte – aus gutem Grund. Das ist ja das Paradoxe daran. Das liebte ich ja an Ulla, ihre zarte, schüchterne und liebe Seite. Sie war eher die zärtliche und liebevolle Frau im Bett, bei der ich Liebe oder zumindest Zuneigung fühlte – anfangs jedenfalls. Später lief ja nichts mehr zwischen uns, weil sie mir zu langweilig war – bzw. von mir so gemacht wurde.
Heute weiß ich, dass ich sie unbewusst zu meiner Mutter machte und formte. Meine Mutter war auch eine sehr schlanke und wunderschöne Frau mit dunklen langen Haaren. Sie wurde von meinem Vater ebenso unterdrückt und konnte sich nicht durchsetzen. Ich erschuf mir unbewusst einen Mutter-Ersatz, weil meine so früh und plötzlich gestorben war. Ja, und je ähnlicher Ulla meiner Mutter wurde, umso weniger konnte ich sie sexuell begehren – man begehrt seine Mutter ja nicht. Und so nahm ich mir das Recht, mir meine Befriedigung in Bordellen zu holen.
Ja, Martina, das waren meine Gründe fremdzugehen. So wurde ich zum Freier, was ich heute bitter bereue. Aber damals war ich in diesem Muster gefangen und sah nicht, was für ein schlimmes Spiel ich spielte, und wie weh ich Ulla tat. Ich bereue das wirklich alles zutiefst.

Ich wusste ja, dass Du sehr an Dir gearbeitet hast, aber dass Du so ehrlich bist und so viel Einsicht gezeigt hast, spricht sehr für Dich.

Es freut mich, dass Du Dich zum Positiven verändern konntest, zumal es sehr schwierig ist, aus solch einem Muster auszusteigen.

Ja, ja, na klar habe ich mich geändert. Und nein, so wie früher möchte ich nicht mehr sein. Auf keinen Fall wollte ich das Muster meines Vaters weiterleben.
Ich war seit Ullas Tod auch nie wieder in einem Bordell oder bei einer Prostituierten. Ihr Tod hat mir die Augen geöffnet und den Wunsch erweckt, so nicht weitermachen zu wollen. Und natürlich kam meine Einsicht für Ulla zu spät...
Aber da hast Du mir sehr geholfen und mir gezeigt, dass eben das Mutterthema hinter meiner Suche steckte, sowie den Kontakt zu meiner damals ebenfalls bereits verstorbenen Stiefmutter hergestellt hat, die ich ja auch sehr schlecht behandelte. Sie hatte mir jedoch noch viel zu sagen, was letztendlich einen Knoten in mir löste, wofür ich ihr sehr dankbar bin. Ich habe wirklich sehr viel an mir gearbeitet und mit verschiedenen Therapeuten viele Themen aufgelöst. Nie wieder wollte ich unter solchen Voraussetzungen eine Beziehung eingehen. Nie wieder! Das hatte ich mir geschworen. Meine nächste Partnerschaft sollte auf einem ehrlichen und von Altlasten befreiten Fundament aufgebaut werden. Und das ist mir gelungen, oder? Deshalb war ich von Anfang auch ehrlich zu meiner jetzigen Frau und habe ihr nichts verschwiegen. Wir sind jetzt schon einige Jahre verheiratet und immer noch sehr glücklich.
Und auch Dir danke ich für Dein Verständnis und Deine Möglichkeiten, die Dinge im rechten Licht zu sehen sowie alte Themen zu bereinigen. Auch Du hast mit Deiner medialen Begabung noch einiges bei mir auflösen können.

Vielen Dank Peter für dieses offene und ehrliche Gespräch.

Gerne!

Ja, lieber Leser/innen, das waren die ehrlichen Ausführungen und Hintergründe eines Fremdgängers bzw. Freiers. Er hat sich selbst nicht geschont und ist mit sich ordentlich ins Gericht gegangen, hat sich Hilfe bei Therapeuten und bei mir geholt und sein Leben geändert. Schade, dass erst der Tod seiner ersten Frau ihn wachgerüttelt hatte, aber schön, dass er überhaupt Reue zeigte, seine eigenen Fehler erkannte und sich zum Positiven veränderte – was ich wirklich bestätigen kann, weil wir seitdem in regelmäßigem Kontakt stehen.

So wie Peter geht es vielen Menschen, die unbewusst den gegengeschlechtlichen Elternteil in ihren Partnern/Partnerinnen suchen. Es muss nicht immer ein früher Todesfall eine Rolle spielen oder ein herrschsüchtiger Vater, dazu reicht schon oftmals das Gefühl, bei Mutter oder Vater nicht anerkannt gewesen zu sein oder nicht wirklich geliebt. Manchmal beruhen solche Gefühle auf Tatsachen, manchmal aber auch auf Missverständnissen oder falsch interpretiertem Handeln. Hierbei kann nur ein falsch verstandener Satz oder eine einmalige als ungerecht empfundene Bestrafung eine Blockade aufbauen, durch die man eine völlig falsche Einstellung oder Sichtweise bekommt, was eine Rolle im Umgang mit dem späteren Partner spielen kann. Bei Peter ging es, ausgelöst durch sein Schockerlebnis im Alter von 12 Jahren – der Tod seiner Mutter –, um die ständige Suche nach ihr und ihrer mütterlichen Liebe. Er hoffte unbewusst, sie in seinen späteren Frauen sowie den Prostituierten zu finden.

Peter suchte sich demnach nicht nur Frauen aus, die seiner Mutter äußerlich ähnelten, er formte sich seine Frau auch so, wie er sie gerne haben wollte – nämlich zum einen mütterlich und zum anderen unterwürfig, wie es auch seine Mutter war. Doch natürlich kann man den Menschen, den man vermisst, niemals in einem anderen finden. Kein Mensch kann jemals einen anderen ersetzen, weil wir alle einzigartig sind.

Die schwarzmagische Acht

Es gibt viele Gründe, warum Beziehungen scheitern können. Was viele nicht wissen, ist, dass man aufgrund eines Fluches oder einer Verwünschung gewissermaßen unverschuldet in heftigste Not geraten kann – gesundheitlich, beruflich, aber eben auch in Partnerschaften, die plötzlich nicht mehr funktionieren und jegliche einst glückliche Basis verlieren. Nachfolgend möchte ich Ihnen deshalb von verschiedenen Fällen berichten, die bei mir Hilfe suchten und bei denen u.a. Flüche bzw. Verwünschungen hinter den Beziehungsproblemen steckten.

Auch bei den Problemen des folgenden Paares war ein Fluch ursächlich verantwortlich und die Lösung eigentlich sehr simpel, aber die Auswirkungen vorher umso heftiger: Anke, verheiratet, zwei Kinder, machte bei mir eine Reiki-Ausbildung *(fernöstliche, energetische Methode, um im Körper Selbstheilungskräfte anzuregen und Blockaden zu lösen)*. Als sie das erste Mal anlässlich des ersten Reiki-Seminares bei mir war, sah ich, dass sie Eheprobleme hatte und bekam von ihrem Engel gesagt, dass ich erst einmal dieses Thema ansprechen sollte, was ich auch direkt tat.

Sie schaute mich sehr verblüfft an, weil sie damit nicht gerechnet hatte, erzählte aber daraufhin stockend, dass sie und ihr Mann sich trennen wollten, weil sie seit ihrer Hochzeit nur noch streiten würden. Ständig würden sie beide schon bei Kleinigkeiten in die Luft gehen und Streit anfangen. So ginge es nicht mehr weiter, und auch die Kinder würden mehr und mehr unter dieser Situation leiden. Ihr und ihrem Mann Tom wäre jetzt die Kraft, diese Ehe zu retten, ausgegangen. Dies hätten sie schon zu genüge getan – leider erfolglos.

Nun wollte sie sich mit dieser Ausbildung einen Traum erfüllen und sich neben ihrer Tätigkeit als Physiotherapeutin weiterbilden, um ihren Patienten noch besser helfen zu können, zumal sie irgendwann unabhängig von Unterhaltszahlungen ihres Mannes ihr Leben selbst finanzieren wollte sowie eine berufliche Selbständigkeit anstrebte.

Beruflich, sagte ich ihr, wäre auch alles ok, da hätte sie ihren Weg und ihre Aufgabe gefunden. Allerdings nicht ohne ihren Mann, denn den sah ich auch zukünftig an ihrer Seite, was Anke sehr erstaunte, jedoch nicht so ganz glauben wollte. Was ich allerdings auch sehen konnte, war ein Fluch, der auf ihrer Ehe lastete und eine Frau, die diesen bereits kurz vor der Hochzeit ausgesprochen hatte.

Jetzt wurde es spannend: Ihr Engel zeigte mir, dass diese Frau in einem früheren Leben Anke den Mann ausgespannt hatte, aber eine unglückliche Ehe mit ihm führte. In diesem Leben sollte dieses Karma eigentlich ausgeglichen werden, indem Anke und Tom endlich ihre Liebe leben sollten.

Die andere Frau – in diesem Leben eine Cousine von Anke – war aber auch in diesen Mann verliebt und gönnte ihn ihr nicht. Als sie erfuhr, dass die beiden heiraten, legte sie mit Hilfe einer schwarzmagisch arbeitenden Freundin einen Fluch auf diese Ehe, der auch direkt Wirkung zeigte. Schon kurze Zeit nach der Hochzeit nämlich stritten sich Anke und Tom immer öfter, obwohl sie sich liebten und schon bald relativ kurz hintereinander zwei Kinder bekamen. Doch selbst die Geburten der beiden Kinder konnten nichts an ihrer Situation ändern. Statt nun zusammenzuhalten, wurde es immer schlimmer, sodass sie jetzt keinen Ausweg mehr sahen und die Trennung kurz bevorstand.

Beide jedoch standen sich zwar sehr unglücklich, aber mit einer großen Sehnsucht und noch viel mehr Liebe füreinander gegenüber, was mir durch den Engel vermittelt wurde. Zwischen ihnen und um sie herum war der Fluch, der sich in Form von dunklen Symbolen und einer schwarzen, liegenden Acht zeigte. Diese gesetzten Zeichen bzw. den Fluch, galt es nun aufzulösen, was ich mit Erlaubnis einer immer noch sehr erstaunten Anke auch tat – und natürlich mit Hilfe der Engel. Sie hatte schon immer gespürt, dass ihre Cousine neidisch auf sie und Tom war, hätte ihr allerdings niemals solche dunklen und bösen Handlungen zugetraut.

Sie selbst spürte nach der Auflösung eine Art Erleichterung und hatte das Gefühl, dass eine Schwere von ihr wich. Doch ob es nun etwas bewirkt hatte, konnte man natürlich noch nicht erkennen. Anschließend widmeten wir uns dem ersten Teil ihrer Reiki-Ausbildung, den sie sehr genoss und mit großer Motivation zum Üben verließ.

Einige Wochen später rief sie mich an und erzählte mir überglücklich: „*Martina, ich kann es immer noch nicht glauben, aber Tom und ich finden tatsächlich wieder zueinander. Es gibt kaum noch Streitereien, wenn, dann nur die üblichen, die ja in jeder Beziehung einmal vorkommen können. Es ist, als wäre unsere Liebe verschüttet gewesen. Den Schutt hast Du wohl erfolgreich beseitigt und jetzt läuft es wieder richtig gut zwischen uns. Tom hat mich direkt nach dem Seminar bei Dir ganz anders angesehen, als hätte ich mich verändert. Er wusste ja nicht, was Du gemacht hast. Irgendwann fragte er mich aber, ob diese Veränderung an der Reiki-Einweihung liegen könnte und wollte mehr darüber wissen. Er war plötzlich ganz offen und interessiert daran, sodass ich mich entschlossen hatte, ihm alles zu erzählen – vom Seminar und von dem Fluch, den Du gesehen und gelöst hattest.*

Jetzt ist er viel offener für spirituelle Möglichkeiten und fängt allmählich an, an diese Dinge zu glauben. Er merkt einfach die starke positive Veränderung, die er sich anders auch nicht erklären kann. Außerdem konnte er das gut nachvollziehen, weil er ja selbst auch nicht wusste, warum unsere Beziehung mit der Heirat plötzlich so schlecht lief. Es gab einfach keinen normalen Grund, weshalb wir uns plötzlich so voneinander entfernten. Es braucht wohl noch eine Weile, um das Vertrauen in unsere Ehe wieder vollständig aufzubauen, aber wir spüren, dass es jetzt wirklich gut werden kann. Ich danke Dir von Herzen, Martina!“

In diesem Fall hatte die Cousine sich und Tom in eine schwarzmagische, liegende Acht gestellt. In dem einen Kreis stand sie selbst und in dem anderen ihr Schwager Tom. Durch die schwarzmagischen Handlungen waren beide in dieser Acht und dieser Energie gefangen, wodurch eine gegenseitige Gebundenheit entstand, was dazu führte, dass Anke und Tom keine richtige Partnerschaft mehr führen konnten – aber auch kein anderer Mann Chancen bei der Cousine gehabt hätte.

Scheidungs-Energie

Kurz nach ihrer Hochzeit zogen Antje und Martin in eine größere Wohnung, worüber sie sehr froh waren, zumal auch Nachwuchs geplant war. Doch bereits nach dem ersten Ehejahr stellten beide fest, dass sie sich mehr und mehr auseinanderlebten. So waren es meist Kleinigkeiten, die einen größeren Streit entfachten, obwohl ihre Beziehung früher immer recht harmonisch war und sie viele gemeinsame Interessen hatten. Antje war sehr offen für alles Spirituelle und las einige Bücher darüber, wie negative Energien in Wohnungen oder Häuser auf ihre Bewohner wirken können. Dennoch kam ihr nicht einmal die Idee, dass die Streitereien mit ihrem Mann von eben solchen Energien herrühren könnten. Sie dachte tatsächlich, sie hätten sich plötzlich auseinandergelebt und tat alles, damit es wieder besser wurde – leider vergebens, denn die Streitereien gingen weiter, sodass sie immer öfter an eine Scheidung dachte. Mittlerweile sprach sogar ihr Mann mehr und mehr von einer Trennung, weil auch er die ständigen Kleinkriege zwischen ihnen nicht mehr aushielt.

Antje lernte sogar eine Frau kennen, die sagte, sie wäre hellsichtig und könne in ihrer Wohnung keine negativen Energien wahrnehmen, alles würde hell strahlen und wäre in Ordnung. Dennoch spürte Antje, dass etwas nicht stimmte, denn die Streitereien kamen ihr oft so fremd vor, so als hätten sie eigentlich nichts mit ihnen zu tun, obwohl sie sehr real stattfanden.

In dieser Zeit wurde Antje auf mein Buch aufmerksam und las es, wie sie später sagte, mit großem Interesse. Sie vereinbarte einen Termin mit mir und sendete ein Bild von ihrem Mann, von sich und der Wohnung. Als wir telefonierten, konnte ich ihr direkt sagen, dass die Beziehung zwischen ihnen eigentlich völlig in Ordnung sei und sie auch füreinander bestimmt waren. Doch in der Wohnung war eine sehr negative Energie, die ich „Scheidungs-Energie“ nannte. Ich sah, dass dort einmal ein Ehepaar gelebt hatte, das sich nach heftigsten Streitereien hatte scheiden lassen. Ich konnte aber auch zusätzlich wahrnehmen, dass es in dieser Wohnung schon zu mehreren Trennungen gekommen war.

Ich führte eine Energie-Umstellung der Wohnung durch, bei der auch unter anderem diese „Scheidungs-Energie" aufgelöst wurde. Einige Wochen später rief mich Antje an und erzählte mir glücklich, dass die Energie-Umstellung sofort spürbar gewesen wäre. Ihr Mann und sie würden sich wieder mit ganz anderen Augen ansehen und nicht mehr so massiv streiten. Sie hätten auch mal Meinungsverschiedenheiten, aber das wäre ja ganz normal. Sie erzählte außerdem recht aufgeregt, dass sie, nachdem die Wohnung energetisch gereinigt war, mit einer Frau aus dem Haus in Kontakt gekommen wäre, die schon viele Jahre dort wohnte. Sie hätten sich im Treppenhaus getroffen und über dies und jenes geredet. Antje sagte: *„Ich habe die Gelegenheit genutzt und gefragt, ob sie denn wüsste, wer vor ihnen in der Wohnung gelebt hat. Sie sagte, sie selbst hätte über 25 Jahre in der Wohnung gelebt und dort drei Scheidungen durchgemacht. Danach wollte sie keinen Mann mehr, und weil die Wohnung für sie alleine zu groß war, sei sie in die kleinere Wohnung in der oberen Etage gezogen."*

Das war natürlich die prompte Erklärung für die Energien, die Antje und ihr Mann die ganze Zeit gewissermaßen wie übergestülpt bekamen und unter denen auch ihre Ehe fast zerbrochen wäre. Obwohl jetzt alles wieder in Ordnung war, entschieden sie sich dennoch, in ein Haus auf dem Land zu ziehen, das ich jedoch auch vorab für sie energetisch gereinigt hatte.

An diesem Beispiel kann man sehr gut sehen, dass es tatsächlich möglich ist, die Energien von den Vorbesitzern unbewusst anzunehmen und man damit deren (oft noch ungelöste) Lebensthemen übernimmt. In diesem Fall wurden die heftigen Streitereien lediglich durch diese alten Energien, die noch in der Wohnung festhingen, ausgelöst. Wäre Antje nicht so offen für spirituelle Themen und somit auch letztendlich für eine Energie-Umstellung gewesen, hätten sie sich über kurz oder lang sicherlich auch getrennt.

60 Jahre gefangen in einem Käfig

Nun möchte ich Ihnen von einem weiteren Fall berichten, der zeigt, wie die Kindheit und ein Fluch ein Menschenleben verändern kann: Arno war siebzig Jahre alt, als er Rat bei mir suchte. Er war gutaussehend und sehr sympathisch, weshalb ich nicht verstand, warum ausgerechnet er noch nie eine feste Beziehung mit einer Frau gehabt hatte. Auch er verstand es nicht, weil es nicht daran lag, dass er keine Frauen kennenlernte, das passierte schon sehr oft, weil er ein sehr offener und kontaktfreudiger Mensch war. Aber aus irgendeinem Grund wollte keine Frau jemals eine ernsthafte Beziehung mit ihm, noch nicht mal zu einer kurzen Affäre wären sie bereit gewesen, wie er mir erzählte. Immer hatten sie merkwürdige Ausreden, um schnell das Weite zu suchen, was er nicht verstand – und ich auch nicht, als ich ihn so vor mir sitzen sah. Im Gegenteil, ich sah, dass dieser Mann sehr ehrlich und liebevoll war, sowie einen ganz besonderen Humor hatte.

Als ich die Engel fragte, was denn mit ihm los sei, vermittelten sie mir schlimme Bilder: Arno wurde als kleiner Junge bis ins jugendliche Alter von seiner Mutter sexuell missbraucht. Sein Vater war viel auf Reisen, und er musste als Ersatz für ihre sexuellen Wünsche herhalten. Immer und immer wieder holte sie ihn in ihr Bett. Und wieder und wieder musste er diese Pein über sich ergehen lassen. Erst, als er selbst als Jugendlicher eine Freundin hatte, ließ sie von ihm ab. Zu groß war wohl ihre Angst, dass alles auffliegen könnte. Unter Tränen bestätigte Arno mir alles, was ich ihm durch die Engel vermittelte. Er sagte, er hätte noch nie mit einem Menschen darüber geredet, zu groß wäre seine Angst gewesen, dass dadurch sein eigener Ruf Schaden genommen hätte. Er war sehr erstaunt, dass ich dies alles sehen konnte und ihn direkt darauf ansprach.

Nun – da ich bereits durch die Engel davon wusste – brachen bei ihm alle Dämme, und er erzählte mir, was er als Kind alles aushalten musste. Ich merkte, wie gut es ihm tat, sich das alles endlich einmal von der Seele reden zu können und ließ ihn aussprechen. So erzählte er mir, dass diese erste Freundin nicht lange bei ihm blieb, obwohl beide sehr verliebt ineinander waren. Dennoch verließ sie ihn aus eher fadenscheinigen Gründen, die er damals nicht nachvollziehen konnte.

„Seit dieser einen kurzen Beziehung hatte ich nie wieder eine. Das war damals meine erste und letzte Partnerschaft. Natürlich lernte ich Frauen kennen – ich versteckte mich ja nicht –, aber immer, wenn ich das Gefühl hatte, es könnte etwas Ernsthafteres daraus entstehen, wandten sich die Frauen von mir ab. Ich kam mir oft vor, als hätte ich irgendetwas Schlimmes an mir, das nur die Frauen sehen konnten. So wurde ich älter und älter und musste irgendwann den Wunsch, einmal eine Familie zu gründen, begraben, was mir sehr wehtat. Zu gerne hätte ich eigene Kinder gehabt… Aber dies sollte wohl nicht so sein; und jetzt bin ich zwar alt, aber die Sehnsucht nach einer richtigen Beziehung ist noch immer vorhanden. Es fühlt sich an wie etwas Großes, was mir vorenthalten wird, was ich einfach nicht haben darf.“

Nach seinen ehrlichen Worten „schaute“ ich nochmals, was denn der Grund für sein ungewolltes Single-Dasein war, und mir wurde gezeigt, dass er mit einem Fluch durch seine Mutter belegt war. Und dieser hatte es in sich! Seine Mutter hatte ihn zwar ab einem bestimmten Alter in Ruhe gelassen und ihren fürchterlichen Missbrauch eingestellt, dennoch gönnte sie ihn keiner anderen Frau und belegte ihn mit einem Fluch. Dies war auch keine nebenher gesagte Verwünschung, die man jemandem unbewusst anhängen kann, sondern ein wirklich willentlich und schwarzmagisch angehängter Fluch. Mir wurde gezeigt, wie sich dieser Fluch auswirkte und wie ich ihn zusammen mit ihm auflösen konnte. Ich sah, dass er in einem geistigen Käfig eingesperrt war, dessen Tür bewacht wurde. Dies teilte ich ihm mit, und wir arbeiteten gemeinsam daran. Hier war es wichtig, dass Arno offen war und wirklich sehr gut mitwirkte. Er selbst bekam während des Prozesses ebenso Bilder, wie sich der Fluch dargestellt hatte und wie er sich dann auch endlich auflöste.

Einige Zeit später meldete er sich wieder bei mir und berichtete, dass es ihm jetzt richtig gut gehen würde. Er besaß schon länger ein Dreifamilienhaus, in dem er im Erdgeschoss wohnte. Direkt über ihm wohnte schon sehr lange eine ältere Dame, mit der er jetzt zusammen war und eine Beziehung führte. Mit ihr hätte er viel Spaß, berichtete er und sie würden viel zusammen lachen und ausgehen. Doch damit nicht genug...

In das oberste Stockwerk zog ebenfalls eine ältere Dame ein, mit der er auch eine Beziehung hatte. Mit ihr, so erzählte er, könne er toll reden. Sie wäre sehr tiefgründig, sowie kulturell interessiert, und er würde sich bei ihr sehr geborgen fühlen. Ich staunte nicht schlecht, als ich von seinen beiden Beziehungen erfuhr und fragte natürlich, ob die Frauen voneinander wüssten. Er bejahte und sagte, sie wären mit dieser Konstellation einverstanden. Manchmal würden sie auch zu dritt ausgehen, das wäre schon ok, denn beide Frauen würden sich auch sehr gut verstehen und hätten schon vor längerer Zeit begonnen, sich anzufreunden.

Arno war sehr glücklich, was ich ihm von Herzen gönnte. Auch wenn ich diese Beziehungskonstellation eher befremdlich fand, so sagte mein Engel lachend zu mir, dass er es doch wirklich verdient hätte, glücklich zu sein und dass wirklich alles in Ordnung wäre mit den Dreien. Vielleicht war das jetzt die Belohnung für sein jahrzehntelanges unglückliches Single-Dasein: Zwei unterschiedliche Frauen auf einen Schlag, die ihm sämtliche Bedürfnisse erfüllten, auf die er so lange verzichten musste.

Anhand dieser wahren Begebenheiten kann man erkennen, dass die Probleme nicht immer ursächlich bei uns liegen, sondern auch von außen auf uns einwirken können. Ein gesetzter Fluch kann immer lebensverändernd sein und schwerwiegende Folgen haben. Und wie wir hier erfahren haben, nicht nur in privater, gesundheitlicher oder beruflicher Hinsicht. Auch Beziehungen oder Verhältnisse zwischen Menschen

(auch familiäre) können davon betroffen sein und den Familienfrieden empfindlich stören.
Hat man diese Ursache als Auslöser für die Probleme erkannt, gilt es, den Fluch aufzulösen und alles energetisch zu reinigen, am besten bis in die kleinste Zelle, damit keine Reste mehr auf geistiger Ebene übrig bleiben können.
In manchen Fällen, wie in den oben genannten, kann man mit der Erkenntnis, dass ein Fluch der Problematik zugrunde liegt, sehr schnell helfen. Es gibt jedoch auch Flüche, die ganz bewusst sehr versteckt und hinterhältig gesetzt werden, um einer oder mehreren Personen zu schaden. In diesen Fällen muss man den Klienten energetisch wie eine Zwiebel, Schicht für Schicht, von dem Fluch und den Auswirkungen befreien, bis wirklich alles bereinigt ist.
In Arnos Fall verfluchte die Mutter ihn, damit er keine Beziehung mit einer Frau eingehen konnte. Dies tat sie sicherlich aus ihrer Angst heraus, dass er ihr dann nicht mehr zu Diensten stehen würde.

An solch einem schlimmen Fall möchte ich Sie gerne teilhaben lassen, um zu verdeutlichen, warum es so wichtig ist, niemals aufzugeben und die Gründe hinter den Problemen zu erkennen.

Ein Code blockiert das Sexualchakra

Ein Klient aus Stuttgart, Markus, 36 Jahre alt, hatte mein Schutzengel-Buch gelesen und wandte sich an mich. Vorab hatte auch er mir ein Bild von sich geschickt. Darauf sah ich einen gut aussehenden und sehr sympathisch sowie jung wirkenden Mann, weshalb ich nicht verstehen konnte, warum bei ihm keine Beziehung lange hielt, denn kaum hatte er eine Frau kennengelernt, war sie auch schon wieder weg – ähnlich wie im vorherigen Fall. Mit diesem Problem wandte er sich nun an mich, außerdem hatte er zusätzlich noch körperliche Probleme in der Herzgegend und mit der Sexualität. Er war auch schon bei verschiedenen Ärzten, die jedoch keinerlei körperliche Ursachen feststellen konnten. Markus war sehr traurig und bedrückt, dass ihm niemand helfen konnte, als ich zum ersten Mal mit ihm sprach. Er erzählte mir, dass er vor vielen Jahren eine wirklich gut funktionierende Beziehung hatte. Beide dachten schon ans Heiraten und gingen davon aus, dass sie auf jeden Fall zusammenblieben, weil sie sich sehr liebten. In dieser Zeit damals wollte er sich – schon immer spirituell interessiert – gerne weiterbilden und besuchte einen Lehrgang bei einer energetischen Aurachirurgin. Dieser Lehrgang beinhaltete mehrere Seminare und Treffen mit einer Gruppe von etwa 20 Leuten. Er sagte, dass die Leute in der Gruppe alle sehr nett waren, und auch die Aurachirurgin hätte sich sehr gut um sie alle gekümmert. Stets wäre sie um ihr Wohl bemüht gewesen und behandelte im Laufe der Zeit auch alle Teilnehmer in Einzelsitzungen.

Nachdem dieser Lehrgang abgeschlossen war, dauerte es exakt zwei Wochen, bis seine langjährige und bis dato glückliche Beziehung in die Brüche ging. Markus verstand die Welt nicht mehr, weil seine einstige Freundin ohne wirklich triftigen Grund die Trennung wollte und nur merkwürdige Argumente gegen die Weiterführung ihrer Beziehung anführte. Obwohl er diese plötzliche Trennung schon als äußerst seltsam empfand, machte er sich damals noch nicht allzu viele Gedanken darüber, ob da grundlegend etwas mit ihm nicht stimmte. Als dann aber über die Jahre nicht aus einer einzigen Romanze eine Beziehung wurde, fing Markus an, die Gründe dafür zu suchen – mit Hilfe der energetischen Aurachirurgin. Doch statt es besser wurde, kam es immer schlimmer. Bald schon hatte er das Gefühl, dass er auf Sexualebene immer völlig versagte, wozu es medizinisch jedoch keine Ursache gab. Auch der Druck auf dem Herzchakra wurde immer stärker, sodass er immer und immer wieder diese Frau um Hilfe bat und sie ihn natürlich auch gerne mit ihren Methoden behandelte. Und trotz der Tatsache, dass er der Typ Mann ist, der sehr kommunikativ ist, schnell Frauen kennenlernt, sowie sehr beliebt ist bei Freunden und Bekannten, wurde aus den Liebeleien nie etwas Ernstes.

Als ich sein Bild während der telefonischen Beratung anschaute, sah ich, dass die Aurachirurgin bei ihm einen Fluch regelrecht programmiert hatte, der sich derart festgesetzt hatte, dass er nur schwer zu lösen sein würde. Mit dem Fluch hatte sie die Absicht gesetzt, dass er von ihr abhängig war und immer wieder zu ihr zurückkehrte bzw. nicht mehr von ihr loskam. Dies hatte sie schon bei vielen ihrer Klienten gemacht, die einfach immer und immer wieder erfolglos Hilfe bei ihr suchten. All das hatte Markus nach und nach in Gesprächen mit den anderen Teilnehmern dieses Lehrganges herausgefunden, nachdem er wusste, dass eben diese Frau hinter seinen Problemen steckte. Mir wurde ganz deutlich von meinem Engel gesagt, dass sie sich dadurch ihr Einkommen sicherte – bewusst und mit voller Absicht! Durch bestimmte Rituale setzte sie bewusst schwarze Magie ein, um ihre Klienten an sich zu binden. Das jedoch war noch längst nicht alles...

Ich sah nämlich auch, dass diese Frau Markus gerne als Mann gehabt hätte. Sie wusste aber, dass dies durch den großen Altersunterschied niemals der Fall sein würde, gönnte ihn deshalb aber auch keiner anderen Frau. Und so legte sie noch einen Fluch obendrauf, der verhinderte, dass sich eine Frau ernsthaft für ihn interessierte oder sich, sollte die Beziehung enger werden, wieder von ihm abwandte – was ja auch über viele Jahre wunderbar funktionierte.

Ich arbeitete ein paar Mal mit ihm, um den Fluch aufzulösen, damit die von ihm gefühlte Leere im Herzchakra und die Störungen im Sexualchakra endlich transformiert werden konnten. Nun ist Markus ein sehr feinfühliger und spirituell offener Mensch, der sofort bemerkt, wenn sich auf energetischer Ebene etwas tut. So nahm er wahr, dass die Reinigung sehr intensiv war, jedoch auf Dauer nicht den gewünschten Durchbruch brachte. Der Druck auf dem Herzen und die Last im Sexualchakra waren zwar weniger geworden, bauten sich aber mit der Zeit erneut wieder auf.

Nochmals wendete er sich an mich und bat mich, doch noch einmal bei ihm zu schauen, weil er genau spüren würde, dass etwas noch nicht in Ordnung wäre, obwohl er nicht mehr bei der Aurachirurgin gewesen war. Er hatte mir nochmals ein aktuelles Foto geschickt, auf welchem ich dann sah, dass diese Frau tatsächlich noch einen weiteren Fluch in Form eines speziellen Codes im Sexualchakra gesetzt hatte, dadurch war Markus wie eingesperrt und wurde von der Damenwelt nicht gesehen bzw. als der erkannt, der er ist. Während ich mit ihm eine energetische Anwendung machte, sah ich das von ihr durchgeführte Ritual. Die geistige Welt übergab mir währenddessen das Werkzeug, mit dem ich diesen Fluch nun endgültig auflösen konnte. Markus merkte während der Anwendung, dass sich viel bei ihm löste und war sehr erleichtert. Auch fühlte er sich direkt freier und leichter, als ich fertig war und erneut mit ihm sprach. Das fühlte sich für ihn nun an, als wäre es die entscheidende Auflösung der Blockade gewesen, die ihn schon so lange quälte und die er immer gespürt hatte.

Auch diesmal ließ er sich wieder von meiner Kollegin energetisch reinigen, um auf allen Ebenen und in allen Zellen von dieser alten, zerstörerischen Energie befreit zu werden, was er diesmal auch wieder sehr intensiv spürte. Dieser Fluch war so hartnäckig und mehrschichtig, dass es wirklich ein längerer Prozess war, ihn komplett aufzulösen – zumal die Frau anfangs ja immer noch die Möglichkeiten hatte, an ihn heranzukommen und alles wieder aufzufrischen. Erst als er innerlich die Entscheidung traf, sich nicht mehr auf sie einzulassen, konnten alle Schichten des schwarzmagischen Rituals beseitigt werden.

An Markus' Beispiel sehen wir, dass es sehr wohl möglich ist, einen Menschen oder eine Partnerschaft von außen zu manipulieren. So wurde seine eigentlich gute Beziehung zerstört, und durch diese schwarzmagische Handlung konnte auch keine weitere mehr entstehen.

Voodoo-Zauber

Eine Frau, Margret, wandte sich mit starken Herzproblemen an mich. Ich fragte sie, ob von ärztlicher Seite alles abgeklärt sei, und sie sagte, die Ärzte könnten keine organische Ursache feststellen.

Sie hatte mir ihr Bild geschickt und ich schaute, was ich darauf geistig sehen konnte. Was man mit bloßem Auge erkennen kann, ist eine Art Gesicht (Maske) auf ihrer linken Körperseite:

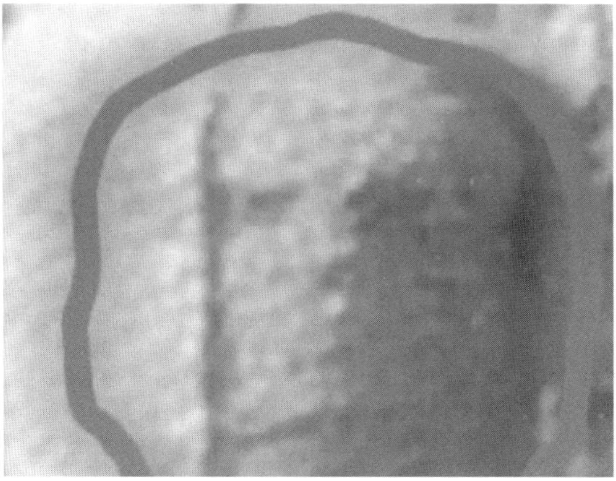

Ich sagte ihr Folgendes: „*Ich sehe, dass eine dunkelhäutige Frau in einem anderen Land einen Voodoo-Zauber auf Dich gelegt hat, der Dein Herz einschnürt. Dies alles hat sie während eines Rituals mit einer Maske getan. Der Engel sagt aber, dass ich dieses Ritual, eine Art Fluch, auflösen darf.*“

Sie war erstaunt, denn diese Einzelheiten hätte ich nicht wissen können. Schon länger wusste sie, dass ihr afrikanischer Mann eine Geliebte in seinem Heimatland hat. Er hielt sich einmal im Jahr gleich für mehrere Monate in Afrika auf und hatte dort wohl diese Affäre begonnen. Diese andere Frau, das zeigte man mir, kannte sich mit Voodoo-Zauber aus und wollte nun ihre Rivalin damit für immer loswerden.

Nachdem ich mit der Einwilligung der Klientin diesen Zauber auflöste, verschwanden ihre Herzbeschwerden komplett.

Man sollte diese Art der Flüche – ob Voodoo oder Rituale anderer Völker – nicht unterschätzen. Sie alle bergen zum Teil eine unglaubliche Macht und können großen Schaden anrichten. Wenn solch ein negativer Zauber ausgesprochen wurde – meist geschieht dies vorsätzlich mit Hilfsmittel wie zum Beispiel einer Voodoo-Puppe – wird damit gezielt Schaden angerichtet. Solch ein Zauber kann den Betroffenen nicht nur das Leben schwer machen, sondern auch gesundheitlich sehr schaden, was bis zum Tod führen kann. Der Aussender sollte sich aber immer klar darüber sein, dass diese ausgesendeten Energien in irgendeiner Form zu ihm zurückkehren werden…
Voodoo ist jedoch nicht immer negativ, viele nutzen die Technik auch, um positiven Nutzen daraus zu ziehen oder anderen zu helfen.

Erbschleicher

Die folgende Geschichte liegt nun schon viele Jahre zurück, aber auch hier war ein Fluch durch Voodoo-Zauber Ursache zahlreicher Beschwerden. In einer Zeit größter Verzweiflung und Hoffnungslosigkeit fiel einem älteren Ehepaar mein Buch *„Ich spreche mit Toten"* durch eine befreundete Familie in die Hände. Nachdem sie es gelesen hatten, vereinbarten sie direkt einen Termin bei mir, zu dem sie sehr aufgeregt, erwartungsfroh und deshalb viel zu früh erschienen. Schon auf dem Weg zu meinem Arbeitszimmer konnte sich die Frau nicht mehr zurückhalten und erzählte: *„Ich mache mir so große Sorgen um meinen Mann. Ihm geht es seit einigen Jahren gesundheitlich immer schlechter, jetzt lässt sogar schon sein Gedächtnis mehr und mehr nach, ihm ist ständig schwindlig und teilweise reagiert er sehr aggressiv. So kenne ich ihn von früher nicht, er war nie so aufbrausend. Im Gegenteil, er war immer liebevoll und niemals streitsüchtig. Das hat sich leider alles geändert, und ich weiß nicht, woran es liegen kann."*

Mittlerweile hatten wir in meinem Arbeitszimmer Platz genommen. Die Frau war sehr aufgebracht und sichtlich nervös, der Mann sagte jedoch nichts und schaute betroffen und traurig zu Boden. Als ich den Mann über mein geistiges Auge anschaute, sah ich eine lebensgroße Voodoo-Puppe in ihm. Diese Puppe füllte ihn auf geistiger Ebene komplett aus, sodass kaum noch Platz für sein eigentliches Wesen war. So etwas Seltsames hatte ich noch nie gesehen. Ich wusste ja, was Voodoo im Negativen anrichten kann, aber dass es solche Ausmaße annehmen konnte, war auch für mich ein ganz neues Phänomen, weshalb ich meinen Engel um Rat bat. Er sagte: *„Der Zauber kommt von einem Mann, der sehr negativ denkt und viel Hass in sich trägt. Er wurde aus der Familie gedrängt und ist von Gier und Missgunst getrieben, weil er nicht bekommen hat, was er wollte. Das möchte er sich jetzt auf diese Art zurückholen."*

Nachdem ich das Paar mit dieser Information konfrontiert hatte, blieben sie erstmal stumm, bis die Frau leise sagte: *„Damit ist bestimmt der Ex-Mann unserer Tochter gemeint. Mein Mann mochte ihn von An-*

fang nicht und ahnte, dass er nur hinter unserem Geld her war. Nach der Trennung, bei der vor allem mein Mann unsere Tochter unterstützte, stellte unser Schwiegersohn viele Geldforderungen und zögerte die endgültige Scheidung damit drei Jahre hinaus. Und stimmt, während dieser Zeit wurde mein Mann krank und kommt seitdem nicht mehr richtig auf die Beine, im Gegenteil, sein Zustand verschlechtert sich zusehends. Und jetzt, wo Du es sagt, fällt mir auch ein, dass sich unser Ex-Schwiegersohn oft mit schwarzer Magie beschäftigt hat, was uns immer missfiel. Er kannte so seltsame Leute, mit denen unsere Tochter auch nie etwas zu tun haben wollte.“

Nun war klar – und dies wurde mir auch von der geistigen Welt bestätigt –, dass der Schwiegersohn dafür verantwortlich war, dass es dem Mann so schlecht ging. Direkt nach der Trennung muss er eine Voodoo-Puppe von ihm angefertigt und durch negative Rituale diesen negativen Prozess angezettelt haben. Er hatte sich erhofft, dass sein Schwiegervater noch während der Trennungsphase, die er ja herauszögerte, ablebte und somit das Erbe auch anteilmäßig ihm zustand. Was für ein furchtbarer und eiskalter Plan! Zum Glück gelang es ihm nicht, denn der Herr schien wirklich ein gutes Herz zu haben und eigentlich viel Liebe in sich zu tragen, sodass dieser ganze Voodoo-Zauber ihn (noch) nicht das Leben gekostet hatte.

Ich löste natürlich mit dem Einverständnis des Mannes diesen Fluch und die Blockaden auf, sodass er wieder sein eigenes Leben gut und viel gesünder leben konnte. Auch wenn dieser Auflösungsprozess einige Wochen dauerte, bescherte es ihm nach und nach eine große Erleichterung.

Von Ahnen übernommen

Im nächsten Fall handelt es sich um eine Übertragung in der Ahnenreihe, in der ein bestimmtes Muster von Generation zu Generation weitergegeben wurde...

Margot wandte sich an mich, weil sie schon lange den Verdacht hatte, dass ihr Mann fremdging. Schon vor vielen Jahren, als ihre beiden Kinder noch sehr klein waren, hatte sie den Verdacht, nicht die einzige Frau in Horsts Leben zu sein, konnte ihm jedoch nie etwas nachweisen.

Dennoch fand sie es schon sehr auffällig wie sehr er sich plötzlich veränderte, während er nebenbei in einem Fitnessstudio arbeitete. Plötzlich hätte er sich neue und sehr lässige Kleidung gekauft, damit er, wie er sagte, jünger und cooler aussah. Margot erzählte weiter:

„Er hat sich die Haare anders gestylt, neues Parfüm benutzt und insgesamt viel mehr Zeit vor dem Spiegel und in dem Fitnessstudio verbracht. Dort arbeitete eine Frau, hinter der so ziemlich alle Männer her waren. Sie war keine Schönheit im klassischen Sinne, aber sie wusste, wie man flirtet und die Männer bezirzt. Außerdem hatte sie eine eher mütterliche Art, was wohl viele toll fanden und sich bei ihr ihre seelischen Streicheleinheiten holten. Anders kann ich mir jedenfalls nicht erklären, warum sie so begehrt war. Mein Mann war ihr auch restlos verfallen, das sah ich an den Blicken, wenn ich mal dort war, und merkte es an seinem Verhalten. Wie ein aufgeblasener Gockel führte er sich dann auf. Und obwohl ich es wusste, stellte ich ihn erst einmal nicht zur Rede, weil ich Angst hatte, dass es wirklich so sein könnte. Das hört sich verrückt an, ich weiß, aber ich hatte Angst, dass ich mit zwei kleinen Kindern plötzlich alleine dastehen würde, wenn wir uns trennen sollten. Da praktizierte ich lieber die Vogel-Strauss-Taktik und steckte den Kopf in den Sand, damit ich in meiner heilen Welt sicher war.

Als jedoch das Fitnessstudio eine Weihnachtsfeier für seine Mitarbeiter veranstaltete, kam ich nicht mehr um eine Konfrontation herum. Die Feier war eigentlich sehr schön, wir hatten Spaß und lachten viel, und zu später Stunde gingen wir gemeinsam in eine Diskothek, um dort ausgelassen weiter zu feiern. Horst war schon recht angetrunken und verlor allmählich seine Selbstbeherrschung. Er tanzte die ganze Zeit nur mit dieser Frau, irgendwann auch engumschlungen mit seiner Hand auf ihrem Po, den nur ein sehr kurzer Minirock bedeckte. Horst schien hin und weg zu sein, denn mich hatte er anscheinend komplett vergessen. Das tat schon richtig weh, ihn so verliebt und engumschlungen mit dieser Frau zu sehen. Aber auch sie war unmöglich, mein Mann war ja nicht ihr einziges Opfer, sie hatte bereits zwei Ehen auf dem Gewissen – zumindest zwei, von denen ich wusste. Es war ihr völlig egal, wie ich mich hierbei fühlte. Doch statt sie zur Rede zu stellen, fuhr ich nach Hause, womit ich ihr ja auch noch irgendwie freiwillig meinen Mann überließ. Aber ich war nicht so stark, dort vor allen anderen eine Szene zu machen. Zu Hause saß ich dann im dunklen Wohnzimmer und weinte mir die Seele aus dem Leib. Ich konnte gar nicht mehr aufhören und wusste, dass noch in dieser Nacht meine Ehe beendet werden würde.

Horst kam zwei Stunden später nach Hause und fand mich tränenüberströmt auf der Couch. Er fragte mich tatsächlich, was mit mir los wäre, ob etwas mit den Kindern sei. Der hatte überhaupt nichts mitbekommen! Ich schrie ihn an, dass es ja wohl offensichtlich wäre, dass er etwas mit dieser Frau hätte. Er tat völlig verdutzt und erklärte mir, das wäre doch nur Spaß gewesen. Vielleicht etwas übertrieben, ja, aber das hätte doch mit mir nichts zu tun. Ich wäre immer gleich so übertrieben eifersüchtig und würde ihm kein bisschen Spaß gönnen. Außerdem wäre ich ja dabei gewesen, da würde er sicherlich, selbst wenn er ein Verhältnis hätte, mich nicht noch vor meiner Nase provozieren. Er versicherte mir, dass sie sich zwar gut verstehen würden und gut leiden könnten, aber sonst wirklich nichts wäre. Aber ich müsste aufpassen, dass ich mit meiner furchtbaren Eifersucht nicht alles kaputt mache. Martina, ich fing wirklich an, an mir zu zweifeln. Vielleicht hatte ich wirklich übertrieben und sah alles viel zu eng. Auf jeden Fall ließ ich mich von ihm einlullen und blieb bei ihm.

Später hatte ich nochmal das Gefühl, dass er mit einer Kollegin fremdging, denn immer, wenn wir sie trafen, warfen sie sich recht eindeutige Blicke zu, und auch ein Kollege von Horst machte einmal eine entspre-

chende Bemerkung. Doch ich glaubte meinem Mann seine Beteuerungen und war sogar stolz, einen Mann zu haben, der so begehrt war. Was tut man nicht alles aus Liebe und der Angst, verlassen zu werden und alleine zu sein…
Zu mir war er auch immer ok, wir hatten auch mal Streit, ja, wie eben in jeder Beziehung, aber letztendlich verstanden wir uns gut, weshalb ich nicht an unserer Ehe zweifelte. Aber jetzt, Martina, habe ich das Gefühl, dass er mir immer fremder wird. Ich bin mir sogar ziemlich sicher, dass da etwas nicht stimmt und er mich seit kurzem wieder betrügt. Jetzt, wo die Kinder fast erwachsen sind, habe ich beschlossen, den Tatsachen ins Auge zu sehen und gegebenenfalls meine Konsequenzen zu ziehen. Kannst Du mir helfen? Siehst Du, ob mein Gefühl richtig ist oder nicht?"

Ich bekam sofort Bilder von einer Frau übermittelt, die ich in allen Einzelheiten beschreiben konnte. Mir wurde außerdem gesagt, dass der Mann schon über einen sehr langen Zeitraum mit ihr eine Affäre hatte und nebenher sogar noch mit einer anderen Frau ein Verhältnis bestand, was schon fast einer festen Beziehung gleiche. Horst selbst sah ich als Lebemann, der hinter jedem Rock her war und ohne Rücksicht auf Verluste auch immer wieder fremdging, teilweise hatte er sogar mehrere Verhältnisse auf einmal. Er trug ein Muster in sich, das er von seinem Großvater väterlicherseits übernommen hatte, denn auch er ging fremd.

Die Frauen, mit denen Horst Affären hatte, wurden mir nur bruchstückhaft gezeigt. Ich konnte Margot aber zumindest viele Hinweise geben, um diese Affären zu erkennen. Sie wusste bei einigen Frauen, wen ich meinte, manche kannte sie natürlich nicht. Jetzt hatte sie aber endlich den Beweis, dass sie zu jeder Zeit mit ihren Verdächtigungen richtig lag und nur aus Angst vor einer Trennung jede Lüge ihres Mannes geglaubt hatte.

Es kommt sehr oft vor, dass die betrogenen Partner scheinbar blauäugig und naiv alles glauben, was ihnen erzählt wird. Die Angst, den geliebten Menschen zu verlieren, spielt dabei eine große Rolle. Genauso wie die Angst, dass die Familie zerbricht und man auch finanziell schlechter dasteht. Nicht selten verliert man Haus und Hof nach einer Trennung und muss ganz neu anfangen. In diesen Fällen nimmt man das Schlechte, aber sehr wohl Bekannte und Einschätzbare, viel lieber in Kauf als das Neue und Unbekannte.
Nicht immer sehe ich so deutlich die Personen, um die es geht, oder mir werden so deutliche Bilder vermittelt. Dies geschieht nur, wenn es wirklich an der Zeit ist, das Thema zu klären. Dem Ratsuchenden sollen dann grundlegend die Augen geöffnet werden, damit er endlich eine Veränderung vornehmen kann, auch wenn das erst einmal sehr schmerzhaft ist. Im Fall von Margot war es so, dass sie in sich selbst schon die Veränderung zugelassen und den Beschluss gefasst hatte, jetzt wirklich die Wahrheit zu akzeptieren. Das ist nicht immer so. Viele erwarten, dass mit Hilfe der Engel schon alles gut werden wird und verschließen sich der Realität. Jedoch ist es eine viel größere Hilfe, die Wahrheit übermittelt zu bekommen, damit überhaupt eine positive Wende eintreten kann, auch wenn das erst einmal unbequem erscheint.
Im Fall von Margot war dies so. Hier musste eine Veränderung geschehen, sonst hätte das Verdrängen vielleicht sogar negative körperliche Folgen haben können – zumal sie schon über einen längeren Zeitraum über Herzprobleme und Beklemmungen klagte.

Was ich auch noch gezeigt bekam – wahrscheinlich um ihr endgültig die Tragweite des Betruges deutlich zu machen –, war ein Urlaubsort. Ich sah weiße Häuser, die auf einen Hügel oberhalb des Meeres gebaut waren. Weiterhin sah ich einen belebten Strand. Ich fragte Margot, ob ihr das bekannt vorkäme, und sie antwortete erstaunt: „*Das muss Griechenland sein, denn dort hatten wir einmal einen wunderschönen Urlaub verlebt. Aber was war da?*“ Ich fragte ihren Engel, warum ich diesen Ort gezeigt bekomme und er vermittelte mir, dass sie damals nicht alleine dort waren. Eine Geliebte von Horst war auch vor Ort und verbrachte viele Stunden mit ihm auf ihrem Hotelzimmer. Margot fiel aus allen

Wolken und war sichtlich schockiert über diese Auskunft. Dennoch fiel ihr plötzlich ein, dass eine Frau im Flugzeug saß, die ihr sehr bekannt vorgekommen war. Sie hätte sogar Horst gefragt, ob das nicht die Arzthelferin von ihrem gemeinsamen Hausarzt sei. Horst sagte damals, da wäre zwar eine Ähnlichkeit, aber das sei sie sicher nicht. Und Margot? Sie glaubte ihm natürlich. Selbst wenn sie sie wirklich erkannt hätte, wäre sie noch nicht einmal misstrauisch geworden. Niemals hätte sie hier einen Zusammenhang gesehen, sie wollte damals ja noch nicht einmal glauben, dass Horst überhaupt fremdgeht. Dass er seine Affäre kurzerhand mit in den Urlaub nimmt, hätte sie niemals für möglich gehalten. Dennoch sah sie plötzlich klar, denn sie erinnerte sich, dass es Horst oft zu heiß war am Strand und er für längere Zeit im Hotel verschwand – dachte sie zumindest. Oft wurde er auch morgens angeblich nicht fertig und schickte sie mit den Kindern schon mal vor an den Strand oder Pool. Später kam er dann frisch geduscht und sehr gut gelaunt nach.

„*Das schlägt dem Fass den Boden aus!*“, sagte sie entsetzt und wurde sehr, sehr nachdenklich. Einige Zeit später rief sie mich an und erzählte mir, dass sie sich direkt nach unserem Gespräch von Horst getrennt hätte, der tatsächlich erstaunt war, warum sie das tat. Als sie ihn mit ihrem Wissen über die Urlaubs-Affäre konfrontierte, war er wohl sehr geschockt. Nun konnte sie ihm aber, auch durch ihre Erinnerung, einige Details nennen, sodass seine Ausreden nicht mehr fruchteten und er alles zugab – doch die Bereitschaft, an sich zu arbeiten und das Muster aufzulösen, hatte er nicht. Mittlerweile lief bereits die Scheidung und Margot ging es trotz anfänglicher Traurigkeit und Wut relativ gut. Sie war zum Glück sehr optimistisch, es auch alleine schaffen zu können.

Wenn jemand ein karmisches Muster von den Ahnen übernommen hat und es fortführt und weiterlebt, jedoch keine Ambitionen zeigt, sich sein Fehlverhalten einzugestehen und es aufzulösen, wird die Situation sich nicht verändern und es bleibt alles beim Alten. Ebenso besteht noch zusätzlich die Gefahr, das Muster auf die nächste Generation zu übertragen.

Als Margot sich nach langer Zeit wegen einer anderer Sache wieder bei mir meldete, erzählte sie, dass Horst seit der Trennung mit seiner einstigen Affäre zusammenlebte, sie sogar geheiratet hatte und sein altes Ahnenmuster fröhlich weiterlebte – er ging weiterhin fremd.

Der Fluch der Sekte

Ein junges Pärchen bat mich um Hilfe. Die beiden Mittdreißiger, Alex und Lena, waren seit einem Jahr ein Paar. Sie liebten sich sehr, wie ich sehen konnte und wollten auch gerne zusammenbleiben. Doch es gab Probleme, die sie alleine nicht überwinden konnten und deshalb nun mich um Rat fragten. Die Probleme in der Beziehung lagen eindeutig bei Alex, der ein Muster mit sich zu tragen schien, das alle Beziehungen nach kurzer Zeit scheitern ließ.

Er erzählte mir, dass er schon einige Partnerschaften hatte, die immer wieder aus den gleichen Gründen zerbrachen. Nach einer liebevollen und toleranten Anfangszeit wurde immer schnell ein von seiner Seite ausgehendes Eifersuchtsverhältnis geschaffen. Die Partnerinnen durften schon bald nichts mehr, nicht alleine weggehen und am liebsten überhaupt nichts ohne ihn machen, noch nicht einmal einkaufen – immer und überall behielt er die Kontrolle. Dadurch kommt es verständlicherweise zu immer häufigeren Streitereien und Unfrieden. Weil Alex immer merkte, dass er durch seine Art die Beziehung im Begriff war, zu zerstören, verließ er die Frauen, bevor sie ihn verlassen konnten. Aber nur, um sich erneut eine Frau zu suchen, mit der er das gleiche Drama durchleben konnte.

Nun war das Pärchen genau an dem Punkt angekommen, an dem er immer Schluss gemacht hatte, denn auch Lena spielte mit dem Gedanken, sich von ihm zu trennen. Dennoch spürten beide, dass sie zusammengehörten, und er wollte sich seinem Problem nun endlich stellen. Lena war seine große Liebe, und er wollte sie auf keinen Fall verlieren.

Ich arbeitete aus der Ferne mit ihm und sah in dem Raum, in dem er sich zu diesem Zeitpunkt aufhielt, vier Gestalten, die einen weißen Umhang trugen. Doch die hellen Gewänder waren nur Tarnung, denn unter diesen Umhängen steckten vier sehr dunkle Wesen. Eines der Wesen wollte den jungen Mann besetzen und in ihn eindringen, wovon ich es abhielt und allen befahl, sofort zu verschwinden. Als sie sich erkannt sahen, verschwanden sie plötzlich, sodass nur noch die Umhänge auf dem Boden zurückblieben. Ich bat Erzengel Michael, diese zu entsorgen, was er auch tat. Anschließend kamen einige Engel in den Raum, und einer von ihnen zog Alex einen Ring von der linken Hand und ließ ihn verbrennen. Dann zogen die Engel ganz vorsichtig ein sehr engmaschiges Netz aus Alex' Körper heraus. So etwas hatte ich zuvor noch nie gesehen. Das Netz war unter der Hautoberfläche verborgen und musste vorsichtig und langsam entfernt werden. Dieses Netz blieb in einem Stück, und der Engel brachte es weg aus dem Raum und verbrannte es.

Ich war verwundert, was dies denn gewesen sein könnte und fragte einen Engel. Er sagte: „*In einem seiner Vorleben gehörte seine Familie einer Sekte an. Diese Sekte belegte ihn damals mit einem Fluch, der sicherstellte, dass er nur Frauen an seiner Seite hatte, die der Energie und den Vorstellungen dieser Sekte entsprachen. Beziehungen zu anderen energetisch schwingenden Frauen wurden mit diesem Fluch untersagt. Alex aber ist in diesem Leben ein Indigokind und zieht deshalb automatisch Frauen mit einer höheren Schwingung an, die aber durch den Fluch aus dem früheren Leben nicht an seiner Seite geduldet wurden.*"

Der Engel zeigte mir noch, wie ich den Fluch komplett auflösen konnte, was ich auch tat. Von diesem Tag an veränderte er komplett sein Verhalten gegenüber Lena, was sie mir einige Zeit später berichtete. Sie erzählte, dass sie jetzt wieder sehr glücklich mit Alex wäre und sich so vieles zum Positiven verändert hätte.

Ein eiskaltes Herz

Eines Tages meldete sich ein junger Mann, Manuel. Er brauchte meine Hilfe und bat mich telefonisch um Rat: *„Martina, seit meiner Pubertät habe ich Schwierigkeiten mit Frauen. Keine kann es mir recht machen, oder die Frauen beenden die Beziehungen schnell wieder, weil es keine längere Zeit mit mir aushält. Sie sagen immer, ich wäre ihnen gegenüber oft abweisend und gefühlskalt und würde schnell aggressiv werden, was ja auch stimmt. Ich weiß aber nicht, warum ich so bin, ich möchte das doch gar nicht. Aber irgendetwas scheint in mir zu sein, das so reagiert.“*

Als ich mich mit ihm geistig verband und nach der Ursache für sein Problem schaute, zeigte man mir seinen Großvater väterlicherseits und dessen Umgang mit Frauen, der alles andere als gut war. Er behandelte sie sehr schlecht und respektlos, als wären sie nichts wert. Und er nahm sich eine nach der anderen, ging ständig fremd und nutzte alle seine Frauen extrem aus. Gegen ihn wehren durfte sich keine von ihnen, das duldete er nicht, er wurde dann sofort aggressiv. In seinem Inneren war er ein Frauenhasser – warum, das zeigte man mir nicht, weil es für die Auflösung des Problems nicht nötig war.

Manuel erzählte mir, dass sein Großvater sehr viele Kinder mit den vielen verschiedenen Frauen gezeugt hätte, die er allesamt im Stich gelassen hatte. Und als er dann älter wurde, heiratete er eine Frau, die er eigentlich nicht wollte. Eine andere, das wusste er, würde er wegen seines Alters aber auch nicht mehr bekommen. Geheiratet hätte er nur, um versorgt zu sein, damit ihm jemand die Wäsche macht, ihn bekocht und das Haus sauber hält. Wahre Liebe kannte sein eiskaltes Herz nicht, das wie eingefroren auf mich wirkte. Man zeigte mir, dass er überzeugt gewesen war, dass an allem nur die „falschen“ Frauen schuld waren und er nichts dafür konnte, dass ihm in seinem ganzen Leben nie die richtige Partnerin begegnet war. Er war darüber so erbost, dass er allen seinen Nachkommen das gleiche Schicksal wünschte – keiner sollte die richtige Frau an seine Seite bekommen, alle sollten so leiden wie er.

Damit hatte er einen Fluch ausgesprochen und seine Nachfahren damit belegt.

Manuel sagte mir, dass auch sein Vater bereits zum vierten Mal verheiratet sei und bisher mit keiner Frau glücklich war. Auch er war mit seiner vierten und wahrscheinlich letzten Frau nur verheiratet, um in seinem Alter eine pflegerische Hilfe zu haben.

Nun lebte auch Manuel schon nach diesem Muster bzw. Fluch und fand keine Frau, die es mit ihm aushielt. Weil er aber erkannt hatte, dass etwas nicht normal war und um Hilfe gebeten hatte, durfte ich diesen Fluch und das Muster auflösen und den Prozess damit endlich durchbrechen. Einige Jahre später hörte ich noch einmal von ihm und erfuhr, dass er schon längere Zeit sehr glücklich in einer Beziehung mit einer Frau war und diese auch heiraten wollte.

Wir übernehmen oft Probleme und Themen von unseren Vorfahren, die diese aus Unwissenheit oft nicht lösen konnten und so an die nächste Generation weitergeben. Vielleicht können auch Sie in Ihrer Familie solche Muster beobachten, die sich weitervererben und im Begriff stehen, auch weitere Generationen zu belasten. In diesem Fall sollte man sich Hilfe holen, damit diese aufgelöst werden können. Ein seriös arbeitendes Medium kann auf jeden Fall erkennen, ob dieses Muster, ein Fluch oder eine Verwünschung nun aufgelöst werden darf oder ob noch ein Lernprozess besteht, der durchlaufen werden muss.

Nun haben Sie viel über mögliche energetische und geistige Ursachen von Partnerschaftsproblemen erfahren und dass man diese mit Unterstützung aus der geistigen Welt auflösen kann.

Bei einer solchen Auflösung, während ich vertieft war in die geistige Arbeit, hatte ich wie immer eine Kerze angezündet. Alle Türen und Fenster waren geschlossen, es konnte kein Luftzug die Kerze erreichen. Dennoch brannte die Flamme während der gesamten Zeit der Auflösung schräg, und erst, als die Auflösung abgeschlossen war, nahm sie wieder eine gerade Stellung ein. Das passiert zwar ab und zu, aber in diesem Fall hielt die Flamme die schräge Stellung recht lange, sodass ich sie fotografieren konnte.

Für mich war es ein Zeichen, dass hier starke positive Kräfte arbeiteten, um die heftigen Blockaden, die ich damals bearbeitete, restlos aufzulösen:

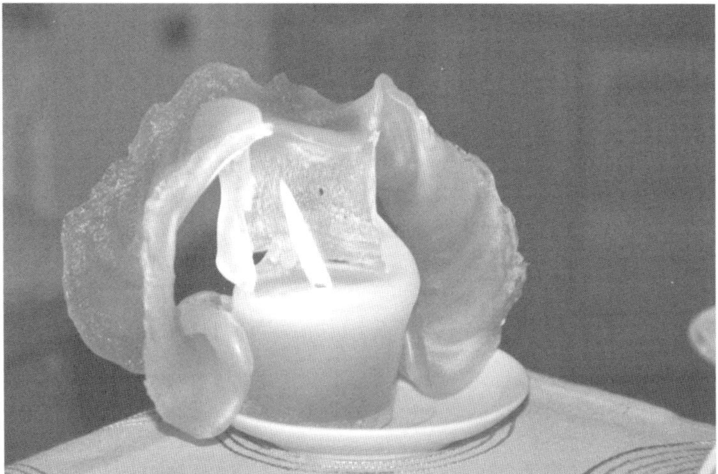

Teil VI

Energie-Umstellungen in Häusern und Wohnungen

Seit nunmehr zwei Jahrzehnten stelle ich in Häusern und Wohnungen die Energien dauerhaft um, was heißt, dass negative und alte Energien ins Positive transformiert werden, verstorbene Seelen ins Jenseits gehen können und das Heim mit einer wunderbaren Energie „aufgeladen“ wird. In meiner langjährigen Tätigkeit habe ich noch nie erlebt, dass eine Energie-Umstellung letztendlich unnötig war. Selbst an Wänden, Möbeln, Gegenständen wie Gemälden usw., haften meist alte, aber auch fremde Energien. Vielleicht wurden in den Räumen schon Krankheiten durchlebt, sich um Geldnöte gesorgt, gestritten oder unter bestimmten Lebensumständen gelitten. Selbst Ereignisse, die Jahrhunderte zurückliegen und auf dem Grundstück stattfanden, auf dem nun das Wohngebäude steht, können positiv (wie bei einem sogenannten Kraftort), aber auch negativ (zum Beispiel durch Zerstörung im Krieg) auf die Bewohner wirken.

Bei einer Energie-Umstellung werden nun komplett diese alten und negativen Energien transformiert, damit wir unseren eigenen Lebensplan erfüllen können, unsere eigenen Lebensaufgaben und Themen erleben, erfüllen bzw. bearbeiten können. Lernprozesse, die sich unsere Seele vorgenommen hat zu durchlaufen, bleiben natürlich bestehen – können jedoch nach einer Energie-Umstellung deutlich klarer und schneller vonstattengehen.

Manche Menschen, die sich in ihren Wohnungen oder Häusern unwohl fühlen, glauben, dass eine Renovierung bereits Abhilfe schaffen kann. Doch damit verschönert man nur die Fassade, energetische Probleme bleiben hingegen bestehen. Diese können sogar über einen sehr langen Zeitraum dort verhaftet bleiben.

Vielleicht waren auch Sie schon einmal in einem Haus, einer Wohnung, einem Büro oder Geschäft, wo Sie sich direkt unwohl fühlten, Ihnen kalt wurde, Sie eine Gänsehaut bekamen oder Ihnen sogar übel wurde? Oder Sie nahmen unangenehme Gerüche in diesen Häusern wahr, die muffig rochen oder nach Fäkalien, obwohl alles scheinbar sauber schien? Es sind nicht immer die alten, verfallenen Häuser, in denen sich Geister aufhalten oder negative Energien wirken, sondern auch in gepflegten und neuen Häusern können diese bestehen. Ich kenne viele Menschen, die zum Beispiel in bestimmten Geschäften sehr müde werden, sich regelrecht ausgelaugt fühlen oder in anderen wiederum gut durchatmen können und sich sehr wohl fühlen.

Eine große energetische Rolle spielt aber auch die Lehre bzw. die Ausrichtung der Wohnräume nach Feng Shui und sogar die Hausnummer. Aber auch geopathische Störfelder wie Wasseradern, die sich unter dem Haus befinden, Erdverwerfungen, Erdstrahlen, Elektrosmog usw., können die Gesundheit eines Menschen empfindlich stören. Vieles, was wir durchleben, ist Fügung oder Schicksal und ist vorherbestimmt – auch Lernprozesse, die unangenehm sind. Aber wir werden ebenso mit Energien und Einwirkungen von außen konfrontiert, die nicht zu unserem Lernprozess gehören und dringend aufgelöst werden müssen, um überhaupt den Lebensplan erfüllen zu können. Dies geschieht am sichersten und schnellsten mit einer geistigen Energie-Umstellung.

Die Lehre von Feng Shui bedeutet so viel wie „energiebewusstes Wohnen“ und besagt, dass jeder Bereich eines Hauses für einen bestimmten Lebensbereich steht, wie Gesundheit, Partnerschaft, Reichtum, Wissen usw. Wo genau diese Bereiche liegen, hängt von einem bestimmten Schema ab, welches sich nach der Lage des Eingangs richtet. Fehlt nun ein Bereich, durch evtl. einen Balkon, eine L-förmige Bauweise, etc., kann dies bei dem fehlenden Thema zu Problemen führen.
Fehlt zum Beispiel die Reichtumsecke, können finanzielle Schwierigkeiten entstehen, fehlt die Gesundheitsecke, kann es sich auf Körperebene zeigen usw. Wie stark diese Probleme sind, hängt noch von anderen Faktoren ab, wie Wasseradern, geopathischen Störfeldern und ganz besonders davon, ob in der Wohnung viel Negativität herrscht oder sich verstorbene Seelen darin aufhalten.
Auch Hausnummern haben eine bestimmte Energie und eine numerologische Zuordnung, was ebenfalls in die Gesamtenergie einfließt, genauso, wie die Lage des Hauses ausschlaggebend für ein gesundes Wohnen ist.

Schlossgeister

Vor vielen Jahren wurde ich gebeten, ein komplettes Schloss energetisch umzustellen. Damit diese Umstellung schneller geschehen konnte, bat ich meine Auftraggeber, mir die entsprechenden Bilder von dem Anwesen zukommen zu lassen, sodass ich mir vorab schon einen detaillierten Überblick über die Räumlichkeiten und die Energien dort machen konnte. Anhand der Bilder wurde mir erstmals die Größe des Anwesens bewusst. Es war ein sehr gepflegtes und liebevoll restauriertes Schloss mit einem ebenso gepflegten kleinen Park davor sowie wunderschönen Blumenrabatten. Das Haupthaus in der Mitte wurde überwiegend von meinen Auftraggebern genutzt und die Flügel, die rechts und links vom Haupthaus als Ost- und Westflügel abgingen, waren vermietet – teils als Wohnungen, teils als Büros an Firmen.

Ein Zimmer im Haupthaus strahlte sehr hell und wirkte positiv, weshalb ich fragte, wem dies denn gehöre. Die Frau, mit der ich alle Einzelheiten klärte, fing zu lachen an und sagte, das wäre das Büro ihres Mannes. Er wäre ein sehr positiv eingestellter Mensch, hätte immer gute Laune und würde seine Arbeit lieben, das hätte ich sicher gesehen. Er war zwar bereits in Rente, arbeitete aber aus Liebe zu seinem Beruf noch immer in seinem Job. Und genau das konnte ich sehen: Er schaffte es mit seiner positiven Art, den ganzen Raum zu erhellen.

Der Rest des Schlosses war besetzt mit sehr, sehr vielen Geistern aus verschiedenen Zeiten und Epochen. Viele Räume und auch ganze Abschnitte des Schlosses wirkten überwiegend dunkel. Um sie jedoch alle energetisch umzustellen, brauchte ich die Erlaubnis von jedem Mieter, egal ob Privat- oder Geschäftsleute. Ansonsten würde ich nur den Bereich der Auftraggeber umstellen können. In den zwei Wochen, die noch bis zu dem optimalen Umstellungs-Termin blieben, erhielt ich jedoch von allen Mietern die Erlaubnis dazu.

Es ist wichtig für mich, den optimalen Zeitraum für eine energetische Umstellung festzulegen. An Neumond- und Vollmondtagen arbeite ich grundsätzlich nicht energetisch – es sei denn, es handelt sich um echte Notfälle –, weil an diesen Tagen die Energien durch viele Gegenkräfte schwerer umzustellen sind.

Als ich zum vereinbarten Termin mit der Umstellung anfing, sah ich wieder diese unglaublich vielen Geister in dem Schloss. Junge sowie alte Männer, Frauen und Kinder schwirrten durcheinander und die verschiedenen Generationen aus mehreren Jahrhunderten vermischten sich. Es war so faszinierend und einzigartig, all dies sehen zu dürfen, dass ich mir länger Zeit nahm und das Geschehen beobachtete. Im oberen Stockwerk sah ich zum Beispiel eine ganze Festgesellschaft. Die Frauen trugen sehr schöne Barockkleider und die Herren feine Anzüge. Hier schaute ich für eine Weile zu, bis mich die Verstorbenen entdeckten und sie wegen meiner Anwesenheit sichtlich nervös wurden. Ich versicherte Ihnen, dass Ihnen nichts geschehen würde und sie genügend Zeit hätten, das Schloss zu verlassen. In dieser Sekunde waren auch schon alle verschwunden…

Als ich mit meiner Energiearbeit fortfuhr, beobachtete mich ein älterer Herr, der mir sehr positiv vorkam. Weil er mich ständig bewundernd anschaute und seiner Gestik nach meine Anwesenheit begrüßte, nahm ich Kontakt zu ihm auf. Er sagte zu mir: „*Ich bin sehr froh, dass Du da bist und das Schloss reinigst. Das wurde wirklich Zeit, denn mit der Zeit kamen immer mehr Seelen hierher und ließen sich in dem Schloss nieder.*" Ich fragte ihn, wer er sei und er antwortete: „*Ich bin der Gründer dieses Schlosses, es gehört mir. Ich hüte es schon viele, viele Mondumnachtungen, aber ich konnte nicht verhindern, dass so viele Seelen dieses Schloss belagern. Im Westflügel gibt es immer große Schwierigkeiten. Die Mieter aus diesem Trakt sind sehr negativ und machen den jetzigen Besitzern große Probleme.*"

Während er redete, hatte er die ganze Zeit seine Arme hinten auf dem Rücken liegen und lief auf und ab. Ich fragte ihn, ob er denn gerne bleiben möchte, wenn ich mit der Umstellung fertig bin, und er sagte: *„Ja, mich kannst Du nicht auflösen wie die anderen oder in die ewigen Jagdgründe schicken."* Schmunzelnd dachte ich, das werden wir nach der Umstellung ja sehen und war selbst gespannt, ob er würde bleiben dürfen...

Nach etwa einer Woche war ich mit der Energie-Umstellung dieses großen Anwesens fertig und schaute auf geistigem Wege nochmals in die Räumlichkeiten hinein, um zu kontrollieren, ob ich auch alles erfasst hatte und die Energien alle frei, positiv und harmonisch fließen konnten.

Bei dieser Gelegenheit sah ich auch den älteren Herrn im Schloss wieder und fragte einen Engel, ob das so in Ordnung wäre, ob der Herr denn wirklich bleiben dürfe. Der Engel antwortete: *„Ja, er ist nicht nur der ehemalige Erbauer und Hausherr, er ist auch der Hausgeist dieses Schlosses."* Ich freute mich für ihn und wusste, dass er viele gute Energien verbreiten und auch gut auf die jetzigen Besitzer aufpassen würde. Deshalb war er auch sehr besorgt wegen dem Mieter im Westflügel, der Probleme machte.

Nachdem alle energetischen Arbeiten abgeschlossen waren, rief ich meine Auftraggeber an und berichtete von der Energie-Umstellung. Sie erzählten mir, dass endlich das Wunder geschehen sei, auf das sie schon lange gehofft hatten. Der Mieter im Westflügel wäre in einer Nacht-und-Nebel-Aktion regelrecht mit all seinem Hab und Gut aus seinen Büroräumen geflohen. Dieser Mieter, so erzählte sie weiter, hätte schon seit langer Zeit Probleme gemacht und auch längst die Kündigung von ihnen erhalten, sich jedoch bis jetzt geweigert, auszuziehen. Er hätte ihnen regelrecht die Hölle auf Erden beschert. Weiter wollten sie wissen, ob der plötzliche Auszug etwas mit der Energie-Umstellung zu tun haben könnte, was ich bejahte. Dieser Mieter war so negativ eingestellt, dass er die positiven Energien nicht länger ertragen hatte – natürlich unbewusst – und deshalb dann doch schnellstmöglich die Räume verlassen wollte. Ich vermutete aber auch, dass der ältere Herr bzw. Hausgeist hier auch noch ein bisschen nachgeholfen hatte.

Wie auch immer, die Besitzer waren sehr glücklich über die Situation und bemerkten auch die viel besseren Energien, die seit der Umstellung auf ihrem Anwesen herrschten. Auch mit den Mietern hatten sie Rücksprache gehalten, die alle bestätigten, dass sich nun alles so viel leichter anfühlen würde, als ob man eine schwere Last von ihnen genommen habe und sie auch besser schlafen könnten. Ich freute mich sehr über die positiven Rückmeldungen, zumal mir diese Arbeit in diesem ganz besonderen Schloss mit dem netten Hausgeist viel Freude bereitet hatte.

Das Sterbezimmer Nr. 309

Eine leitende Angestellte eines Pflege- und Seniorenheimes bat mich um Hilfe, weil es in einem ihrer Zimmer große Probleme gab. Die Dame kannte mich und meine Arbeit, weshalb sie sich eine Erklärung dafür erhoffte, was die Pflegekräfte und Bewohner des Heimes schon als unheimlich und gruselig bezeichneten. Mittlerweile war es soweit, dass sich die Bewohner, die schon längere Zeit dort lebten, weigerten, in dieses Zimmer Nr. 309 zu ziehen.

„Doch was geschah dort?", werden Sie sich jetzt fragen. In diesem Zimmer, das bemerkte man im Laufe der Zeit, starben die Menschen ungewöhnlich schnell. Nicht nur Menschen, die sehr krank waren, sondern auch die älteren Menschen, die eigentlich noch recht rüstig waren, jedoch Hilfe im Alltag brauchten und sich deshalb für ein Leben in einem Seniorenheim entschieden hatten. Egal also, wer in dieses Zimmer einzog, ob Frau oder Mann, starb nach kürzester Zeit. Wie erwähnt, wollte deshalb auch keiner mehr in diesem Zimmer wohnen, sodass nur neue Bewohner dort einzogen – und schnell verstarben.

Weil es in einem Seniorenheim nicht gerade ungewöhnlich ist, wenn jemand verstirbt, dauerte es eine ganze Weile, bis man bemerkte, dass dies alles kein Zufall mehr sein konnte. Als nun auch einige der Pflegekräfte sagten, dass sie das Zimmer nur ungern betraten und sich zum Teil überhaupt nicht mehr hineintrauten, wurde eine ihrer Vorgesetzten aufmerksam und wandte sich an mich.

Ich schaute mir das Zimmer direkt vor Ort an. Als ich den Raum betrat, wurde mir eiskalt und sofort überkam mich eine Dunkelheit. In der rechten hinteren Ecke des Zimmers entdeckte ich einen verstorbenen Mann, der sich dort versuchte, zu verstecken. Von ihm ging eine grauenhafte und hasserfüllte Energie aus. Ich nahm zu ihm Kontakt auf, weil ich wissen wollte, warum er nicht ins Licht gegangen war und was genau er in diesem Zimmer wollte. Er sagte zu mir: *„Das ist mein Zimmer, und keiner hat das Recht, hier zu wohnen. Du verschwindest besser auch ganz schnell!"*

Er kam aus seiner Ecke heraus und setzte seine negative Energie auf meinen gesamten Brustbereich, wodurch ich mich sofort erdrückt fühlte und kaum noch Luft bekam. Bei so etwas bleibe ich allerdings ruhig und im völligen Vertrauen, dass ich gut beschützt bin, und wies ihn an, damit sofort aufzuhören, was er auch tat.

Jetzt allerdings wusste ich, warum die Menschen hier so schnell starben. Die älteren Leute waren geschwächt und konnten sich nicht seiner negativen Kraft widersetzen. War zudem ihr Herz oder ihre Lunge erkrankt oder schwach, war es für ihn ein Leichtes, diese Menschen zu töten. Das Bild, welches ich übermittelt bekam, zeigte sich wie folgt: Er setzte sich mit seinem gesamten geistigen Gewicht auf die Bewohner dieses Zimmers, bis sie erstickten oder an Herzversagen starben. Unglaublich!

Gleich am nächsten Tag führte ich in diesem Raum eine geistige Energie-Umstellung durch und ließ diese Seele ins Jenseits abholen, was auch gelang. Seitdem betreten die Pflegekräfte wieder gerne diesen Raum, der sofort wärmer und viel heller erschien, und auch der Bewohner, der nach der Umstellung dort einzog, fühlte sich in diesem Zimmer sehr gut.

Muss ich mein Café schließen?

...war die Frage einer Klientin, die mich telefonisch um Hilfe bat. Gaby, so ihr Name, war sehr verzweifelt, weil sie ein Café gepachtet hatte, das überhaupt nicht laufen wollte und sie seit geraumer Zeit deswegen immer mehr rote Zahlen schreiben ließ. Bevor sie das Café aber endgültig mit hohen Verlusten schließen wollte, fragte sie mich, ob ich einen anderen Rat für sie hätte oder etwa ein Fluch auf diesem Gebäude lag.

Ich bat sie darum, mir ein Foto von dem Café und den dazugehörigen Grundriss zu senden, welchen ich mir genau ansah. In diesem Fall war der Hauseingang in der Mitte, die Hausnummer war passend und auch sonst müssten in diesem Gebäude die Energien gut fließen können – zumindest nach Feng Shui. Diesbezüglich stand einem Erfolg nichts im Wege. Jedoch spürte ich eine sehr negative Energie, die von einer älteren Dame ausging, welche in der Nähe des Cafés wohnen musste. Aus irgendeinem Grund war ihr dieses ein Dorn im Auge. Ich rief Gaby an und erzählte ihr, was ich wahrgenommen hatte. Sie lachte und sagte, hierbei könne es sich nur um ihre Vermieterin handeln, der es nicht gepasst hatte, wie sie das Café umgestaltet hatte. „*Wir waren sogar deswegen vor Gericht, das mir Recht gab und ich deshalb alles so belassen konnte, wie ich es verändert hatte. Seitdem jedoch reden wir nichts mehr miteinander.*“, sagte sie.

Von ihr kam also diese bissige und kalte Energie, die ich deutlich spürte und die Geschäfte des Cafés völlig lahm legte. Die Menschen, die an dem Café vorbeigingen und vielleicht dort hinein wollten, spürten unbewusst diese Energie und betraten deshalb die Räumlichkeiten nicht. Meine geistigen Helfer empfahlen deshalb eine Energie-Umstellung, damit sämtliche negativen Energien nun umgewandelt werden konnten. Während meiner Arbeit sprach ein Engel mit mir und sagte, ich sollte doch bitte für die beiden Streithähne eine geistige goldene Brücke bauen und visualisieren, dass sich beide auf der Brücke in der Mitte treffen und sich aussöhnen und sogar umarmen.

Nach ungefähr einer Woche rief mich Gaby erneut an und erzählte mir glücklich: „*Du wirst es nicht glauben, Martina, aber meine Vermieterin war vor ein paar Tagen hier und wollte mit mir reden. Wir setzten uns bei Kaffee und Kuchen zusammen und sprachen uns endlich aus. Seitdem kommt sie täglich früh morgens, bringt mir die Brötchen für das Café mit und frühstückt dort bei mir.*"

Ein paar Monate später meldete sie sich erneut, bedankte sich noch einmal und erzählte mir, dass seit der Umstellung das Geschäft wieder sehr gut laufe und sie immer viele Gäste habe.

Es sind nicht immer Verstorbene oder sehr alte Energien, die uns das Leben erschweren, auch noch Lebende können uns, unser Leben, unsere Familien, den Arbeitsplatz oder das Geschäft negativ beeinflussen, wofür der obige Fall als Beispiel dienen soll. Ein einzelner Mensch kann tatsächlich in der Lage sein, durch seine negativen Energien (oft Missgunst, Hass, Gier) einem anderen zu schaden, weil er oder sie dem Anderen den Erfolg oder sein Glück nicht gönnt. Oder eben, weil ein Streit diese Menschen entzweit hat. Hier hilft auf jeden Fall eine Energie-Umstellung in den Wohnräumen und auch das Lösen der Blockade bzw. des Fluches, der daraus entstehen kann.

Ein tragisches Schicksal

Eine Freundin von mir, eine sehr sympathische und liebevolle, wohnt leider viel zu weit weg, sodass wir zwar oft telefonieren, uns aber nur noch selten sehen können. Das liegt unter anderem auch daran, dass ihr jüngstes von drei Kindern schwerstbehindert ist und Tag und Nacht Betreuung und Pflege benötigt, die meine Freundin Bettina von Anfang an liebevoll übernommen hat.

Bettina wohnte früher lange Zeit in einem Haus, in welchem so viel Schimmel war, dass nur wenige Räume überhaupt bewohnbar blieben. Die Vermieter kümmerten sich nicht um eine ordnungsgemäße Sanierung, weshalb Bettina damals ein anderes Haus suchte. Weil alles schnell gehen musste, da der Schimmelbefall schon gesundheitliche Folgen für Mutter und Tochter hatte, mietete sie schnell ein Haus, das ihr angeboten wurde.

„Oh nein", dachte ich, als sie mir den Grundriss sowie Bilder des Hauses zuschickte und ich es zum ersten Mal sah, *„vom Regen in die Traufe"*. Das Haus sah von außen sehr schön und gepflegt aus und auch innen war alles sehr gemütlich, aber dem Haus fehlte die weibliche Seite komplett. Frauen hatten in diesem Haus keine Chance, sich wohlzufühlen und auch gesundheitlich würden sie es dort sehr schwer haben.

Im optimalsten Fall fließt die männliche und die weibliche Energie in einem Haus zu gleichen Anteilen, das heißt, sie ist ausgeglichen. Nach der Feng-Shui-Lehre ist dies der Fall, wenn die Haustür in der Mitte des Gebäudes ist.
Aber auch, wenn der Eingang nicht optimal liegt, kann man mit kleinen, zum Teil baulichen Veränderungen die Energien sehr gut ausgleichen, um in einem solchen Haus gesund und reich an Energie leben zu können.

Sofort rief ich Bettina an und empfahl ihr, direkt wieder auszuziehen, was sie natürlich alles andere als lustig fand, war sie doch eben erst mit dem Umzug fertig geworden. Aber dennoch blieb ich bei meinem

Rat an sie, schnell ein anderes Objekt zu suchen. In diesem Haus würde Unheil auf sie und ihre Familie zukommen, das spürte ich sehr stark. Bettina machte sich auch direkt wieder – wenn auch wenig begeistert – auf die Suche, da sie mir und den Botschaften aus der geistigen Welt vertraute.

Dass es dann tatsächlich so schlimm kommen würde, habe aber selbst ich nicht voraussehen können. Eines vormittags rief mich Bettinas Ehemann an und erzählte mir geschockt, dass es ihrer eigentlich gesunden ältesten Tochter gestern am Tage noch gut ging, sie wäre so gewesen wie immer, jedoch sagte sie gegen Abend, dass sie sich nicht wohlfühlen würde und sie früh schlafen gehen wolle, was sie dann auch tat. Keiner dachte sich etwas dabei, weil sie keine wirklich ernsten Beschwerden zu haben schien und es ja immer mal vorkommen kann, dass man sich unwohl und müde fühlt. Der Schock war deshalb morgens umso schlimmer, als Bettina ihre geliebte Tochter tot im Bett auffand… Die Ärzte vermuteten, dass einfach ihr Herz damals im Schlaf stehenblieb – ohne vorherige Erkrankung. Die genaue Todesursache konnte leider nicht ermittelt werden.

Als Bettina in der Lage war, mit mir zu reden, sprachen wir sehr lange über das Geschehene. Unter anderem erzählte sie mir, dass es auch ihr seit dem Einzug in dieses Haus gesundheitlich nicht gut gehen würde, und auch ihrer behinderten Tochter ging es seitdem schlechter.

Sie erkannte nun noch deutlicher den Ernst der Lage und versuchte alles, um ein anderes Haus zu finden – mit einem Eingang in der Mitte des Hauses –, was ihr auch gelang. In diesem Fall hätte eine Energie-Umstellung nicht geholfen, da die schlechten und krankmachenden Einflüsse tatsächlich mit dem Hauseingang und den damit fehlenden weiblichen Energien zu tun hatten, was ihre hohe gesundheitliche Belastung durch den Schimmel von dem ehemaligen Haus noch verstärkte.

Nun hat dies natürlich nicht immer so dramatische Folgen wie in diesem Fall. So ist nicht jedes Haus mit einem „falschen" Hauseingang grundsätzlich negativ, bei vielen Häusern kann man auch mit einer Energie-Umstellung und verschiedenen Feng-Shui-Techniken viel Positives bewirken. Doch in dem geschilderten Fall war das Haus so verbaut und verwinkelt, dass man die fehlenden Energien nicht hätte ausgleichen können.

Man muss jedoch auch erwähnen, dass meist mehrere Faktoren bei einer solch tragischen Lebensgeschichte eine Rolle spielen. Hierzu gehören zum Beispiel der von der Seele selbst bestimmte Lebensplan, die alltägliche Lebensweise und letztendlich die Entscheidung der Seele, wann sie ins Jenseits gehen möchte.

Ein Haus mit vielen Besitzern

Als ich einmal von einem Spaziergang zurück nach Hause lief, traf ich einen Schulkameraden von mir, den Kurt, den ich schon früher sehr gemocht hatte. Wir kamen sofort ins Gespräch und erzählten uns direkt, wie es jedem in den letzten Jahren so ergangen war. Aus seinen Erzählungen heraus hörte ich, dass es ihm gesundheitlich nicht gut ging und fragte ihn, was denn los sei. Er erzählte mir, dass er Herzprobleme habe, weil die Herzklappen nicht richtig schließen würden.

Ich deutete ein bisschen an, wie ich arbeite und was ich so mache, aber er ging überhaupt nicht darauf ein, weshalb ich nicht weiter nachhakte und es auf sich beruhen ließ. Aber das Schicksal meinte es anders und so trafen wir uns nur sehr kurze Zeit später mitten in der Stadt – da hatte man sich jahrelang nicht gesehen und begegnete sich nun wieder, was natürlich kein Zufall war. Er lud mich nun direkt zu einem Kaffee ein, worüber ich mich sehr freute und was ich dankend annahm.

Nun erzählte Kurt mir ein bisschen mehr: *„Vor einiger Zeit habe ich für meine Frau, meine beiden Kinder und mich ein Haus gekauft. Seitdem, Martina, geht es mir immer schlechter – und das in allen Lebenslagen. Als erstes wurde ich herzkrank, wodurch ich nicht mehr meinen Job machen konnte und in finanzielle Not geriet. Darüber wurde ich noch kränker, und auch die ständigen Streitereien mit meiner Frau strapazierten nicht nur meine Nerven. Mittlerweile haben wir uns getrennt und sie wohnt mit unseren Kindern woanders. Vielleicht kannst Du mir ja doch helfen, Martina. Ich wäre für jede Unterstützung dankbar.“*

Hatte ich es doch geahnt, dass er noch mehr Probleme hatte, als er bei dem letzten Treffen mir gegenüber zugeben wollte. Ich schlug ihm vor, dass ich ihn einmal besuchen kommen würde, um mir sein Haus genauer anzuschauen, weil ich die Probleme genau dort vermutete. Er war zwar sehr skeptisch, weil er noch nie mit spirituellen Dingen in Berührung gekommen war, ließ sich aber dennoch darauf ein.

Als ich zu ihm kam, sah ich, dass das Haus schon mehrere Besitzer gehabt hatte, wovon zwei an einem Herzinfarkt gestorben waren. So wunderte ich mich nicht, als ich sah, dass nach Feng Shui in diesem Haus das Herzzentrum komplett fehlte, was einen gravierenden Grund für seine körperlichen Probleme darstellte. Anstelle eines ausgeglichenen Herzzentrums war an dieser Stelle eine Treppe zum ersten Stock. Diese Treppe und die damit ständige Bewegung, die rauf und runter ging, schwächte sein Herz und hatte es zuvor schon bei den Vorbesitzern getan. Aber auch im Eingangsbereich war mir bereits aufgefallen, dass in diesem Haus der männliche Aspekt völlig fehlte, und es gab hier keinen Reichtumsteil, auch dieser fehlte vollständig, genauso wie der Teil für Partnerschaft – dort war eine Terrasse.

Ich sagte ihm, dass hier einiges geändert werden müsse, aber er dann gute Chancen hätte, wieder ein glückliches Leben zu führen. So schnell es ging, machte ich bei ihm eine Energie-Umstellung und beriet ihn, was er in seinem Haus alles würde verändern müssen, um eine harmonische Energie zu erhalten. Es waren kleine Veränderungen, aber auch kleine, nicht allzu aufwendige Umbauten, die er vornehmen sollte. Und obwohl Kurt immer noch etwas skeptisch war, ging er auf meine Änderungen ein und führte sie sehr gewissenhaft aus.

Nun vergingen die Wochen und ich hörte erst einmal nichts mehr von ihm. So entschloss ich mich kurzerhand, ihn zu besuchen, um zu schauen, wie es ihm inzwischen ergangen war. Dort angekommen, öffnete mir eine Frau die Tür. Ich freute mich für ihn, dachte aber, dass das ja nun wirklich schnell ging mit einer neuen Partnerschaft...

Als ich nun dort im Haus mit dieser Frau auf Kurt wartete, spürte ich, dass die Energien im Haus sehr harmonisch waren. Und das sah man Kurt auch direkt an, als er strahlend die Treppe hinunter kam. Er lächelte, kam auf mich zu und drückte mich herzlich, dankbar, dass sein Leben nun wieder sehr glücklich verlief. Nun stellte er mir auch die Frau an seiner Seite vor: Es war seine Ehefrau, die wieder mit den Kindern zu ihm zurückgekehrt war. Beide sahen so glücklich aus, und Kurt erzählte, dass seine Herzprobleme nun komplett verschwunden waren – wie aus heiterem Himmel, was ich hier tatsächlich lachend wortwörtlich nahm. Er war glücklich, seine Frau und Kinder wieder bei sich zu haben und erzählte, dass es nun auch finanziell wieder sehr viel besser lief. Kurt meinte, es würde zwar noch eine Weile dauern, bis er finanziell wieder auf ganz sicheren Füßen stehen würde, aber er wäre auf einem guten Weg dorthin und wüsste, dass er es schaffen würde.

Er und seine Frau bedankten sich noch einmal sehr herzlich bei mir, und ich freute mich, dass hier die geistige Welt nachgeholfen und uns zusammengeführt hatte, damit ich ihm helfen konnte.

Der Spiegelwahn

Eine Familie baute eine ehemalige Pension zu einem Einfamilienhaus um. Die jungen Eltern wollten hier ihren drei noch recht kleinen Kindern den nötigen Platz für ein glückliches Familienleben bieten. Doch die Freude hielt nicht lange, denn der Mann wurde immer kränker. Er vergaß vieles, war oft verwirrt und wurde mehr und mehr aggressiv und streitsüchtig. Seine Frau hatte damals mein erstes Buch *„Ich spreche mit Toten"* gelesen und wandte sich hilfesuchend an mich. Nachdem wir einen telefonischen Termin vereinbart hatten, schickte sie mir einige Bilder von ihrem Haus. Als ich diese vor dem Termin betrachtete und mir anschaute, was in dem Haus energetisch negativ war, sah ich, dass an jeder(!) Tür innen und außen ein Spiegel angebracht war. Die Vorbesitzer schienen einem regelrechten Spiegelwahn verfallen gewesen zu sein...

Nicht nur aus den Lehren des Feng Shui geht hervor, dass Spiegel energetisch sehr negativ sind, sogar Verstorbene und niedrig schwingende Wesenheiten können sich darin verstecken – unbemerkt. Schläft man nachts in einem Raum mit einem Spiegel – schlimmstenfalls gegenüber dem Bett angebracht –, können sich die Wesen oder Geister die Schwäche im Schlaf zunutze machen und den Menschen besetzen.
Im obigen Fall waren es einfach zu viele Spiegel, sodass sich der Mann, der sicher schon vorher etwas geschwächt war, nicht gegen diese negativen Energien wehren konnte.

Direkt gegenüber der Eingangstür waren zwei verspiegelte Türen, die quasi energetisch das Gehirn beim Betreten spalteten. Da die Eingangstür so angelegt war, dass die männliche Energie in diesem Haus benachteiligt war, betraf dies am meisten den Familienvater.

Als erste Maßnahme empfahl ich der Frau, in einen Baumarkt zu fahren und undurchsichtige Folie zu kaufen, um die Spiegel damit abzukleben. Weil sie die Spiegel jedoch mochte, war ihr das überhaupt nicht recht, weshalb sie eher murrend zum nächsten Baumarkt fuhr. Ich verstand ja, dass es ihr schwer fiel zu glauben, dass durch Spiegel die

Energien tatsächlich sehr negativ beeinflusst werden können, aber wenn sie es so beließ, hatte ihr Mann keine Chance, in diesem Haus gesund und glücklich zu leben.

Einige Wochen später rief sie erneut an und erzählte mir, dass es ihrem Mann zwar tatsächlich etwas besser ging, aber so weltbewegend, wie sie alle erhofft hatten, war die Veränderung zum Guten nun auch nicht. Ich erklärte ihr, dass die Energie der Spiegel ihren Mann sehr lange negativ belastet hätte und die Umstimmung zum Positiven nun auch nicht sofort eintreten könne. Ich riet ihr, noch ein wenig Geduld zu haben.

Der negative Prozess im Gehirn des Mannes konnte nur nach und nach rückgängig gemacht werden. Dennoch dauerte es ein ganzes halbes Jahr, bis er wieder der Alte war und sich alles normalisiert hatte. Doch auch wenn es eine Weile gedauert hat, so kann die Familie dennoch glücklich sein, denn ohne die Maßnahme, die Spiegel zu inaktivieren, hätte er überhaupt keine Chance auf Heilung gehabt.

Wenn ich mit Menschen arbeite, die eine Erkrankung haben – vor allem, wenn diese bereits seit einigen Jahren besteht und weder Heilpraktiker noch Ärzte wirklich helfen können –, ist es von bedeutender Wichtigkeit, ihr Heim zu reinigen und auch zu schauen, ob man nach der Lehre von Feng Shui noch Verbesserungen vornehmen kann, um zu gesunden und wieder ein glückliches Leben zu führen.
Es ist auch immer schwierig und in vielen Fällen sogar völlig nutzlos, wenn ich mit meinen Klienten bei mir vor Ort eine energetische Anwendung durchführe, sei es Reiki oder Quantenheilung, und sie dann wieder zurück in ihr negatives Umfeld entlasse. Nicht selten geht es ihnen zu Hause allmählich, manchmal sogar schlagartig, wieder schlechter, und die alten Beschwerden setzen sich erneut durch.
Doch auch bei einer Energie-Umstellung kann es unter Umständen etwas dauern, bis sich alle Bewohner an die neuen Energien gewöhnt haben, sodass nach und nach auch körperliche Beschwerden verschwinden können.

Zurück ins letzte Jahrhundert

Nicht nur Flüche oder Verwünschungen können eine Beziehung zerstören, auch negative Energien aus längst vergangenen Zeiten wirken oftmals bis in die heutige Zeit hinein. So wie bei einer meiner Klientinnen, die ihre Ehe schon völlig verzweifelt aufgegeben hatte.

Nadine zog zusammen mit ihrem Mann, ihrer zehnjährigen Tochter und ihrem zwölfjährigen Sohn in ihr neu gebautes Haus direkt am Ortsrand mit freiem Blick auf die Felder. Abends konnten sie sogar von Balkon und Terrasse aus die Rehe beobachten, die auf der Wiese hinter dem Haus grasten. Alles schien perfekt...

Seit der Geburt ihres ersten Kindes legten die Eltern sehr großen Wert darauf, dass die Familie mindestens einmal am Tag am Esstisch eine gemeinsame Mahlzeit einnimmt, am Wochenende sogar öfter. Hier besprach man alle Angelegenheiten, die geklärt werden wollten, erzählte sich die Erlebnisse des Tages oder einigte sich über gemeinsame Vorhaben, wie zum Beispiel Ausflüge. Dieses Ritual wurde zum festen Bestandteil ihres Familienlebens und sollte auch in dem neuen Haus dementsprechend fortgeführt werden, weil es für die Familie wie ein fester und sicherer Anker war und alle die gemeinsame Zeit sehr genossen.

Jedoch gab es mit der Zeit immer öfter Streitereien am Esstisch, der Mann war übel gelaunt, die Kinder zickten und maulten nur noch herum, und die Mutter versuchte krampfhaft, etwas Harmonie in das Geschehen zu bringen. Nadine reagierte allerdings auch immer gereizter, weil sie die schlechte Stimmung kaum noch aushielt und keine Schlichtung der Streitgespräche mehr möglich war. Irgendwann war es so, dass sich alle am Tisch nur noch stritten oder sich stillschweigend mit bösen Blicken anschauten.

Die Streitereien gingen meist auch nach dem Essen weiter, und immer wieder waren es dieselben Themen, bei denen keine Einigung stattfinden konnte. Schlug man ein Ausflugsziel vor, waren mindestens zwei Personen dagegen und machten abfällige Bemerkungen darüber. Es gab Streit über die Handy-Nutzung, über Schulleistungen, über Mithilfe im

Haushalt usw. „*Völlig normal*“, mögen Sie jetzt denken. Und ja, es waren die üblichen Alltagsthemen, die in jeder Familie mal mehr oder mal weniger zu Streitigkeiten führen.

Hier allerdings gab es einen entscheidenden Unterschied: Es gab keine Einigung, und immer und immer wieder kamen die gleichen Streitgespräche auf, von denen man meist hasserfüllt auseinander ging. Die Kinder versuchten die Eltern gegeneinander auszuspielen, die Eltern – Nadine und ihr Mann Jens – fanden auch zu keiner Einigung, egal wie sehr sie sich auch bemühten. War die Familie im Urlaub oder auch nur mal ein paar Tage nicht zu Hause, verstanden sie sich sehr gut. Doch kaum zu Hause angekommen, gingen die Streitigkeiten wieder von vorne los.

Nadine erzählte mir, dass es mit der Zeit immer schlimmer wurde und Jens und sie zu keiner wirklichen Einigkeit mehr kommen würden. Die Ehe wäre endgültig zerbrochen und die Kinder untereinander ebenso zerstritten. Sie war völlig verzweifelt, weil sie nun vor den Trümmern ihrer einst so harmonischen Familie stand und keinen Ausweg mehr sah – außer einer Trennung.

Durch mein Buch „*Schutzengel & Co.*“ erfuhr sie mehr über meine Arbeit und dass es sehr wohl sein kann, dass etwas mit dem Haus, in dem man lebt oder eben der Wohnung, energetisch nicht in Ordnung sein kann. Der Beratungstermin mit mir war nun der wirklich allerletzte Versuch ihrerseits, doch noch die Familie zu retten, auch wenn sie noch nicht so recht glauben konnte, dass negative Energien die Ursache ihrer Konflikte sein konnten.

Nachdem Nadine mir alles erzählt hatte, wurde mir von einem Engel Folgendes vermittelt und gezeigt: Dort, wo jetzt ihr Haus stand, war früher eine Holzhütte. Ich sah, dass alles sehr spärlich eingerichtet war und die Hütte eigentlich nur aus einem einzigen größeren Raum bestand. In der Mitte des Raumes stand ein sehr massiv wirkender Holztisch und an jeder Seite des Tisches standen Stühle, die sehr schwer und ebenfalls sehr massiv wirkten. Auf den Stühlen lagen Tierfelle und auf dem Tisch stand ein Kerzenständer mit einer großen dicken Kerze, auch an den Wänden brannten Kerzen in Kerzenhaltern und tauchten den Raum in ein eher dusteres Licht.

Nun sah ich, dass sich die Tür öffnete und vier Männer die Hütte betraten. Sie wirkten groß, sehr behäbig und machten einen aufgebrachten Eindruck. Alle setzen sich an den Tisch und fingen fürchterlich zu streiten an. Sie schrien durcheinander und gestikulierten wie wild. Man vermittelte mir, dass diese Männer Ländereien besaßen, über dessen Grenzen sie sich nicht einigen konnten und immer wieder stritten, wer nun welche Grenze verletzt hätte. Meist taten sie das in dieser Hütte, in der Hoffnung, auf neutralem Boden zu einer Einigung zu kommen. Während ihres gesamten Lebens jedoch konnten sie sich nicht einigen und sogar ihre Nachkommen hatten noch einigen Ärger mit dem genauen Festlegen der Grenzen.

Nun verschwamm das Bild und man legte mir geistig das Bild von Nadines und Jens‘ Esstisch darüber. So zeigte man mir, dass der Esstisch in dem Haus zufällig auf genau der Stelle stand, wo einst der Tisch in der Hütte platziert war.

Die heftigen Streitenergien waren demnach noch nicht aufgelöst und immer noch an den Ort gebunden. Jedes Mal nun, wenn sich die Familie an den Tisch setzte, schwappten diese Energien auf sie über, und sie konnten sich nicht dagegen wehren. Die Energien übertrugen sich ebenfalls auf das Haus, in dem die Streitereien ja erst anfingen und an Kraft gewannen.

Ich riet Nadine zu einer energetischen Hausumstellung, um wirklich im ganzen Haus die alten und jetzt ja auch neu hinzu gekommenen Energien zu bereinigen, damit sie alle wieder normal dort weiterleben und vor allem wohnen konnten – zumal ich bei dieser Familie kein Entzweien auf Dauer gezeigt bekam.

Sie willigte sofort ein und ich führte über die Ferne diese geistige Arbeit der Energie-Umstellung in ihrem Haus und auf dem Grundstück durch. Diese Art der dauerhaften energetischen Umstellung dauert immer drei Tage, und schon am vierten Tag waren bei ihr diese negativen Energien spürbar verschwunden. Von diesem Tag an gab es zwar auch hin und wieder Streitgespräche am Esstisch und auch sonst im Alltag, so wie es in einer normalen Familie nun mal üblich ist, aber insgesamt herrschte wieder Harmonie und Einigkeit in der Familie und der Ehe. Auch hier waren die Gedanken an Scheidung schnell Vergangenheit, was mich freute.

Anhand dieses Falles kann man sehen, wie längst vergangene und ungeklärte Ereignisse bis in die Jetztzeit hineinwirken und dadurch sogar Familien zerstört werden können, wenn man die Ursache nicht erkennt.

Ein Geist löst Depressionen aus

Nachdem ich von der geistigen Welt bzw. von meinem Engel in diese spezielle Art der Energiereinigung eingeweiht worden war, bekam ich direkt einen ganz besonderen Fall einer Familie, die nach dem Umzug in ein anderes Haus massive Probleme bekam. Auch hier war es wieder die Frau, die sich verzweifelt an mich wandte und erzählte:

„Martina, seit wir das Haus gekauft haben und darin wohnen, stimmt etwas nicht mit meinem Mann. Er hat sich so zum Nachteil verändert, dass er für meine Kinder und mich kaum wiederzuerkennen ist.

Aber ich fange mal von vorne an, denn vor fünf Jahren war noch alles in Ordnung. Da wohnten wir noch in der alten Wohnung in der Stadt. Weil wir aber unseren Kindern ermöglichen wollten, ländlich aufzuwachsen, kauften wir ein älteres Haus in dem Dorf, in dem mein Mann aufgewachsen ist. Bis zur Stadt ist es nicht weit, aber dennoch ist es ein sehr idyllisches Örtchen und schön gelegen. Wir kauften also dieses Haus und renovierten es liebevoll, legten den Garten neu an und schufen uns einen wunderschönen Ort zum Wohnen und Entspannen – so jedenfalls hatten wir uns das gedacht. Doch kaum waren wir dort eingezogen, veränderte sich mein Mann. Er wurde immer depressiver, manchmal auch aggressiv gegen sich selbst und ebenso gegen die Kinder und mich. Die meiste Zeit jedoch war er depressiv. Ich begleitete ihn zu zahlreichen Ärzten und unterstützte ihn, wo ich nur konnte. Keine von all den Tabletten, die er von den Ärzten bekam, half, nichts schien bei ihm anzuschlagen, auch keine Therapien, die er durchführte. Manchmal weinte er, weil er so nicht mehr weiterleben und uns auch nicht länger belasten wollte. Er war nur noch ein Schatten seiner selbst.

Natürlich gab es auch oft Streit, weil ja alles an mir hängen blieb. Der Haushalt, die Kinder, die Arbeit, der Garten – alles wuchs uns komplett über den Kopf. Hinzu kamen finanzielle Probleme, weil mein Mann schon sehr lange arbeitsunfähig war und infolge dessen weniger Geld verdiente. Unsere Ehe zerbrach allmählich und wir wussten keinen Ausweg mehr, weshalb wir uns trennten. Mein Mann zog in eine kleine, günstige Wohnung in der Nähe der Firma, bei der er immer noch angestellt war.

Nachdem er einige Wochen dort wohnte, verbesserte sich sein Zustand so rapide, dass er sogar bald wieder ganztags arbeiten konnte. Auch sein Wesen veränderte sich wieder zum Positiven, er unternahm sogar wieder viel mit den Kindern und auch wir näherten uns allmählich wieder an, zumal er immer wieder beteuerte, dass er nichts gegen seinen miserablen Zustand hätte tun können. Die Trennung war für ihn wohl die einzige Möglichkeit, uns nicht länger mit seiner schlechten Laune und den Depressionen zur Last zu fallen. Es war wirklich erstaunlich, dass er plötzlich wieder der Mann war, den ich einmal geheiratet hatte, weshalb auch die Liebe wieder neu entfachte und wir beschlossen, es noch einmal zusammen zu versuchen. Also zog er wieder zu uns in das Haus. Es dauerte keine zwei Wochen, das fingen die Depressionen wieder an und seine Laune wurde wie zuvor schlechter. Wir verstanden die Welt nicht mehr! Wie konnte das sein?

Weil ihm zuvor ja auch kein Arzt hatte helfen können, beschloss er, sich nach Alternativen umzuschauen. Er versuchte es mit Entspannungsmethoden, die er in entsprechenden Kursen lernte und die auch immer halfen – nur nicht, wenn er zu Hause war. Er bekam Akupunkturbehandlungen und machte eine Kur in einer Klinik. Dort ging es ihm auch besser, aber auch wieder nur, solange er dort war. Die Ärzte und Therapeuten vermuteten nun, dass ihm der Stress mit uns – seiner Familie –, aber auch die finanzielle Situation durch den Hauskauf, zu sehr belasten würde und er deswegen immer wieder in die Depression falle. Unbewusst, so mutmaßten sie, würde sich dadurch eine Wut auf uns entwickeln, die er dann auch an uns auslassen würde.

Nun sieht es so aus, dass er dem Rat der Ärzte folgte und uns erneut verlassen hat. Er wohnt jetzt wieder in der kleinen Wohnung – und fühlt sich pudelwohl. Das ist ja das Verrückte! Wenn ich zu ihm fahre, um die Kinder zu bringen oder abzuholen, erscheint er mir völlig gesund und vital – wie zuvor, als wir uns getrennt hatten. Was ist das, Martina? Warum geht es ihm schlechter, wenn er mit uns zusammenlebt?

Meine Freundin hat einmal ein Seminar bei Dir besucht. Sie riet mir, mich an Dich zu wenden und mal zu schauen, was wohl dahinterstecken kann. Vielleicht kannst Du uns ja helfen. Mein Mann ist ja auch sehr unglücklich mit der Situation. Auch er hat noch Gefühle für mich, liebt seine Kinder und vermisst das ganz normale Familienleben mit uns. Aber anscheinend ist etwas in ihm, das seine Freiheit oder Ruhe vor uns braucht. Ach ja, er weiß, dass ich Dich um Rat frage und ist auch sehr offen für Deine Arbeit.“

Heftig, oder? Eine eigentlich intakte Familie wird durch eine merkwürdige Krankheit zerstört. Ich bat die geistige Welt, mir doch bitte zu zeigen, was die Ursache der Probleme wäre. Auch von dieser Frau hatte ich Bilder von ihr, ihrem Mann und den Kindern bekommen. Ebenso ein Bild von dem Haus, in welchem sie nun wieder alleine mit den Kindern wohnte.

Meine geistigen Helfer zeigten mir, dass sich in dem Haus noch eine verstorbene Seele befand. Es war der vorherige Besitzer des Hauses, der sich weigerte, ins Jenseits zu gehen. Er wollte sein Haus nicht aufgeben und konnte es nicht loslassen. Einst hatte er es selbst erbaut und war sehr stolz darauf. Als jedoch seine Kinder ausgezogen waren und seine Frau vor ihm verstarb, hielt er diese Einsamkeit kaum aus und bekam Depressionen. Außerdem war er ein sehr herrschsüchtiger Mensch, der immer die Kontrolle über alles haben wollte – so auch jetzt noch. Um weiter auf der Erdenebene existieren zu können, besetzte er den Familienvater, um mit dessen Energie weiter – gewissermaßen als Geist – existieren zu können. Dieser Mann war deshalb auch von den Depressionen und der Wut des Vorbesitzers besetzt und lebte diese Fremdenergien aus. Es wunderte mich nicht, dass es ihm nach Verlassen des Hauses immer recht schnell besser ging. Dieses Phänomen war tatsächlich nur auf das Haus bezogen und konnte den Mann nur innerhalb des Hauses besetzen. Niemals hätte der Vorbesitzer sein Haus verlassen, auch nicht als Geist.

Nachdem ich meine Klientin darüber informierte, was man mir gezeigt hatte, fragte sie, ob dieser Geist denn auch ihr Kind besetzen würde, wenn ihr Mann nicht da wäre. Auch das konnte ich bestätigen, denn der Geist bevorzugte männliche „Opfer“ und deren Kraft. Von Frauen hielt er zeitlebens schon nicht viel und hatte seine Frau immer unterdrückt. Er war eben der Herr im Haus und wollte das auch bleiben!

Auch in diesem Fall schlug ich eine komplette energetische Hausumstellung vor, womit die verstorbene Seele ins Jenseits gehen konnte. Diese verstorbene Seele war letztendlich ja auch verwirrt, weil sie noch nicht richtig akzeptiert hatte, dass sie verstorben war.

Im darauffolgenden Monat führte ich die Energie-Umstellung durch, zu welcher auch der Ehemann zugestimmt hatte. Der verstorbene Vorbesitzer durfte und konnte nun endlich ins Jenseits gehen. Er musste wohl eingesehen haben, dass dieses Weiterexistieren als Verstorbener auch für ihn selbst nicht gut war. Zusätzlich wurden die alten Energien im Haus gereinigt und ich arbeitete ebenfalls noch drei Mal mit dem Ehemann, um die negativen Energien bei ihm abzulösen.

Beide sagten, dass sie sich erst jetzt, nach dieser energetischen Ablösung, im Klaren wären, wie schlimm die Energien vorher waren. Oft fällt einem nicht auf, dass man in und mit niederen Energien lebt, weil man es nicht anders kennt.

Diese sympathische Familie fühlte sich jetzt jedenfalls pudelwohl in ihrem Haus, sie sagten, die Energie wäre jetzt warm und harmonisch im Vergleich zu vorher. Der Mann zog auch direkt nach der Energie-Umstellung wieder zu Hause ein und hatte bis heute nie wieder Depressionen.

Es gibt in fast jedem Haus negative Energien (nach meinen Erfahrungen sind nur zwei von 100 Häusern völlig in Ordnung) – das ist normal und gehört zum Lebensprozess. Manchmal kommen diese negativen Energien aus einer längst vergangenen Zeit und sind noch in der

Jetzt-Zeit verhaftet. Oder es sind ein oder mehrere verstorbene Seelen, die in den heimischen Räumen ihr Unwesen treiben – manchmal bewusst, um die neuen Bewohner zu vertreiben, oft aber auch unbewusst, weil sie noch nicht verstanden oder akzeptiert haben, dass sie verstorben sind.

Aber auch Neid, Missgunst, Hass, Wut, Krankheit, Verzweiflung, Geldsorgen oder verschiedene Lebensumstände usw. sind eine Form von Energie. Diese Energien können sich, wie eingangs erwähnt, in Wänden und Gegenständen verankern und uns lange erhalten bleiben – oft ein ganzes Leben. Bei einer energetischen Umstellung werden diese Energien aufgelöst und transformiert. Dieser Umstellungsprozess dauert in der Regel einige Tage, manchmal sogar bis zu drei Wochen, doch durch diese intensive Reinigung ist die Energie-Umstellung dauerhaft. Die Menschen, bei denen ich eine energetische Umstellung in ihrem Umfeld durchgeführt habe, konnten dies sehr gut spüren – selbst die nicht hellfühlenden oder hellsichtigen.

Bei einer energetischen Hausumstellung können jedoch nur die Themen transformiert oder aufgelöst werden, die den Bewohnern nicht dienlich sind. Grundsätzlich aber werden alle Energien aufgelöst, welche eben nicht zum Lebensplan der Bewohner gehören bzw. die, die nach Beendigung eines oder mehrerer Lernprozesse aufgelöst werden dürfen.

Ein Verstorbener hält fest

Ein Klient rief mich an und bat mich, ihm zu helfen. Er hieß Günther und versuchte seit Jahren, sein Haus zu verkaufen – ohne Erfolg. Ihm wurde das Haus mit dem Grundstück zu groß und er wollte mit dem Erlös aus dem Haus ein gutes Rentendasein in einer kleineren Eigentumswohnung führen.

Das Haus war sehr schön, hatte eine gute Lage und hätte eigentlich für eine Familie interessant sein müssen, zumal neue Fenster und eine neue Heizung eingebaut waren und es auch ansonsten ein sehr gepflegtes Objekt war. Dennoch ließ es sich einfach nicht verkaufen, obwohl es hin und wieder Interessenten gab, die jedoch spätestens nach der Hausbesichtigung unter fadenscheinigen Gründen wieder absprangen.

Als ich das Haus anschaute, fiel mir direkt eine Reihe von außergewöhnlichen Energien auf, die nicht zu dem jetzigen Besitzer passten. In dem Haus lebten auch die Tochter und der Schwiegersohn von Günther, die nicht wollten, dass das Haus verkauft wird. Jedoch nicht aus ideellen Werten, sondern weil die beiden auf das Erbe spekulierten und das Haus sowie seinen materiellen Wert einmal für sich alleine haben wollten. Weiter nahm ich einen verstorbenen Mann wahr, der sich regelrecht an das Haus klammerte. Ich beschrieb Günther, was ich sah und er wusste direkt, dass es sich um seinen verstorbenen Vater handelte, der dieses Haus damals finanziert, gebaut und dabei viel Herzblut hineingesteckt hatte. Er konnte nicht ins Jenseits gehen, weil er immer noch an dem Haus festhielt.

Plötzlich schob sich noch eine verstorbene Frau vor mich, die sich als seine früh an Krebs verstorbene Ehefrau herausstellte und zu mir sagte: „*Ich möchte nicht, dass dieses Haus verkauft wird.*“ Auch sie war noch an das Haus und ihr früheres Leben gebunden. Einige Zeit später führte ich eine Energie-Umstellung durch und trennte die festhängenden Energien ab, befreite das Haus von allen negativen Energien und Personen, die den Verkauf verhindern wollten. Jetzt hatte das Haus eine sehr gute Energie bzw. Schwingung sowie mehrere Interessenten.

Dennoch blockierten die Tochter und sein Schwiegersohn immer wieder den Verkauf des Hauses, um weiter dort wohnen zu bleiben, weshalb ich wöchentlich auf Bitten von Günther diese Blockade auflöste. So konnte er nun relativ schnell einen Käufer finden und endlich seine Pläne in die Tat umsetzen.

Hochwasser

Die nachfolgende Geschichte, die mehr noch an ein Wunder grenzt, ist mir damals selbst passiert: Vor vielen Jahren wohnte ich in einem Haus, das ich komplett nach Feng Shui ausgerichtet hatte und in dem die Energien wunderbar rein und hochschwingend waren, vor allem nach der Energie-Umstellung, die ich natürlich auch dort vor dem Einzug durchgeführt hatte. Dennoch nahm ich ab und zu eine traurige Energie wahr und spürte, dass sie zu dem ehemaligen Besitzer gehörte. Er hatte damals das Haus gebaut und nach den Regeln von Feng Shui ausgerichtet, anschließend verkaufte er es an einen Bekannten, der es mir wiederum vermietete. Mir kam seine Energie auch nicht negativ vor, dennoch spürte ich hin und wieder seine Trauer, sodass ich meinen Vermieter fragte, ob er einen Kontakt zwischen dem Vorbesitzer und mir herstellen könnte. Er tat es gerne, und ich lud den ehemaligen Hausherrn und seine Frau zu Kaffee und Kuchen ein, was sie auch gerne annahmen.

Wir verlebten einen sehr netten und lustigen Nachmittag und sprachen auch über das Haus. Ich versicherte den beiden, dass sie jederzeit wiederkommen könnten, um „ihr" Haus zu besuchen. Er war auch sehr glücklich, dass ich als spirituelles Medium nun in dem Haus wohnen würde und die Energien dort zu schätzen wusste. Die beiden waren sichtlich erleichtert, das konnte man direkt sehen, und die traurige Energie spürte ich seitdem auch nicht mehr, was mich vor allem für ihn freute.

Als ich schon eine Weile in dem Haus wohnte, hatte ich mit meinem Ex-Mann einen Termin bei unserem Steuerberater, um einige Dinge zu klären. Gerade als wir das Gebäude verlassen hatten und auf dem Weg zum Auto waren, ergoss sich ein heftiger Wolkenbruch. Der Himmel wurde schwarz wie die Nacht und es regnete nicht nur massiv, sondern es mischten sich noch Schnee und Hagel darunter. Mir wurde damals mehr als deutlich klar, was man unter einem Wolkenbruch versteht, und wir waren erst einmal froh, als wir im sicheren und trockenen Auto saßen. Trocken war es allerdings nur, weil es auf einer Anhöhe geparkt war. Weiter unterhalb drückten die Wassermassen die Kanaldeckel nach oben und in kürzester Zeit waren die Straßen geflutet. Als der Regen etwas nachließ, fuhren wir langsam nach Hause, was an diesem Tag lange dauerte, da wir viele überflutete Straßen umfahren mussten. Überall waren Feuerwehren unterwegs und die Felder, an denen wir vorbeikamen, sahen aus wie eine Seenlandschaft.

Ich hatte während der ganzen Fahrt Angst um das Haus und hoffte, dass mein Wohngebiet von dem Hochwasser verschont geblieben war. Meinen Arbeitsraum hatte ich mir im Keller erst neu eingerichtet, dort lag ein teurer Teppich und die Wände waren mit Holz vertäfelt.

Als mein Ex-Mann in die Straße, in der ich wohnte, einbog, sah ich schon, dass es alle Häuser hier erwischt hatte. Überall waren Feuerwehrleute, und ein Feuerwehrfahrzeug stand direkt bei meinem Haus; aus einigen Häusern hingen sogar schon die Schläuche zum Abpumpen des Wassers. Da mein angemietetes Haus auch nicht höher stand als die anderen, war mir in diesem Moment klar, was mich erwarten würde...

Als ich jedoch in den Keller lief, stellte ich zu meinem Erstaunen fest, dass alles trocken war. Nicht ein Tropfen Wasser hatte es in das Haus geschafft, hier war alles beim Alten.

Auch mein Ex-Mann war mitgekommen, um mir im Notfall helfen zu können, und auch er war mehr als erstaunt und konnte sich nicht erklären, warum dieses Haus verschont geblieben war. Ich war natürlich überglücklich, dass alles bei mir trocken war, konnte es mir jedoch überhaupt nicht erklären. Auch die Nachbarn waren sichtlich erstaunt über dieses Wunder. Erklären konnte ich es mir nur so, dass die Energie-Umstellung, die ich im Haus vor meinem Einzug gemacht hatte, ein Schutz für das Haus war – nicht nur gegen negative Energien, sondern auch gegen Naturkatastrophen, zumindest in diesem Fall.

Einbruchsenergien

Als ich bei meiner Schwägerin zu Besuch war, überfiel mich ein ungutes Gefühl, wie schon öfter in der letzten Zeit. Meine Schwägerin bemerkte dies und fragte mich, was denn los sei. Ich sagte zu ihr: *„Immer, wenn ich zu Dir komme, habe ich an der Haustüre und im Flur ein merkwürdiges Gefühl, so, als wenn dort eine sehr negative Energie verankert wäre. Für mich fühlt es sich wie eine ‚Einbruchsenergie' an. Aber so, als wenn irgendjemand schon sehr konkrete Pläne hätte. Erschreck' bitte nicht, aber es fühlt sich an wie ein sexueller Übergriff.“*

Natürlich schaute mich meine Schwägerin völlig entsetzt an, meinte aber – und da bekam ich eine Gänsehaut –, dass auch sie dieses Gefühl seit geraumer Zeit habe. Immer, wenn es in letzter Zeit bei ihr klingeln würde, hätte sie Angst, die Tür aufzumachen. Das wäre aber nur der Fall, wenn sie alleine sei.

Jetzt wollte ich wissen, was es genau mit unserem Gefühl auf sich hatte und konzentrierte mich auf diese negative Energie. Meine geistigen Helfer zeigten mir umgehend einen Mann auf einem Fahrrad, etwas korpulent, ungepflegt, mit sehr faulen Zähnen und von einer negativen, aber umso stärkeren sexuellen Lust getrieben. Meine Schwägerin konnte mit der Beschreibung erst einmal nichts anfangen, sie kannte keinen solchen Mann. Doch sie versprach, in nächster Zeit aufmerksam zu sein und nach solch einer Person Ausschau zu halten.

An diesem Nachmittag machten wir noch einen Spaziergang mit ihren beiden Hunden über die Felder. Als uns dort schon von weitem ein Radfahrer entgegenkam, erschrak ich fürchterlich, fing zu zittern an und mir wurde speiübel. Dies war genau der Mann, der mir in der Vision gezeigt worden war! Ich wunderte mich, warum er uns nicht anschaute, als er vorbei fuhr, drehte mich jedoch um und schaute ihm hinterher. Er blieb dann auch tatsächlich an dem Haus meiner Schwägerin stehen und beobachtete es für einen kurzen Moment, bis er wieder auf seinem Fahrrad verschwand.

Umgehend führte ich eine Energie-Umstellung durch, damit die Energie, die sich schon mehrfach (unbewusst) verankert hatte, neutralisiert wurde. Meine Schwägerin benötigte allerdings noch etwas Zeit, um der neuen Energie zu trauen, weshalb ich ihr auf geistigem Wege half, die Angst zu überwinden. Die negative Energie war auf jeden Fall verschwunden, und den Mann nahm ich auch nicht mehr wahr. Ich war mir direkt sicher, dass nun nichts mehr passieren würde. Es war aber auch klar, dass dieser Mann meine Schwägerin und das Haus schon längere Zeit beobachtet hatte und irgendwann seine schlimmen Phantasien in die Tat umgesetzt hätte.

Der angebliche Hausgeist

Bevor ich zu der nächsten Begebenheit komme, möchte ich erklären, was genau ein „Hausgeist" ist:

Jedes Haus besitzt einen Hausgeist, der oft auch Hüter des Hauses genannt wird. Ich habe während meiner langjährigen energetischen Arbeit noch nie ein Haus gesehen, das keinen Hausgeist hatte. Doch es gibt auch negative Hausgeister, je nachdem, ob die Menschen, die das Haus erbaut haben, negativ oder positiv eingestellt waren.
Im positiven Sinne beschützen und behüten Hausgeister jedoch die Bewohner, vor allem arbeiten sie mit, ihnen die für sie entsprechenden Lernprozesse zu ermöglichen.
Hausgeister handeln und wirken immer im Verborgenen und zeigen sich so gut wie nie, auch nicht hellsichtigen Menschen. Dies geschieht nur sehr selten und nur im äußersten Notfall. Niemals würden sie sich – vor allem nicht ungefragt – aufdrängen.

Meine nächsten Klienten fragten mich um Rat, weil sie Probleme in ihrer Ehe hatten. Sie stritten sich um – wie ich meinte – sehr belanglose Dinge. Weil sie sich bereits einiges an spirituellem Wissen angeeignet hatten und auch sehr medial veranlagt waren, interessierten sie sich nun auch für meine Arbeit, und sie wandten sich an mich in der Hoffnung, dass ich ihnen beim Lösen ihrer Eheprobleme helfen konnte. Bei unserem Gespräch erzählten mir die beiden unter anderem, dass sie einen sehr netten Hausgeist hätten, den sie sogar sehen und hören könnten. Es wäre eine ältere Dame, die sich schon bei ihrem Einzug in dieses Haus sehr sympathisch und zuvorkommend als ihr Hausgeist vorgestellt hätte.

Ich sagte: *„In Ordnung, das will ich jetzt ganz genau wissen!"* So bat ich darum, dass sich der Hausgeist mir zeigen möge. Es geschah... nichts! Kein Geist erschien, keine Stimme, die sich mitteilte... nichts. Nur im Augenwinkel sah ich ganz kurz eine ältere kleine Frau mit einer halblangen und etwas altmodischen Frisur, jedoch sehr gut gekleidet. Mir war sofort klar, dass es sich hier nicht um einen Hausgeist, sondern um eine verstorbene Frau handelte, die dort einmal gelebt hatte und nun ihr Haus nicht loslassen konnte. Weil sie wohl ahnte, dass ich ihr falsches Spiel durchschauen würde, zeigte sie sich mir nicht. Daraufhin bat ich John, den Hausbesitzer, er möge doch mal in der Nachbarschaft nachfragen, ob eine Frau mit diesem Aussehen, das ich ihm nun näher beschrieb, bekannt sei.

Es vergingen ein paar Tage, bis John mich wieder anrief. Er hatte herausgefunden, dass tatsächlich eine Frau dieses Aussehens zusammen mit ihrem Mann in dem Haus gewohnt hatte. Die Frau wäre dort sogar gestorben, hätten die Nachbarn ihm erzählt, die nach seinen Beschreibungen diese Frau sofort wiedererkannten. Weiter hätten sie berichtet, dass dieses Paar kinderlos gewesen wäre und außerdem recht arrogant und hochnäsig.

Diesen Eindruck hatte ich auch von der Frau, die durch meine Energie-Umstellung nun gehen musste. Daraufhin hörten die Streitereien zwischen den neuen Besitzern sofort auf und Ruhe kehrte in das Haus ein. Die ältere Frau war in ihrer Ehe wohl nicht sehr glücklich gewesen und wollte auch dieses Paar auseinander bringen, wodurch sie das Haus wieder für sich alleine gehabt hätte. Aus diesem Grund spielte sie beiden den netten Hausgeist vor und wähnte sie so in Sicherheit – ein ganz hinterlistiges Spiel...

Nachdem die Frau nun endlich aus dem Haus war, zeigte sich mir einmal kurz der wirkliche Hausgeist: Ein sehr liebevolles junges Mädchen, das mit ihrer herzlichen und kindlichen Art wieder Lebensfreude und Lebendigkeit in das Haus brachte, was sehr wohltuend war.

Ein Leben mit dem Tod

Ganz oft passieren mir die unglaublichsten Geschichten, wenn ich mit einer Gruppe Seminarteilnehmer unterwegs bin, um sie in die Techniken der dauerhaften Energie-Umstellung einzuweihen. Dazu suche ich immer im Vorfeld ein geeignetes Objekt aus, welches manchmal auch ein Haus oder eine Wohnung eines Teilnehmers sein kann, wie auch im nächsten Fall: Wir waren eine kleine, lustige Gruppe und fuhren nach dem Erlernen des theoretischen Teils zu dem Übungsprojekt, welches diesmal ein Seminar-Teilnehmer, der in der Nähe wohnte, zur Verfügung stellte. Mir war schon ein bisschen mulmig, weil ich wusste, dass dieses Haus sehr viel Negativität beherbergte und es deshalb für den ungeübten Anfänger eventuell schwierig werden könnte. Aber ich war zuversichtlich, dass wir es gemeinsam schon schaffen würden...

Das Haus sah von außen schon düster aus, und ich bekam eine extreme Gänsehaut – für mich immer ein Zeichen für eine hohe Negativität. Der etwa 30-jährige junge Seminarteilnehmer öffnete uns die Tür und bat uns herein. Es gruselte mich, als ich das Haus betrat und meinen Schülern ging es ebenso, das konnte ich an ihren Blicken erkennen, die sie untereinander austauschten. Wirklich wohl fühlte sich hier niemand und ich glaube, sie wären alle am liebsten wieder gegangen. In diesem Haus tummelten sich viele verstorbene Seelen und es roch sehr muffig – so in der Art, wie Schimmel riecht oder sehr alte Möbel, die in einem Keller gelagert werden. Ein weiteres Zeichen, dass in diesem Haus viel Negativität sein musste, waren meine klebrigen Hände – bei mir ein eindeutiger Hinweis auf negative Energien.

Während einer energetischen Energie-Umstellung werden verschiedene Rituale in einer bestimmten Reihenfolge ausgeführt, unter anderem auch ein Feuerritual. Bei diesem Ritual nun standen wir alle in der Mitte der Wohnung um einen Feuertopf herum, in dem bereits ein kleines Feuer brannte. Natürlich auch der Seminar-Teilnehmer, ein junger Mann, der in dieser Wohnung lebte. Durch das Ritual, das wir nun gemeinsam ausführten, stieg aus seinem Körper ein pechschwarzes Skelett, und zwar direkt in das Feuer! Nicht nur ich konnte dies sehen, auch eine Teilnehmerin fragte zögerlich: *„War da jetzt ein schwarzes Skelett oder bin ich verrückt?"* Ich musste lachen und einige mit mir, die dieses Skelett ebenfalls deutlich gesehen hatten.

Nun fragte ich den Wohnungseigentümer, ob er einmal ein schlimmes Erlebnis hatte, bei dem er fast gestorben wäre – denn darauf deutete das schwarze Skelett hin. Er sagte: *„Ja, im Alter von acht Jahren war ich sehr krank und die Ärzte hatten mich bereits aufgegeben. Ich habe es allerdings überlebt und bin wieder gesund geworden."*

Ich sagte ihm, dass er damals so nahe am Tod war, dass sich dieses Ereignis in Form dieses Skelettes bei ihm eingenistet hatte und jederzeit hätte reaktiviert werden können. Es war tatsächlich ein Glück, dass dieses Skelett – und damit das alte Thema – während der Energie-Umstellung abgelöst wurde, sonst wäre der junge Mann früher oder später erneut in solch eine schlimme Lage geraten. Er war sehr dankbar und glücklich und fragte: *„Kann es sein, dass ich mich jetzt anders fühle? Viel leichter, so, als hätte ich plötzlich fünf Kilogramm abgenommen. Und auch innerlich fühle ich mich viel besser und freier."*

Ich erklärte ihm, dass es normal wäre, wenn er jetzt direkt diese Veränderung spüre und dass dieses gute Gefühl noch einige Tage anhalten könnte, bevor der neue, bessere Zustand für ihn zur Gewohnheit würde – eben weil es sein eigentlicher normaler Zustand wäre.

Weil es Sommer und recht heiß war, hatten wir während der gesamten Zeit das Fenster in diesem Raum geöffnet. Das unglaubliche Phänomen bei diesem Ritual war nicht nur, dass manche Teilnehmer dieses schwarze Skelett tatsächlich sehen konnten, sondern auch, dass die Vögel in dem Moment, als das Skelett auftauchte, abrupt aufhörten zu zwitschern. In diesem Moment war es im Raum, aber auch draußen, unglaublich still – so, als würde die gesamte Umgebung den Atem anhalten und die Zeit stehen bleiben. Und als das Skelett in dem Feuer verbrannt war, ging dieses nach etwa 30 Sekunden von ganz alleine aus. In genau diesem Moment fingen die Vögel wieder an zu zwitschern und zu singen – viel lauter als zuvor. Völlig erstaunt schauten wir uns alle gegenseitig an.

Das war tatsächlich ein unvergesslicher Gänsehaut-Moment für die ganze Gruppe! Und obwohl seitdem bereits zehn Jahre vergangen sind, spricht der junge Mann, mit dem ich hin und wieder Kontakt habe, immer wieder von diesem besonderen Phänomen und findet es heute noch unglaublich, was damals alles passiert ist.

Die magnetische Anziehung

Eine Klientin, Sonja, wandte sich an mich, weil sie mit ihren damals 43 Jahren noch keinen festen Partner hatte, sich aber sehnlichst eine feste und vor allem glückliche Beziehung wünschte. Sie geriet immer wieder an Männer, die sie schamlos ausnutzten, sich Geld von ihr liehen und dann auf Nimmerwiedersehen verschwanden. Dazu kam, dass sie in einer – zwar sehr schönen und gemütlichen – Eigentumswohnung lebte, die energetisch nach Feng Shui jedoch keine „Männerenergie" aufwies. Diese Wohnung hatte kein Anziehungsfeld für eine feste Partnerschaft, was sich in ihrem Leben ja auch deutlich zeigte. Außerdem sah ich, dass Sonja mit einem karmischen Thema belastet war, welches abgelöst werden musste. Dieses Thema war ein weiteres Anziehungsfeld für Männer, die sie nur ausnutzten und sie nicht wirklich liebten.

Ich sagte Sonja, dass sie entweder dringend in ihrer Wohnung etwas ändern müsse oder sich etwas Neues suche solle. Dabei wies ich sie aber ausdrücklich darauf hin, dass sie zuvor dringend ihre karmische Blockade bearbeiten sollte, sonst würde sie immer und immer wieder die gleichen Männer und die gleiche Wohnsituation anziehen. Es schien nicht das gewesen zu sein, was sie hören wollte, denn sie blockte meine Ratschläge komplett ab und wollte es nicht wahrhaben. Ohne ihr Karma zu lösen, spielte sie sogar mit dem Gedanken umzuziehen. Sonja hatte sogar schon ein kleines Haus ganz in der Nähe ihrer jetzigen Wohnung gefunden und fragte mich, ob es dort besser wäre. Ich sagte ihr, sie müsse wirklich dringend dieses Karma lösen, denn durch ihr Anziehungsfeld habe sie wie ein Magnet ein Haus angezogen, in dem sie die gleichen Probleme mit Männern erwarten würde, weshalb ich ihr vom Kauf eindringlich abriet.

Kurze Zeit später rief sie mich an und berichtete mir, dass sie das Haus doch gekauft hätte, aber gerne ein Feng-Shui-Seminar besuchen würde. Damals hatten einige Klienten von mir Interesse an einem solchen Seminar, sodass ich eines organisierte, welches mein Feng-Shui-Lehrer abhielt. Zu diesem Seminar brachten die Klienten die Grundrisse ihrer Häuser oder ihrer Wohnungen mit, welche dann detailliert betrachtet wurden. Als der Seminarleiter Sonjas Grundriss näher analysierte, sagte er sofort, dass sie in diesem Haus keine wirkliche Partnerschaft leben könne, dort gebe es keinen Platz für einen Mann, weshalb auch keiner auf Dauer bleiben würde.

Und auch wenn sie das jetzt noch einmal bestätigt bekam, unternahm Sonja keine Versuche, etwas an dieser Wohnsituation zu verändern. Es wäre zumindest von großem Vorteil gewesen, ihr Karma zu lösen und in dem Haus etwas zu verändern, damit das Anziehungsfeld von ihr und ihrem Heim ein anderes, positiveres hätte werden können.

Erst viele Jahre später hörte ich wegen einer anderen Angelegenheit wieder von ihr. Sie war mittlerweile fast 60 Jahre alt und immer noch alleine…

Viele Klienten glauben, dass ein Medium oder ein energetisch arbeitender Mensch einfach mal einen Schalter umlegen kann und alles ist gut. Manchmal ist das sogar so, aber meist muss man selbst auch seinen Beitrag leisten, etwas – manchmal sogar drastisch – zu verändern sowie seine Gedanken und Einstellungen in eine positive Richtung zu lenken, damit man wirklich glücklich leben kann.

Neubau auf einem Ritualplatz

Eine Klientin namens Petra suchte meinen Rat wegen ihrer neuen Eigentumswohnung. Das Haus war noch nicht ganz bezugsfertig, weshalb sie vorab schon einmal eine energetische Umstellung von mir durchführen lassen wollte, damit sie direkt in ein gutes Wohnklima ziehen konnte. Diese Umstellung fand ebenso zu einer Zeit statt, in der ich noch vor Ort arbeitete, weshalb ich zum vereinbarten Termin zu diesem Haus fuhr. Das Haus bestand aus insgesamt sechs Eigentumswohnungen, die alle fast bezugsfertig waren. Das Haus an sich war sehr schön und auch in einer ruhigen und angenehmen Gegend gebaut, jedoch spürte ich bereits bei der Anfahrt, dass dort etwas nicht stimmte. Als ich vor Ort aus dem Auto stieg, schaute ich als erstes auf eine große schwarze Spinne, welche die Hauswand hinaufkroch. Spinnen mögen zwar nützliche Tiere sein, aber in bestimmten Situationen weisen sie auch auf negative Energien hin – vor allem die großen schwarzen bzw. braunen Spinnen.

Ich sagte erst einmal nichts, weil ich mir noch ein Gesamtbild machen wollte. Hierzu gingen wir in ihre Wohnung, die im zweiten Stock lag. Sie hatte kaum aufgeschlossen und die Tür nur wenig geöffnet, schon sah ich die nächste große Spinne, die mitten im leeren zukünftigen Wohnzimmer tot auf dem Boden lag.

Nun zog es mich in die Energie der Wohnung, die recht negativ wirkte, aber irgendwie auch tot, so als gäbe es hier keine wirkliche Lebensenergie. Das fühlte sich sehr merkwürdig an, weshalb ich den Grund dafür wissen wollte und mich tiefer in die Ursache dafür ziehen ließ. Man zeigte mir nun, dass unter dem Haus auf dem Bauplatz ein schwarzmagisches Ritual lag, welches von einer verstorbenen Seele bewacht wurde, auch „Hüter des Rituals“ genannt. Man führte mich noch tiefer in das ehemalige Geschehen an diesem Ort, und ich sah, dass an diesem Platz früher schwarzmagische Messen abgehalten wurden. Plötzlich wurde mir eiskalt und als ich aufsah, bemerkte ich, dass die Hüterin des Platzes vor mir stand und mir drohte. Ich blieb ganz ruhig und versuchte, Kontakt mit ihr aufzunehmen. Sie vermittelte mir, dass sie diese Frau nicht in der Wohnung haben wollte, weil diese ihr zu feinfühlig sei und sie deshalb zu viel sehen könnte.

Jetzt konnte aber der Mietvertrag mit dem Eigentümer der Wohnung nicht mehr rückgängig gemacht werden, weshalb ich der Hüterin Folgendes erklärte:

Ich kann in einem Mehrfamilienhaus immer nur die Wohnung energetisch umstellen und von den anderen Energien im Haus abschotten, für die ich den ausdrücklichen Auftrag habe. Es wäre ansonsten übergriffig, auch die anderen Wohnungen zu bearbeiten, wenn das nicht gewünscht ist und den Menschen dort Lernprozesse vorenthalten würde. Nur wenn alle Bewohner einverstanden sind, kann ich ein Mehrfamilienhaus komplett reinigen und energetisch umstellen.

In dem vorliegenden Fall wäre das dann so gewesen, dass ich das Grundstück und das Haus komplett von diesem wirklich sehr negativen schwarzmagischen Ritual hätte befreien können. Damit hätte auch die Hüterin gehen müssen. Es war jedoch so, dass ich – mit dem ausdrücklichen Einverständnis dieser Hüterin – die Wohnung von Petra erfolgreich umstellen konnte. Dort waren nun positive Energien und die Wohnung war vor den negativen Energien dieses Grundstücks komplett geschützt und abgeschottet.

Mittlerweile, nach über zehn Jahren, wohnt Petra als einzige der ersten Bewohner noch in diesem Haus. Manche sind ausgezogen, weil es ihnen dort schlecht ging, zum Beispiel wurden die Eigentümer der unteren zwei Wohnungen sehr krank. Die Bewohner der anderen Wohnung auf derselben Etage starben sogar kurz hintereinander.

Viele Klienten schreiben mir nach einer Energie-Umstellung oder einer medialen Beratung sowohl ihre Geschichte als auch die Erfahrungen, die sie mit der energetischen Arbeit gemacht haben. Ich möchte Ihnen – im Einverständnis mit den Verfassern der Briefe – drei der Briefe zur Verfügung stellen, die interessante Geschichten beinhalten, welche wiederum aufzeigen, was alles in Zusammenarbeit mit der geistigen Welt möglich ist:

Das Spukhaus – Brief von Bea vom 4. Januar 2006

Liebe Martina,

ich möchte Dir gerne meine Erfahrungen zu Deiner Energie-Umstellung aufschreiben, weil diese Arbeit so viel in meinem Leben zum Positiven verändert hat:
Jetzt weiß ich gar nicht so recht, wo ich anfangen soll, denn mein bisheriges Leben war nicht einfach und geprägt von großen, ernsthaften Schwierigkeiten, Sorgen und Kummer. Alle näheren Umstände möchte ich hier nicht beschreiben, aber ich war wirklich verzweifelt, zermürbt von meinem schweren Leben, zudem auch sehr nervös.
Doch eines Tages änderte ein kleiner Katalog vom Kopp-Verlag alles! Beim Durchstöbern entdeckte ich Dein Buch „Ich spreche mit Toten", was ich mir aber eigentlich in meiner damaligen Situation nicht leisten konnte. Aus diesem Grund legte ich den Katalog erst einmal zur Seite, doch der Titel ging mir nicht aus dem Kopf. So verzichtete ich auf etwas anderes und bestellte mir das Buch. Als ich das Buch bekam, fing ich sofort zu lesen an, vor allem einige markante Stellen las ich mehrfach – nicht, weil ich sie nicht verstand, sondern weil es mich so berührte, was Du alles durchmachen musstest.
Deine Geschichte und Arbeit berührten mich so sehr, dass ich mich entschloss, Dich anzurufen, um Dich um einen Termin zu bitten – wozu ich schon etwas Mut brauchte.
Doch als ich mit Dir am Telefon sprach und Deine ruhige und herzliche Stimme hörte, wusste ich ganz genau, dass Du mir würdest helfen können, was mich sehr beruhigte. Außerdem hast Du direkt meine Sorgen und Probleme erkannt, worüber ich sehr erstaunt war.

Mir wurde nun endlich klar, warum mein Mann und ich seit vielen Jahren von immer wiederkehrenden Krankheiten gekennzeichnet waren: In unserem Haus waren sehr viele Seelen von „niedrigster klebriger Masse“, die Seelen mit der niedrigsten Schwingung. Bereits früher dachten wir immer wieder, dass es in unserem Haus spukte. Wir hörten Schritte oder auch ein Klopfen an der Tür, was wirklich unheimlich war, denn wenn wir nachsahen, war niemand da. Auch unsere Hündin schien diese negativen Energien zu spüren und zu sehen, aber das wurde mir erst im Nachhinein bewusst. Erst später konnte ich ihr Verhalten richtig einschätzen. Sie wanderte jede Nacht durch die Wohnung und schlief grundsätzlich mit dem Kopf zur Tür. Es kam auch vor, dass sie sich plötzlich aufrichtete und in Richtung Tür knurrte.
In der Nacht vor der Energie-Umstellung war es besonders schlimm. Meine Hündin und ich waren oft alleine zu Hause, auch an diesem Tag. Mein Mann schlief 300 km entfernt, er war auf Geschäftsreise. Wir beide konnten jedoch in dieser Nacht nur sehr schlecht schlafen. Morgens rief er mich an und klagte über sehr starke Kopfschmerzen, gegen die nichts half, auch keine starken Schmerztabletten.
Ich selbst hatte ein mulmiges Gefühl und war sehr unruhig, weshalb ich mir ein christliches Buch zur Hand nahm und darin las. Während des ersten Tages der Energie-Umstellung hörte ich immer wieder Klopfgeräusche aus der unteren, leerstehenden Wohnung, die, wie Du mir später erzählt hast, am schlimmsten von den negativen Energien betroffen war.
Später ging ich mit meiner Hündin Gassi, und als wir wiederkamen, schaute ich wie immer in der unteren Wohnung nach dem Rechten. Dort roch es nach verbranntem Fleisch, und obwohl meine Hündin auch immer durch diese Wohnung lief, weigerte sie sich an diesem Tag, diese zu betreten.

Doch nach diesem ersten Tag der energetischen Reinigung konnte ich zum ersten Mal nach Jahren durchschlafen und wachte viel erholter auf. Das hatte mir unheimlich gut getan und ich fühlte mich wie nach einem Kurzurlaub. Auch mein Mann fühlte sich besser, er war mittlerweile wieder zu Hause und seine Kopfschmerzen waren nach dieser Nacht endlich verschwunden.
Aber am nächsten Tag telefonierte ich mit meinem Sohn und sah plötzlich etwas Dunkles von einer Wand zur anderen schweben. Daraufhin schlief ich in dieser Nacht wieder sehr viel schlechter. Doch als Du am Tag darauf anriefst und sagtest, dass Du die Energie-Umstellung nun abgeschlossen hättest, war mir direkt viel wohler, und ich war sehr erleichtert. Meine innere Stimme und mein inneres Gefühl sagten mir, dass es von nun an bergauf gehen würde.
Und so war es auch, denn seit der Energie-Umstellung fühlen wir uns wieder richtig wohl in unserem Haus. Die Luft ist merklich reiner und sauberer geworden, wir schlafen seitdem sehr gut und unsere „Zipperlein" sind auch deutlich weniger und besser geworden. Deshalb möchten meine Familie und ich uns mit diesem Brief ganz herzlich bei Dir und Deiner wertvollen Arbeit bedanken,

Deine Bea und Familie

P.S.: Im Januar war ich mit meiner Hündin in unserem Garten. Da sah ich, wie eine schwarze Gestalt über den Zaun in unseren Garten springen wollte, aber sie fiel wieder zurück. Es sah aus, als würde sie abprallen. Einige Tage später sah ich dann, wie eine schwarze Gestalt bei unserem Nachbarn durch das Fenster sprang – unheimlich. Aber ich weiß, dass sie uns nichts anhaben kann.

Die gesamte Familie war so glücklich über ihre neu gewonnene Lebensqualität, dass mir sogar ihr Sohn Matthias einen Brief schrieb, welchen ich Ihnen auch nicht vorenthalten möchte:

Liebe Martina,

ich möchte Ihnen gerne von meinen Erfahrungen mit der Energie-Umstellung berichten. Entschuldigen Sie bitte, wenn ich einen unfachmännischen Begriff verwenden sollte. Für die Reinigung bzw. Energie-Umstellung verwende ich daher nun einfach den Begriff „Umstellung".
Nachdem Sie also die Umstellung vorgenommen haben, bin ich wenig später für ein Wochenende nach Hause gefahren. Ich war gespannt, ob ich überhaupt etwas merken würde. Und wenn ja, was genau es sein könnte. Umso gespannter war ich, weil ich hier, ca. 500 km entfernt, tatsächlich merkte, dass Sie irgendetwas vorgenommen haben. Das lässt sich allerdings mit unseren normalen Wortschatz nicht erfassen.
Daher war ich ziemlich neugierig, als ich an dem besagten Wochenende in den Zug gestiegen bin. Auf der Fahrt nach Hause wollte ich nicht über die Umstellung nachdenken. Unvoreingenommen wollte ich zu Hause eintreffen und mich überraschen lassen. Als ich nach der langen Zugfahrt dann endlich zu Hause ankam, war ich von der langen Fahrt ziemlich müde. Wie immer, an der Haustüre angekommen, ging ich sofort in die Wohnung nach oben, legte meinen Rucksack ab, zog mich um und setzte mich mit meiner Mutter für eine Tasse Kaffee an den Tisch.
Schon da merkte ich, dass die Luft in der Küche sauberer und reiner war – wie nach einem Gewitter. Als hätte man die Luft gewaschen. Nachdem wir nun den Kaffee getrunken hatten, ging ich durch das gesamte Haus und in die untere Wohnung. Überall merkte ich die reine Luft.

In der unteren Wohnung roch es manchmal ziemlich stickig, jetzt ganz frisch. Das war schon ziemlich merkwürdig.
Jedenfalls freue ich mich, dass es besser geworden ist. Sogar unsere Hündin schläft jetzt wieder regelmäßig durch. Von den Schritten im Flur, von dem kalten Windhauch und dem plötzlichen Pendeln der Kuckucksuhr keine Spur mehr. Früher hatte ich hin und wieder das Gefühl, dass man nicht alleine in der Wohnung ist, so als ob man ständig beobachtet wird. Jetzt scheint das Gefühl vorbei zu sein. Durch die frische Luft ist auch das bedrückende Gefühl verschwunden. Meine Allergie hat sich nach der Umstellung auch wesentlich gebessert. Ich brauche viel weniger Tabletten als vorher. Damit hätte ich überhaupt nicht gerechnet.
Ich möchte Ihnen für die vollzogene Umstellung von Herzen danken. Ich wünsche Ihnen alles Gute,

Ihr Matthias

Selbstmord

Die Geschichte eines tragischen Schicksals erreichte mich im Januar 2006 von einer Familie, die ihren Mann und geliebten Vater zweier Töchter auf eine tragische Weise verloren hatten. Ihm gehörte ein Hotel, das nur noch rote Zahlen schrieb, sodass er sich wegen seines finanziellen Ruin und anderer Sorgen, die noch hinzu kamen, das Leben nahm. Er erhängte sich zu Hause im Wohnzimmer, und seine Frau fand ihn erst, als er bereits tot war. Hinterlassen hat er ihr und der Familie ein großes, hochverschuldetes Hotel, sodass ihnen keine andere Wahl blieb, als es billig zu verkaufen.

Sie bat mich nun um eine Energie-Umstellung ihres Wohnhauses, weil sie die Energie ihres Mannes dort noch wahrnahm und den Wunsch hatte, dass er ins Licht gehen konnte.

Doch ich kann leider nicht bestimmen, wohin die Seele nach ihrem Ableben kommt – ob ins Licht oder an einen anderen Ort im Jenseits, an dem die Seele sich noch weiter entwickeln und Lernprozesse durchlaufen kann. Das bestimmt Gott bzw. die geistige Welt ganz alleine... Ich kann aber mit Hilfe der geistigen Welt die Energien so umstellen, dass sich die Überlebenden wieder wohlfühlen können und die Seelen nicht länger auf der Erde verweilen müssen.

Die Ehefrau des Verstorbenen, ihre Kinder und deren Großeltern waren auf ihre eigene Art ebenso hellfühlend und hellsichtig, und sie wollten alle während der Energie-Umstellung im Haus anwesend sein.

Nachdem die Umstellung vollzogen war, erreichte mich der folgende Brief von der Ehefrau, Petra:

Liebe Martina,

heute möchte ich Dir über unsere positiven Veränderungen schreiben, die sich mit der Energie-Umstellung, die Du bei uns gemacht hast, eingestellt haben.
Allen Beteiligten ging es besser, wir fühlten uns freier, leichter, der Zorn auf die Tat von meinem Mann wurde weniger und sogar meine Rückenschmerzen verschwanden.
Während der Energie-Umstellung mussten meine zwei Mädchen regelrecht aus der Küche fliehen, in der sie sich befanden. Die Ältere überkam eine große Müdigkeit, und sie schlief in ihrem Zimmer ein. Auch mein eigener Vater, der bei der Umstellung anwesend war, schlief tief und fest ein. Ich ging in den Vorraum und musste mich hinknien, dann fing ich an, das „Vater-Unser" zu beten und bat um Verzeihung für alles, was ich in diesem Haus an Fehlern gemacht habe. Ich weinte bitterlich, und in diesem Moment kam meine jüngste Tochter, hielt mich fest und weinte mit mir zusammen.
Nach der Umstellung wurde unser Umgang miteinander herzlicher und wir fühlten uns in unserem Haus sehr wohl. Im Hotel passierten auch GOTT SEI DANK keine negativen Sachen mehr und ich glaube jetzt sogar fest daran, dass unsere finanzielle Lage wieder besser wird.
Im Wohnzimmer, in dem sich mein Mann erhängt hatte, spüre ich keine negativen Energien mehr – im Gegenteil, dort ist nun ein guter Raum zum Entspannen und Meditieren. Meine Enkelin liebt diesen Raum sogar sehr und hält sich dort am liebsten auf.
Auch wenn es uns allen besser geht und wir die Entscheidung des Freitodes meines Mannes akzeptieren können, so können wir sie immer noch nicht ganz verstehen und vermissen ihn sehr.

Er war ein so lieber Mensch, und er fehlt uns sehr. Doch nach der Umstellung ging es uns allen wirklich besser, auch meine Gedanken kann ich besser kontrollieren und immer wieder auf das Positive ausrichten.
Wir haben jetzt alle einen Neuanfang machen können und hoffen, dass wir irgendwann über den Verlust meines Mannes hinwegkommen können.
Vielen Dank für Ihre Hilfe, Martina, wir hören sicher bald wieder voneinander,

Ihre Petra

Keine Aufträge

Eine ältere Dame, die sehr aufgeregt schien, meldete sich telefonisch bei mir. Sie erzählte mir, dass sie selbstständig ist und ein gut laufendes Architektenbüro führt. Weil ihr Geschäft so erfolgreich war, hatte sie sich vor ein paar Monaten vergrößert, wozu sie neue, größere Räume angemietet hatte. Seitdem jedoch blieben bei ihr mehr und mehr die Aufträge aus, bis sie keine mehr bekam und jetzt vor der Schließung ihres Geschäftes stand.

Ich bat sie, mir den Grundriss ihrer Räumlichkeiten zuzusenden und sah darauf, dass ihr nach Feng Shui die Reichtums- und Berufsecke komplett fehlte. Auch die Energien in den Räumen waren sehr negativ, was diesen unaufhaltsamen Weg in den Ruin noch beschleunigt hatte.

Ich führte eine Energie-Umstellung durch und beriet sie, wie sie die Reichtumsecke neu aktivieren konnte. Nach ein paar Tagen berichtete mir die Dame, dass sich die Räume ganz anders anfühlten, die Energie wäre viel leichter und die Luft schien klarer. Sie sagte außerdem, dass die Farben der Wände und Möbel heller und intensiver strahlten, was durchaus viele Klienten nach einer energetischen Umstellung berichten. Und nachdem sie auch noch die Reichtumsecke an einer anderen Stelle aktiviert hatte, bekam sie schon nach wenigen Tagen neue Aufträge.

Nach etwa drei Wochen meldete sie sich erneut bei mir und erzählte, dass es für sie wie ein Wunder wäre, ihr Büro sei wieder sehr erfolgreich und für die nächsten Monate sogar ausgebucht, was mich sehr freute.

Hausbeben

Wieder einmal war ich mit einer meiner Seminargruppen unterwegs zu einem Übungsprojekt. Es handelte sich um ein Holzhaus, das wunderschön am Waldrand lag. In diesem Haus wohnte ein Pärchen, dessen Kinder schon erwachsen und ausgezogen waren.

Der Mann wurde jede Nacht wach und beschwerte sich darüber, dass ein Tier in seinem Haus Krach machte. Für ihn hörte es sich wie eine große Katze an, die nachts durch das Haus lief. Sie selbst hatten jedoch kein Haustier, weshalb die Geräusche unerklärlich waren.

Eines nachts sah der Mann dann dieses Tier vor seinem geistigen Auge. Er sah einen großen schwarzen Panter, der voller Aggressionen war und im Haus umherstreifte, sogar die Wände konnte er hochlaufen. Als der Mann das sah, bekam er panische Angst, verrückt zu werden. Und noch mehr Angst hatte er vor diesem Wesen. In seinem Inneren wusste er, dass dieses Monster nur darauf lauerte, dass er unaufmerksam wurde, um ihn dann zu vernichten.

Seine Frau glaubte ihm zwar, dass er Angst hatte, das konnte sie sehen, aber sie dachte, dass er verrückt geworden war. Auch die Kratzspuren an Wänden und sogar an manchen Decken, die man ganz real sehen konnte, änderten nichts an ihrer Meinung. Im Gegenteil, sie war sich sicher, dass er diese Kratzspuren selbst gemacht hatte, um sie von „einem Monster“ zu überzeugen.

Irgendwann hörte der Mann von mir und meiner Arbeit und überredete seine Frau, dass ich mir das mal genauer anschauen sollte. So machte ich ihm den Vorschlag, dass ich mit einer Seminargruppe bei ihm eine Energie-Umstellung durchführen würde, worüber er sich freute – seine Frau jedoch blieb sehr skeptisch. Was auch sehr mysteriös erschien, war ein Riss, der sich am Boden durch das ganze Haus zog – real und für alle sichtbar, jedoch völlig unerklärlich. Es sah aus, als hätte es ein Erdbeben gegeben, welches das Haus bzw. die Erde darunter geteilt hatte.

Als ich nun mit der Gruppe vor Ort war, konnte ich ihn erst einmal beruhigen, indem ich ihm sagte, was ich selbst sehen konnte: *„Ich kann dieses Wesen auch sehen. Es ist schwarz, sehr groß und voller Hass. Sowie Sie unvorsichtig sind, wird es Sie packen, um Sie zu vernichten."* Man sah ihm direkt an, wie erleichtert er war, dass ich das Wesen genauso beschrieb, wie er es sehen konnte. Seine Frau schaute mich ungläubig an, wahrscheinlich dachte sie, ich würde mit ihm unter einer Decke stecken. Als ich nun jedoch dieses Wesen in allen Einzelheiten genau so beschrieb, wie ihr Mann es immer tat, hörte sie sehr aufmerksam und erstaunt zu.

Nun erklärte ich meinen Schülern, was genau in diesem Haus vor sich ging und sie begannen gemeinsam mit der Energie-Umstellung. Währenddessen redete ich noch mit der Frau draußen im Garten, weil sie mir erzählen wollte, dass sie wirklich dachte, ihr Mann sei verrückt geworden. Während wir uns unterhielten, sah ich, dass das Haus auf einem Schotterhaufen erbaut war, und der Untergrund erschien ganz schief. Ich begann sofort damit, alles energetisch auszugleichen, was mir auch nach kurzer Zeit gelang. Kaum war ich fertig damit, hörte ich Schreie im Haus und alle meine Seminarteilnehmer rannten aufgeregt nach draußen.

Ich fragte sie, was denn los wäre und dachte, sie hätten nun doch alle das Wesen sehen können. Aber eine Schülerin erzählte mit aufgeregter, atemloser Stimme: *„Martina, Du wirst es nicht glauben, aber das Haus fing zu beben an. Mir wurde total schwindelig und ich bin fast hingefallen. Erst dachte ich, es wäre mein Kreislauf, aber den anderen erging es ebenso. Gudrun ist sogar aufs Bett gefallen, weil alles so gewackelt hat. Auch die anderen konnten sich kaum auf den Beinen halten. Wir dachten, das Haus bricht zusammen!"*

Ich beruhigte alle, dass nichts Schlimmes passiert war, musste dann aber lachen. Sie waren durch die Arbeit mit der Umstellung geistig mit der Energie des Hauses derart verbunden, dass sie meine Arbeit des Ausbalancierens und die Korrekturen an der Standfestigkeit sofort spürten. Niemals hätte ich gedacht, dass diese Korrektur so heftige

Auswirkungen haben könnte und entschuldigte mich bei meiner Gruppe, weil ich ihnen solche Angst eingejagt hatte. Nachdem wir diesen Vorfall besprochen hatten, wollten sie weiterarbeiten und gingen wieder ins Haus zurück. Ich wollte noch kurz etwas mit den Besitzern klären und ihnen dann folgen, als ich den nächsten Schrei aus dem Haus hörte. Diesmal war es Doris, die schrie, weil sie das Monster genau vor sich sehen konnte. Ich rannte schnell ins Haus, sah, dass sie angegriffen wurde, stellte mich vor diese Kreatur und sagte laut und bestimmend: „*Liebe, Glaube, Hoffnung!*" Die Energie dieser Worte war so stark – natürlich auch durch die vorangegangene Energiearbeit der Schüler –, dass das Wesen in sich zusammenfiel.

Die Besitzer waren auch mit mir zusammen ins Haus gekommen, und so konnte die Frau nun abermals hören, dass Doris dieses Wesen genauso beschrieb wie zuvor ihr Mann und ich. Was sie aber absolut von unserer Arbeit überzeugte und auch uns alle in Erstaunen versetzte, war die Tatsache, dass nach der Energie-Umstellung alle Kratzspuren im Haus und auch der Riss im Boden weniger wurden.

Wir waren alle überrascht, dass sich sogar diese Folgeerscheinungen völlig aufzulösen schienen. Mehr denn je waren alle von dieser Art von geistiger Arbeit überzeugt und stolz, bei solch einem Ereignis dabei gewesen zu sein. Jetzt war auch die Frau überzeugt, dass hier Mächte am Werk waren, die man mit weltlichem Wissen nicht erklären konnte. Sie entschuldigte sich direkt bei ihrem Mann, dass sie ihm nicht zur Seite gestanden und ihm nicht hatte glauben können.

Dies war ein wirklich sehr ereignisreicher Sonntag, den wir alle nicht so schnell vergessen konnten.

Wer nicht hören will…

Als ich Maik kennenlernte, war ich überrascht, wieviel Lebensfreude und Mut er trotz seiner schweren Erkrankung hatte. Er war verheiratet, hatte einen Sohn und war Mitte Dreißig. Maik hatte eine chronische Lungenentzündung und Nierenprobleme. Seine Nieren arbeiteten nicht mehr selbstständig, weshalb er dreimal wöchentlich zur Dialyse musste, um sein Blut zu reinigen. Seine permanent entzündete Lunge bekam er trotz der vielen Medikamente nicht in den Griff, die Erkrankung blieb chronisch.

Nachdem ich ihn gefragt hatte, wie alles begann, erzählte er mir Folgendes: „*Vor vielen Jahren hatten meine Frau und ich große Eheprobleme, und die Scheidung war bereits eingereicht. Bevor wir jedoch nach dem Trennungsjahr geschieden wurden, stellte man fest, dass meine Nieren nicht mehr eigenständig arbeiten und ich für immer Dialysepatient sein würde. Probleme mit der Lunge hatte ich ebenfalls regelmäßig, aber jetzt waren sie dauerhaft entzündet, was mich sehr beeinträchtigte. Nur ein Gutes hatte die ganze Krankheit, denn meine Frau wollte sich nun doch nicht scheiden lassen, um mir beizustehen.*“

Ich ahnte bereits, dass hinter seiner Krankheit eine große Angstblockade von ihm saß. Zusätzlich fehlte in seinem Haus die Gesundheitsecke, dort war draußen ein Autostellplatz. Die fehlende Gesundheitsecke trug dazu bei, dass er nicht dauerhaft gesund werden konnte, zumal seine Frau ebenfalls davon betroffen war, Maik ihr aber die Beschwerden abnahm. Dies tat er allerdings nicht nur aus Liebe, sondern auch, damit er seine Krankheit erhalten konnte. Ich sagte ihm, dass es in seinem Fall keine Möglichkeit geben würde – so die Aussage seines Engels –, in diesem Haus gesund zu werden. Dort war es nicht möglich, durch eine Energie-Umstellung und eine andere Ausrichtung nach Feng-Shui wieder gesund zu werden. Hierzu wäre es dringend erforderlich, mit seiner Frau in ein anderes Haus zu ziehen.

Maik jedoch, ich ahnte es, blieb mit seiner Familie in diesem Haus wohnen. Zu groß war seine Angst, dass er von seiner Frau verlassen werden würde, wenn es ihm wieder besser ginge. Unbewusst erhielt er mit seiner Krankheit dieses Abhängigkeitsverhältnis aus Mitleid und Schuldgefühlen, aber nicht aus wahrer Liebe. Leider konnte ich in diesem Fall tatsächlich nichts mehr für ihn tun.

Das Zehnfamilienhaus

Ein Graf investierte in ein Zehnfamilienhaus, um es bzw. seine zehn Wohnungen komplett zu sanieren. Anschließend wollte er die Wohnungen vermieten.

Als ich mir das Haus anschaute, sah ich, dass dort grundlegend eine grauenvolle dunkle Energie herrschte. Zusätzlich hatten über die Jahrzehnte dort so viele verschiedene Menschen gewohnt, die ebenfalls viele ihrer meist negativen Energien dort hinterlassen hatten.

Nun war dies für mich nichts wirklich Außergewöhnliches, sodass die Umstellung wie geplant gut lief. Interessant war aber – und das war neu für mich und hatte ich in dieser Form noch nie erlebt –, dass bei jeder einzelnen Wohnung während der Umstellung, und auch danach, eine ganz spezielle Energie vorhanden war. Ich fragte, warum hier jede Wohnung eine zwar sehr gute, aber dennoch ganz individuelle Energie bekam. Die Engel erklärten mir, dass sie jetzt schon wüssten, wer welche der Wohnungen beziehen sollte und die Mieter deshalb ihren jeweiligen Lernprozessen entsprechend eine spezielle und persönliche Energie bekamen.

Als ich fertig war, rief mich die Gräfin an und erzählte mir, was sie und ihr Mann – beide sind sehr hellfühlig – dort gespürt hatten. Für sie war es ebenfalls eine völlig neue Erfahrung, denn auch sie konnten fühlen, dass jede Wohnung eine andere spezielle Energie bekommen hatte. Die Gräfin sagte, dies wäre ganz anders als nach meiner Energie-Umstellung in ihrem Herrenhaus, in dem die Energie in allen Räumen seitdem gleichbleibend ist. Auch staunten sie über die Voraussicht der Engel und waren gespannt, welche Menschen dort einziehen würden. Jetzt bekam ich während des Gespräches noch eine Botschaft aus der geistigen Welt für sie, die ich ihr mitteilte: *„Die Engel sagen, Du sollst bitte einen bestimmten Mann, der sich bei Euch für eine Wohnung bewerben wird, nicht als Mieter nehmen, er würde dem gesamten Haus nicht gut tun.“* Nun zeigte man mir diesen Mann, sodass ich ihn der Gräfin in allen Einzelheiten gut beschreiben konnte, sogar sein Auftreten und wie er sich geben würde, konnte ich sehen und an sie weitergeben.

Eine Weile später rief sie mich wieder an und berichtete, dass genau solch ein Mann bei ihnen wegen einer der Wohnungen angefragt hatte und im Detail so aussah, wie beschrieben. Sofort hatte sie ihn erkannt und ihm gesagt, dass sie sich bereits für einen anderen Mieter entschieden hätten. Zum Glück vertrauten sie den Botschaften der Engel, denn dadurch blieb ihnen sehr viel Ärger erspart.

Explosion im Küchenschrank

Mein ehemaliger Mann, meine Kinder und ich suchten vor vielen Jahren ein etwas größeres Haus mit einem größeren Raum für mich, in dem ich meine Klienten für die persönlichen Beratungen empfangen konnte und der groß genug für meine gut besuchten Seminare war. Dank der geistigen Welt fanden wir solch ein Haus, und ich freute mich, dass wir nun alle viel mehr Platz hatten. Damals war ich bereits in die geistigen Energie-Umstellungen eingeweiht und gab mein Wissen in Seminaren weiter. Ich hätte es also wissen müssen...

Doch vor dem Umzug beschloss ich, dass ich es diesmal anders machen würde. Eigentlich war es sinnvoll, die Häuser oder Wohnungen vor einem Umzug energetisch umzustellen. Doch diesmal war ich ganz schlau – so dachte ich zumindest – und wollte erst einmal das ganze Mobiliar samt Inhalt an Ort und Stelle haben. Erst wenn wir mit dem Umzug komplett fertig wären, wollte ich die Energie-Umstellung durchführen, damit auch sämtliches Inventar direkt mitgereinigt würde.

Und dann kam die Lektion, die zeigt, dass auch ein Medium immer wieder dazulernen darf: Der Umzug war soweit fertig, aber noch nicht alle Möbel hatten ihren Platz gefunden, Schränke und Regale mussten teilweise noch aufgebaut und aufgehängt werden. Und natürlich waren noch längst nicht alle Kartons und Kisten ausgepackt. Allerdings waren die Küche und auch die Schlafzimmer fertig, und so wohnten wir schon in dem Haus. Dass in diesem Haus eine negative Energie war, sah ich bereits bei der Besichtigung vor vielen Wochen, dennoch hielt ich an meinem genialen Plan fest, die Energie-Umstellung erst durchzuführen, wenn alles fertig war. Anschließend wäre dann alles wunderbar sauber – materiell durch die Renovierung und das Putzen sowie geistig durch die energetische Reinigung.

Doch während wir noch renovierten und Möbel aufbauten, ging so einiges schief... Vorher exakt ausgemessene Bohrlöcher bescherten uns schiefe Regale, Dübel wollten nicht halten, plötzlich fehlten Schrauben von Möbeln, die mein Mann eigentlich ganz ordentlich verpackt hatte.

Das Essen brannte mir ständig an, Gegenstände fielen einfach runter usw. Es waren keine schlimmen Sachen, die passierten, aber wir fühlten uns auch irgendwie noch nicht wohl in dem neuen Heim.

Dennoch blieb ich stur und saß das alles aus. In der ganzen Hektik brachte ich die ganzen Vorkommnisse noch nicht einmal direkt mit den Energien im Haus in Verbindung, ich dachte, das alles wäre dem Umzugschaos geschuldet. Das wurde mir erst richtig klar, als wir schon fast fertig waren und der Zeitpunkt der Umstellung nahte: Mitten in der Nacht schreckte ich aus dem Schlaf auf. Ein sehr lauter Knall, wie eine Explosion, hatte mich und meinen Mann geweckt. Wir gingen durch das Haus und schauten nach, ob alles in Ordnung war. Zum Glück war alles normal, es gab keine größere Katastrophe, und die Kinder schliefen auch friedlich in ihren Betten. Vielleicht, so dachten wir, war der laute Knall ja draußen gewesen.

Am nächsten Morgen aber, als ich in die Küche ging und einen der oberen Hängeschränke öffnete, fielen mir Scherben entgegen. Jetzt wusste ich, woher dieser Krach in der Nacht gekommen war, denn in dem Schrank war aus dem Nichts und ohne Grund eine komplette große Porzellanschüssel regelrecht explodiert. Im ganzen Schrank lagen größere, kleinere und winzige Splitter verteilt auf dem restlichen Geschirr, was mir erst einmal einiges an Arbeit verschaffte. Während ich dort am Aufräumen war, zeigte mein Engel mir, was geschehen war: Die negative Energie hatte sich zusammengeballt und mächtig Druck aufgebaut. Dieser Druck führte dann zu dieser Explosion, die dank der Engel im Küchenschrank stattfand und nicht außerhalb, wo die Auswirkungen uns hätten verletzen können. Direkt im Anschluss begann ich mit der Energie-Umstellung, sodass von diesem Zeitpunkt an nichts mehr passierte und wir uns außerdem sehr wohl fühlten.

Man sieht, dass auch ich regelmäßig Lektionen bekomme, um weiter zu lernen. Das war das einzige und letzte Mal, dass ich nicht schon vor einem Umzug eine Umstellung praktiziert habe. Dies empfehle ich auch all meinen Klienten. Wenn man direkt eine geistige Energie-Umstellung durchführt, bevor man einzieht, gehen die Renovierungsarbeiten und der Umzug viel leichter und reibungsloser vonstatten.

Damals allerdings stand ich noch am Anfang meiner spirituellen Arbeit und probierte so einiges aus...

Meine Bedenken, dass dann das Inventar nicht gereinigt wäre und ihm eventuell negative Energien (auch bei neuen Möbeln) anhaften könnten, zerstreuten mir die Engel, indem sie mir erklärten, dass bei einer Energie-Umstellung anschließend immer positive, reinigende Energien in einer Wohnstätte bleiben, um permanent und dauerhaft alle negativen Energien sofort zu reinigen – es sei denn, sie gehören zu einem Lernprozess und müssen für eine gewisse Zeit bestehen bleiben.
Diese reinigenden und schwingungserhöhenden Energien sehen hellsichtige Menschen als Energie- oder Lichtkugeln, die permanent durch das Haus oder die Wohnung schwirren und alles immer wieder reinigen – die sogenannten Orbs. Das ist eines der großen Geschenke des Himmels, welches nach einer Energie-Umstellung dauerhaft bleibt und für uns arbeitet.

Natürlich fragte ich die Engel, warum sie mich nicht vorgewarnt hatten, sie hätten mir doch direkt sagen können, dass eine Umstellung vor dem Umzug viel besser gewesen wäre. Mein Engel antwortete nur lachend, aber liebevoll wie immer: „*Hättest Du uns denn zugehört?*"

Auf diesen Bildern kann man deutlich die Lichtkugeln sehen.

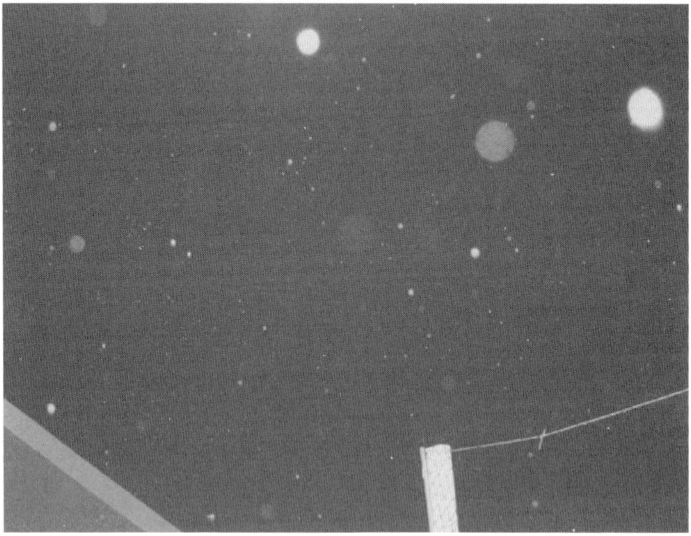

Hier sieht man die Lichtkugeln,
die sogenannten Orbs, sehr deutlich.

Eingesperrte Seelen im Keller

Ein älterer Herr bat mich um Hilfe. Er wohnte in einem Vierfamilienhaus und sagte mir, dass es im Keller spuken würde. Er erzählte, dass er nur ungern in diesen Keller ginge, weil es dort fürchterlich stinken würde, obwohl alles sauber war. Dieser Geruch würde anschließend sogar immer an ihm haften, wenn er dort unten war, sodass er für den Rest des Tages diesen Gestank nicht loswerden würde. Außerdem hatte er jedes Mal das Gefühl, dass sich dort unten etwas an ihn heften würde, das ihn bis in seine Wohnung verfolgt. Dort würde er sich deshalb beobachtet fühlen, so, als wäre wirklich jemand anderes anwesend. Weiter erzählte er, dass er im Keller hin und wieder Stimmen höre, das wäre nicht immer, aber wenn, dann höre er Schreie oder auch Gewimmer. Er wusste durch mein Buch, dass es solche Phänomene gibt und hielt sich zum Glück nicht für verrückt, worunter ja so viele andere Menschen mit solchen Erlebnissen oft lange Zeit leiden. Dieser resolute ältere Herr wandte sich direkt an mich, weil er von mir und meiner Arbeit gehört hatte. Auch Fotos des Hauses und der Kellerräume hatte er bereits geschickt, worüber ich mich nun mit den Räumen verband.

Was ich dort zu sehen bekam, war unglaublich, und auch ich hatte so viele Verstorbene auf solch einem engen Raum noch nicht gesehen. Auch den ekligen Gestank nach Fäulnis, Urin, Kot und Schimmel nahm ich sehr stark wahr, was äußerst unangenehm war. Man zeigte mir nun, dass diese Menschen im Zweiten Weltkrieg in diesem Haus Schutz gesucht hatten, als Bomben auf die Stadt fielen. Sie liefen schnell in den Keller – in der Hoffnung, dort sicher zu sein. Doch das Haus wurde getroffen und fiel so in sich zusammen, dass alle Eingänge blockiert waren, und die Menschen – darunter waren viele Frauen und Kinder – nicht mehr aus dem Keller herauskamen und dort elendig starben. Dieser Schmerz und Schock ließ sie erdgebunden bleiben, weshalb sie nicht ins Jenseits gehen konnten.

Dort war eine Energie-Umstellung wirklich dringend notwendig, und so führte ich diese schon ein paar Tage später durch. Während dieser Umstellung wurden die Seelen abgeholt und ins Licht geführt. Anschließend wurde der gesamte Keller von diesen schlimmen, quälenden Energien gereinigt. Als ich die Umstellung durchführte und die Seelen abgeholt waren, verschwand sofort der schlimme Gestank, und die Luft wurde direkt frisch und erschien sehr rein.

Auch der ältere Herr konnte dies wahrnehmen und sagte, dass die Gerüche komplett verschwunden seien, genauso wie das gruselige Gefühl dort. Er meinte, im Keller wäre nun sogar eine bessere Energie als in seiner Wohnung, fast würde er dort lieber wohnen. Aufgrund dessen ließ er sich von mir ein paar Wochen später auch seine Wohnung energetisch umstellen, was ich gerne tat, denn wer fühlt sich im Keller schon gerne wohler als in der eigenen Wohnung?

Von einem Soldaten besetzt

Mein bester Freund Michael, den ich seit Kindestagen an kenne und schätze, heiratete eine Frau, die mich von Anfang an nicht mochte und sich obendrein noch über meine Arbeit lustig machte. Auch ich mochte sie nicht gut leiden, weshalb der Kontakt zu ihnen nach und nach abbrach. Umso verwunderter war ich, als sie, Susanna, nach vielen Jahren bei mir anrief und mich um Hilfe bat. Sie und Michael hatten mittlerweile zwei Mädchen bekommen, wovon die ältere Tochter seit einiger Zeit ein merkwürdiges Verhalten zeigen würde, wie mir Susanna berichtete. Vorher hätten sie nie Probleme mit ihr gehabt.

Wir vereinbarten einen Termin, zu welchem sie mit einem Bild ihrer Tochter kam. Ich nahm dieses Bild in die Hand und konzentrierte mich darauf. Ich verfiel wie in eine Art Trance-Zustand und fing zu erzählen an: „*Deine Tochter sitzt in der Küche in einer Ecke. Sie ist voller Angst vor einem Geistwesen und schreit und weint ‚Nein, bitte nicht, lass mich in Ruhe‘. Dann wechselt ihre Stimme und ihre Augen blicken voller Hass und Zorn, während sie schreit: ‚Du Schlampe, komm her. Ich bringe Dich um, wenn Du nicht das tust, was ich von Dir verlange!*‘“

Susanna schaute mich mit offenem Mund an und sagte völlig erstaunt, das wäre haargenau so, wie sie es mit ihrer Tochter erleben würde, sogar die Worte wären gleich. Von diesem Moment an glaubte sie wohl an die Arbeit, die mit der geistigen Welt möglich ist.

Schnell vereinbarten wir einen Termin für eine Energie-Umstellung, um dem Mädchen umgehend zu helfen. Dies war keine klassische Besetzung, sondern in dem Haus waren zwei Seelen, die immer wieder Besitz von dem Mädchen ergriffen, was nicht ganz ungefährlich war. Während der Energie-Umstellung, die ich vor Ort durchführte, sah ich einen Soldaten, der richtig böse zu sein schien. Doch er wollte nicht ins Licht gehen, sondern verschwand aus dem Haus und lief in einen nahegelegenen Wald. Ich wusste, dass Seelen nicht immer ins Jenseits gehen möchten, weshalb ich hier auch nicht eingriff. Auch ich muss den freien Willen dieser Seelen wahren. Dennoch wusste ich, dass er nach der

Energie-Umstellung keinen Zugang mehr zu diesem Haus und dem Mädchen finden würde.

Die zweite Seele war eine Frau, die er in dem Haus belästigt hatte und sich mir nun zeigte. Sie ging vor mir auf die Knie und sagte: „*Hab' vielen Dank.*" Anschließend ging sie mit einem Engel ins Licht und weinte dabei vor Glück, endlich erlöst worden zu sein.

Auch die Tochter von Susanna konnte sehen, was hier geschah und bedankte sich sehr bei mir. Susanna selbst hatte meine Arbeit so überzeugt, dass sie kurze Zeit später ein Seminar bei mir belegte.

Poltergeist oder Alzheimer?

Eine sehr feinfühlige und ebenfalls spirituell arbeitende Klientin von mir, Heidemarie, war der Verzweiflung nahe. Sie rief mich an und erzählte mir, dass sie glaubte, sie wäre nun dement. Heidemarie war sogar schon bei ihrem Hausarzt und hatte ihn gebeten, sie auf die Krankheit „Alzheimer“ zu untersuchen. Ihr Arzt hatte sie zwar ausgelacht, weil er so etwas bei ihr überhaupt nicht feststellen konnte, leitete auf ihr Drängen aber dennoch die notwendigen Untersuchungen ein, welche zum Glück alle ohne Befund blieben.

Dennoch war Heidemarie mit ihren Nerven am Ende als sie mich anrief, denn in ihrem Haus passierten viele unerklärliche Dinge. Sie konnte sich das nicht erklären, weil sie immer darauf bedacht war, ihr Haus energetisch zu reinigen und die Phänomene nicht auf etwas Geistiges bezog.

Sie erzählte mir, dass ständig Gegenstände verschwanden und an einer anderen Stelle wieder auftauchten, weshalb sie anfangs dachte, sie hätte sie verlegt, aber vergessen. Irgendwann war sie überzeugt, dass sie dement würde, weil sie sich nicht erklären konnte, wie sonst zum Beispiel ihre Brille ständig verschwand und an einem ganz anderen Ort im Haus wieder gefunden wurde. Die Brille wurde übrigens am häufigsten gesucht, aber auch Schere, Messer, Vasen, Telefonhörer und viele Kleinigkeiten waren plötzlich nicht mehr an ihrem Platz und tauchten woanders wieder auf. Ihr Mann war zum Glück auch spirituell offen und glaubte nicht, dass seine Frau hinter all dem steckte, weil sie dement wurde. Er dachte eher, dass sie doch eine negative Energie im Haus hätten, die für all diese Zwischenfälle verantwortlich war.

Heidemarie aber spürte absolut nichts Negatives in ihrem Haus, sie fühlte sich immer noch wohl und konnte nichts dergleichen feststellen, weshalb sie immer wieder an sich selbst zweifelte. Erst als noch Handtücher und Bücher aus den Regalen fielen und auch andere Gegenstände, wie zum Beispiel eine Bodenvase, plötzlich von alleine umfiel, wurde sie skeptisch und fragte mich, ob ich denn doch einmal bei ihnen vorbeischauen könnte.

Weil es nicht sehr weit entfernt war, fuhr ich gerne zu dieser herzensguten Dame, die über die Jahre mehr Freundin als Klientin geworden war. Dort angekommen, konnte ich von außen das Haus und das gesamte Grundstück hell strahlen sehen. Hier draußen jedenfalls deutete nichts auf eine negative Energie hin. Im Haus selbst ging es mir genauso, denn ich konnte direkt durchatmen, weil die Energie sehr angenehm, liebevoll und auch hoch schwingend war. Merkwürdig…

„*Niemand da, Heidemarie*“, sagte ich zu ihr und merkte, dass sie darüber sehr verzweifelt war. Dann blieb ja nur noch ihre Alzheimer-Theorie als Erklärung für die Phänomene übrig, dachte sie in diesem Moment. Doch irgendetwas zog mich in die obere Etage, dem ich nachgehen wollte. So gingen wir zusammen nach oben und schauten in den Zimmern nach, ob sich nicht doch ein Geist versteckt hatte. Schnell wurde ich fündig, denn in einem Zimmer versteckten sich einige junge Burschen, die alle gleich gekleidet, aber unterschiedlich alt waren. Später fanden wir heraus, dass sie wohl aus demselben Jugendheim in der Nähe stammten und dort bei einem Unglück gestorben waren.

Der Anführer der Bande, ein etwa 12-jähriger Junge, wunderte sich, warum ich ihn sehen konnte und mit ihm sprach. Ich wollte jetzt nämlich wissen, was sie hier suchten und von der netten Dame wollten. Er grinste und sagte: „*Wir wollen nichts Böses, nur die Frau ein bisschen erschrecken, ärgern und ihr Angst einjagen. Uns war langweilig…*“ Ich spürte, dass von ihnen keine negative Energie ausging, im Gegenteil, nun senken sie alle schuldbewusst ihre Köpfe und entschuldigten sich von Herzen bei Heidemarie, was ich ihr so weitergab. Und noch bevor ich fragen konnte, ob ich ihnen helfen könne in das Jenseits zu gehen, waren sie verschwunden und tauchten auch nie wieder auf.

Heidemarie ist nicht nur ein sehr liebevoller Mensch, sie hat auch sehr viel Humor, genauso wie ihr Mann. Wir lachten erst einmal sehr über diese Begebenheit und wunderten uns einmal mehr, was es alles zwischen Himmel und Erde gibt. Man konnte Heidemarie die Erleichterung direkt ansehen, dass wirklich nicht sie für all diese Vorkommnisse verantwortlich war.

Relikte aus dem Zweiten Weltkrieg

Der Zweite Weltkrieg hat viele Menschenleben gefordert, und viele der damals Verstorbenen sind immer noch erdgebunden und können nicht ins Jenseits bzw. in das Licht gehen. Sie wandeln deshalb noch mit ungelösten Themen auf dieser Erde oder haben zum Teil immer noch nicht verstanden, dass sie längst gestorben sind.

Hierzu möchte ich gerne eine Geschichte erzählen, die ich vor vielen Jahren erlebt habe: In der Stadt, in der ich geboren wurde, tobte der Krieg sehr heftig und vieles wurde durch die vielen Bombardements unwiederbringlich zerstört. In vielen Gebieten in der Stadt, aber auch im Umland, konnte man (und kann es teilweise noch immer) eine dementsprechend sehr erdrückende und deprimierende Energie spüren.

Anlässlich eines Seminares war ich eines Tages mit einer Gruppe von Schülern in einem Übungsprojekt ganz in der Nähe meiner Heimatstadt. Wir alle waren vertieft in die Energie-Umstellung während des Feuerrituals und sehr erschrocken, als ganz plötzlich die Flamme etwa einen Meter hoch loderte. Alle Teilnehmer spürten in diesem Moment eine geballte und sehr negative Energie, die sich, wie ich sehen konnte, zu einer Art großem schwarzen Ball formte. Ich rief der Besitzerin des Hauses (ebenfalls eine Teilnehmerin des Seminares) zu, sie solle sofort die Kellertür öffnen, damit die Energie abziehen kann, bevor ein größeres Unglück passieren würde. Die negative, dunkle und kugelförmige Energie verschwand daraufhin sofort nach draußen. Alle Teilnehmer konnten diese Energie in diesem Moment nicht nur wahrnehmen, sondern genauso wie ich deutlich sehen, sodass wir noch weiter gebannt auf die Tür starrten.

Im gleichen Moment sahen wir alle eine verstorbene Frau vor der Tür stehen, die übers ganze Gesicht strahlte und die Arme ausbreitete. Aus dem Haus kam der Geist eines kleinen Mädchens und lief ebenso freudestrahlend auf die Frau zu, die das Kind vor Glück weinend in ihre Arme schloss. Für alle Teilnehmer war dies in diesem Augenblick sichtbar (was wirklich sehr ungewöhnlich war) und ein sehr ergreifender Moment, bei dem nicht ein Auge trocken blieb.

Man zeigte mir nun in einer Vision, was genau passiert war: Während des Zweiten Weltkriegs starb die Mutter durch einen Bombenangriff außerhalb des Hauses, das Kind wurde in dem Haus so schwer verletzt, dass es ebenso starb. Bedingt durch die dabei entstandene negative Energie war das Kind an das Haus gebunden und konnte nicht ins Jenseits gehen, sodass die Mutter ebenso nicht gehen konnte und auf ihr geliebtes Kind wartete, das nun endlich frei war.

Die Mutter hieß Else und dankte uns herzlich dafür, dass wir sie beide aus ihrer Erdgebundenheit befreit hatten. Als Dank sagte sie uns: „*Wann immer ihr in Schwierigkeiten seid, ruft dreimal meinen Namen und ich komme, um euch zu helfen.*" Anschließend verschwanden beide in einer sehr liebevollen Energie in das Licht. Dieses letztendlich wundervolle Ereignis zeigte uns, wie wichtig es ist, alte Energien zu transformieren und Seelen den Weg ins Jenseits zu ermöglichen.

Der Rosenduft

Eine Frau, die unter sehr schlimmen Albträumen litt, bat mich verzweifelt um Hilfe. Sie, Elke, wachte jede Nacht auf, weil sie von einem Brand ihrer Dachgeschosswohnung träumte – immer und immer wieder. In ihrer vorherigen Wohnung war alles in Ordnung gewesen, aber seit sie umgezogen war, träumte sie sehr schlecht und nahm noch weitere Phänomene wahr. Mittlerweile hatte sie große Angst, dass es nicht nur Träume, sondern Visionen waren, die bald wahr werden könnten.

Aber auch in der Wohnung fühlte sie sich nicht wohl. Sie hatte oft das Gefühl, beobachtet zu werden, obwohl sie alleine war. Und das hinterste Zimmer der Wohnung betrat sie nur sehr ungern, dort wurde ihr immer direkt kalt und sie bekam Angst darin sowie ein schweres Gefühl auf der Brust, das sie kaum atmen ließ. Manchmal kam es ihr sogar vor, als ob sie dieses Zimmer nicht betreten solle, so als würde sie eine dunkle Macht davon abhalten wollen. Sie beschrieb es wie eine Wand, durch die man nur mit Mühe hindurch gehen konnte. Ich verstand, was sie meinte, weil ich so etwas auch schon einmal erlebt hatte. Man hat das Gefühl, als wäre jemand im Zimmer, der eine Wand aus dunkler Energie aufgebaut hat, durch die man nur mühevoll gehen kann.

Abends, wenn alles still war, hörte sie oft ein leises Wimmern und Schritte in der Wohnung, obwohl niemand außer ihr da war, was ihr ebenfalls Angst machte. Von einer Freundin, der sie sich anvertraut hatte, wurde ich ihr empfohlen. Dieser Fall ereignete sich in der Zeit, in der ich noch persönlich vor Ort die Energie-Umstellungen durchführte, weshalb ich zum vereinbarten Termin zu ihr fuhr, um mir erst einmal einen Eindruck zu verschaffen, was hier auf mich zukommen würde. Schon als ich das Haus betrat, war ich plötzlich in einer anderen Zeit. In dieser vergangenen Zeit war das Haus abgebrannt und nun sah ich, dass nur noch eine verkohlte Holztreppe und verbrannte Balken übrig waren, alles andere war damals eingestürzt und lag in Schutt und Asche.

Während ich nach oben ging, sah ich immer wieder die alte verkohlte Holztreppe und musste mich gut festhalten, damit ich nicht stürzte. Das war schon wirklich sehr unheimlich, sich in zwei Welten gleichzeitig aufzuhalten. Als ich endlich oben angekommen war, öffnete mir Elke die Wohnung und bat mich hinein. Sofort roch ich verbranntes Fleisch, etwas sehr Widerliches, und Übelkeit in mir aufstiegen ließ.

Kaum war ich in der Wohnung, rannte auch schon ein kleiner verstorbener Junge auf mich zu und umklammerte mein Bein. Er sagte: „*Hilf mir bitte!*" und weinte bitterlich, während er mich aus tieftraurigen Augen anschaute, sodass auch mir die Tränen kamen. Dieser Junge musste etwas sehr Schlimmes durchgemacht haben, das spürte ich. Ich konnte aber auch fühlen, dass es nicht nur mit dem Brand zu tun hatte, sondern dass hier in der Wohnung noch etwas anderes vorgefallen sein musste.

Ich hatte es kaum zu Ende gedacht, da kam auch schon aus dem hintersten Zimmer ein verstorbener dicker, ungepflegt aussehender Mann auf uns zu, vor dem der Junge unglaublich viel Angst zu haben schien. Der Junge ließ mein Bein los und neigte den Kopf. Der Mann befahl dem Jungen mit barscher und harter Stimme, augenblicklich wieder mit ihm in das hintere Zimmer zu gehen, was er auch direkt ohne zu Zögern, aber voller Angst, tat. Nichts Gutes ahnend ging ich zu diesem Zimmer und hörte aus der geistigen Welt das Wort „Missbrauch". Dann sah ich die Bilder... Dieser kleine, wehrlose Junge war von dem schrecklichen Mann immer wieder sexuell missbraucht worden, bevor der Brand ihrer aller Leben auslöschte.

Obwohl eigentlich nur eine Besichtigung der Wohnung für heute geplant war, holte ich direkt mein „Werkzeug", welches ich für die geistige Umstellung benötige, und fing an, die Wohnung energetisch zu reinigen. Ich musste diesem Jungen – und damit natürlich auch meiner Klientin – einfach sofort helfen, keinen Tag länger sollte er diesem Martyrium ausgesetzt sein. Die Arbeit war anstrengend, weil hier wirklich heftige negative Energien am Werk waren, aber nach etwas mehr als drei Stunden war ich für diesen Tag fertig und die Wohnung bereinigt.

Der Junge wurde währenddessen von Engeln abgeholt und konnte ins Licht gehen. Wohin jedoch der Mann geführt wurde, wurde mir nicht gezeigt, es war aber auf keinen Fall das Licht. Eine Frau hatte sich noch in der Wohnung aufgehalten, die ebenso Angst vor dem Mann zu haben schien, auch sie konnte ins Licht gehen.

In der Wohnung war sofort eine wunderbare Leichtigkeit wahrzunehmen und das hintere Zimmer konnte Elke auch wieder ohne Probleme betreten.

Nach drei Tagen fragte ich nochmals nach, wie es Elke in der Wohnung jetzt gehen würde, und sie sagte mir, dass sie wunderbar schlafen könne und sich sehr wohl in der Wohnung fühle. Aber sie bat mich eindringlich darum, noch einmal vorbeizukommen, in der Wohnung wäre ein Phänomen, das ich persönlich erleben müsse.

Sie wollte partout nicht erzählen, worum es sich handelte, weshalb ich, sehr neugierig geworden, noch einmal zu ihr fuhr. Als sie mir die Tür voller Vorfreude öffnete, wusste ich gleich, um welches Phänomen es sich handelte, weil ich dies ebenso schon einmal erlebt hatte: In der ganzen Wohnung roch es nach feinstem Rosenduft, obwohl Elke keine Rosen dort hatte. Sie erzählte, dass sie nichts machen könne, auch nicht vom Lüften ginge dieser Duft weg. Es wäre nicht so, dass sie es nicht mögen würde – im Gegenteil, sie fände es wunderschön, aber sie wollte nun doch gerne wissen, was es damit auf sich hatte. Ich sagte ihr, dass dies ein Gruß von dem Jungen und der Frau aus dem Jenseits wäre. Es war ein Dankeschön für Elke, weil sie die Hilferufe wahrgenommen und alles in die Wege geleitet hatte, um sie endlich zu befreien.

Ist es nicht wunderschön, dass die geistige Welt so viele verschiedene und schöne Wege hat, mit uns zu kommunizieren?

Erfahrungsbericht nach einer Energie-Umstellung

Liebe Martina,

ich bin total begeistert von der Energie-Umstellung, endlich konnten wir in Ruhe in unser Haus einziehen. Als wir das Haus gekauft hatten und dort renovierten, spürte ich eine sehr starke Präsenz und hatte immer das Gefühl, beobachtet zu werden. Meine Kinder fühlten sich dort überhaupt nicht wohl, zumal meine Jüngste (damals 4 Jahre alt) sehr stark hellsichtig war. Sie sprach immer von einem Monster, das in der Tür stand und ihr sehr viel Angst bereitete. Auch ich hatte oft das Gefühl, nicht willkommen zu sein, die Energie dort fühlte sich sehr negativ und klebrig an. Ich weiß jetzt nicht, wie ich es anders erklären könnte. Man hatte einfach das Gefühl von etwas sehr Dunklem erdrückt zu werden.
Ich wusste ja vorher nicht, was sich alles in so einem Haus festsetzen kann. Dass Emotionen, Gedanken, Streit, Krankheit, Trennung, Unglück usw. vom vorherigen Mieter oder Besitzer dort als Energie haften bleiben würden. Das lernte ich ja erst alles auf Deinem Seminar „Negativ-Energie-Feld-Umstellung".
Dass sich Verstorbene auch gerne in Häusern und Wohnungen aufhalten, das wusste ich bereits, aber das ganze Drumherum noch nicht. Ich war sehr erstaunt darüber, was sich während Deiner Energie-Umstellung in diesem Haus alles löste. Ich weiß noch genau, wie eine Tür zuschlug, ohne dass irgendwo ein Windzug war, so als würde da jemand so richtig von dieser Energie-Umstellung genervt sein☺. Ich denke, das war dieses Monster, von dem meine Tochter immer wieder berichtete, denn nach der Umstellung war es weg, sagte sie, und das Haus fühlte sich so leicht an, so warm, ein bisschen wie Freiheit. Ich danke Dir von ganzem Herzen für Deine Hilfe. Liebe Grüße, Alexandra

Meine erste wunderbare Erfahrung

Die Energie-Umstellung, die ich im nachfolgenden Fall durchführte, werde ich niemals vergessen, weil es meine erste war und gleich so wunderbar viel bewirkte.

Es ist nun schon über 20 Jahre her und dennoch weiß ich noch ganz genau, was damals geschah: Weil mein Sohn noch klein war und einen recht gefährlichen Schulweg über und entlang stark befahrener Straßen hatte, brachte ich ihn morgens immer zu Fuß dorthin und holte ihn auch mittags wieder ab. Auf dem Schulhof fiel mir eine Frau auf, die ebenfalls ihren Sohn zur Schule brachte und einen sehr traurigen Eindruck machte. Ihr Sohn, erzählte mir meiner, war neu in seiner Klasse und wäre mit seiner Familie von München hierher gezogen.

Eines Mittags, als ich mit der Frau auf dem Schulhof stand und auf die Kinder wartete, kamen wir ins Gespräch. So erfuhr ich, dass sie aus beruflichen Gründen ihres Mannes während der Ferien nach Düren gezogen waren, aber alles völlig chaotisch war und sie ihr altes, geordnetes Leben, das in München viel unbeschwerter war, vermisste. Dabei konnte sie die Tränen nicht zurückhalten, und ich sah, dass sie viele Probleme und Sorgen hatte. Ich schlug ihr vor, dass sie doch einfach beide direkt mit zu uns kommen sollten. Wir könnten zusammen über alles reden und die Jungs derweil spielen. Sie freute sich sehr über mein Angebot und nahm es sofort an.

Als wir bei mir in der Küche saßen und einen Kaffee tranken, erzählte mir Tina, dass ihr Mann in Düren einen besseren Job bekommen hatte, weshalb sie auch nicht undankbar sein wollte. Aber sie hätten zusammen drei Kinder, eines davon sei schwerstbehindert. Das Kind wäre zwar tagsüber in einer behindertengerechten Betreuung, aber ansonsten würde alles an ihr hängenbleiben, weil ihr Mann nun länger arbeiten müsse. Auch ihre Ehe würde unter dem Stress leiden, sie glaubte, dass sie nun dabei war, zu zerbrechen. Ständig gab es Streit, und die Versöhnungen und Einigungen blieben mehr und mehr aus.

Um sie erst einmal zu unterstützen, damit sie etwas stabiler wurde, holte ich meine Engelkarten und legte für sie einen Schutzkreis aus. Ich erklärte ihr, dass diese Engel nun für sie arbeiten würden und an ihrer Seite wären, um sie zu schützen und zu stabilisieren. Tina merkte die wohltuenden und liebevollen Energien direkt und wurde sehr viel ruhiger. Offen für meine Arbeit, wollte sie nun mehr von mir wissen, und ich erzählte ihr, wie ich zusammen mit der geistigen Welt arbeite sowie von meinen Möglichkeiten, ihrer Familie zu helfen.

Ich sah bereits, dass das Hauptproblem ihr neues Haus hier in Düren war und sie dringend eine Energie-Umstellung benötigten. Dieses Haus war so voller Hass-Energien, dass ich sicher war, es würde die Ehe der beiden zerstören. Tina war gleich begeistert und engagierte mich direkt, um diese Umstellung bei ihnen durchzuführen.

An diesem Tag ging sie mit ihrem Sohn viel fröhlicher und hoffnungsvoller nach Hause. Ich freute mich sehr auf diese Arbeit, weil ich nun zum ersten Mal ganz offiziell eine Energie-Umstellung durchführte. Zuvor hatte ich bei Verwandten und Freunden geübt, wenn sie es mir erlaubten, was mir bereits einiges an Erfahrung gebracht hatte. Dennoch war ich an diesem Tag schon ein wenig aufgeregt, aber alles funktionierte so, wie ich es erlernt hatte.

Bei der Durchführung der einzelnen Arbeitsschritte bestätigte sich schnell mein Verdacht, dass sich das Paar in diesem Haus mit absoluter Sicherheit getrennt hätten. In diesem Gebäude war überhaupt keine liebevolle Energie zu spüren, hier gab es nur Kälte und Hass, die mir entgegenschlugen. Dazu kam, dass in diesem Haus keinerlei aufbauende Energie vorhanden war, was der Familie die Kraft nahm, überhaupt ihren Alltag meistern zu können. Nach der Energie-Umstellung merkten alle, dass sich etwas zum Positiven verändert hatte und waren gespannt, wie es weitergehen würde. Ich betreute die Familie noch weitere vier Wochen auf energetisch-geistiger Ebene, machte zum Beispiel energetische Anwendungen und löste Blockaden.

Nach den vier Wochen stand die gesamte Familie mit einem riesengroßen Blumenstrauß und Pralinen vor meiner Türe und bedankte sich sehr herzlich für meine Hilfe. Alle Eheprobleme waren beseitigt und mit den Kindern lief alles viel leichter – auch mit dem behinderten Kind hatten sie eine gute Lösung gefunden und wechselten sich mit der Betreuung und Pflege ab, machten sie nun aber auch oft gemeinsam.

Kurze Zeit später zog ich dort weg und wir begegneten uns erst zehn Jahre später wieder beim Einkaufen. Sie drückte mich und wollte mich gar nicht mehr loslassen. Mittlerweile, erzählte sie mir, hätten sie sich in Düren richtig eingelebt und würden sich hier heimisch fühlen. Seit der Energie-Umstellung hätte sich vieles zum Positiven verändert, wofür mir die ganze Familie sehr dankbar war. Dies war eine meiner ersten Umstellungen, an die ich mich so gerne erinnere, weil dies eine sehr sympathische Familie ist, die wirklich Hilfe benötigte.

Eine energetische Anwendung bedeutet, dass man auf geistiger Ebene die Lebensenergie (auch das Licht, Chi, Orgon oder Ki genannt), welche immer und ständig um uns herum ist, bündelt und weitergibt. Man selbst steht dabei als Kanal zur Verfügung und ist somit in der Lage, diese Energie intensiv an andere Menschen, Tiere, Pflanzen, zu Orten oder in Situationen weiterzugeben – meist ist hierfür eine Einweihung in ein energetisches Heilsystem, wie zum Beispiel Reiki, notwendig.
In dem Moment, in welchem die Energie durch den Anwender fließt, zeigt sich dies als Wärme, die über die Hände in das Energiesystem des Klienten eindringt. Meist werden dabei die Hände des Anwenders spürbar warm bis heiß, je nachdem, wieviel Energie der Klient benötigt oder wieviel sein höheres Selbst aufnehmen möchte.
Während einer energetischen Anwendung werden die Hände auf bestimmte Körperstellen gelegt oder darüber gehalten, damit die Energie in die entsprechenden Bereiche einfließen kann. Hierdurch werden die Selbstheilungskräfte angeregt, energetische Blockaden können gelöst werden und Stress wird abgebaut, was sich wohltuend auf Körperebene zeigt. Diese Anwendungen können – je nach Einweihung und Ausbildung des Anwenders – auch über die Ferne ausgeführt werden.

Nachwort

Nun kennen Sie viele Geschichten rund um die lichte geistige Welt, aber auch, wozu die dunkle Seite fähig ist, und dass Verstorbene manchmal aus den verschiedensten Gründen nicht ins Jenseits gehen (können). Es gibt so viele Phänomene zwischen Himmel und Erde, die wir uns nicht erklären können, und zahlreiche energetische Ursachen können sich auf unser Leben, die Gesundheit, die finanzielle Situation oder gar Beziehungen positiv wie negativ auswirken.

Ich habe als Medium schon so einiges gesehen und gehört und musste anfangs durch eine harte Schule gehen, bis ich durch die Engel in der Hinsicht geschult war, dass ich nicht nur mir selbst, sondern auch anderen Menschen helfen konnte. Oft werde ich darauf angesprochen, dass es doch herrlich sein muss, als Medium zu leben, man wäre ständig von vielen Engeln umgeben, lebt wohlbehütet und weiß immer, was zu tun ist, kennt den nächsten Schritt sehr genau... Das wäre natürlich sehr schön, aber so einfach ist es nicht, denn oft geht gerade ein Medium einen sehr schwierigen Weg auf dieser Erde in ihrem Dienst für Gott und muss einige Schicksalsschläge durchleben, bevor sie oder er überhaupt zu einem guten Medium wird. So war es auch bei mir, nicht immer verlief mein Leben leicht, auch ich musste sehr viel durchmachen und wurde von Leid, Problemen und Sorgen nicht verschont. Doch gerade das lässt mich andere Menschen in ihrer Not gut verstehen, auch ich weiß, wie sich Traurigkeit, Mutlosigkeit oder Schmerzen anfühlen.

Ab und zu brauche auch ich von außen Hilfe, ebenfalls von Menschen, die medial arbeiten. So ergänzen wir uns auch immer gut mit unseren verschiedenen, besonderen Gaben. Manche sehen Bilder und können direkt Hinweise auf die Ursache und die Lösung geben, andere hören Stimmen und damit entsprechende hilfreiche Botschaften. Es gibt Zeichen- und Schreibmedien, einige Medien sind auf Kinder spezialisiert, andere auf Tiere und wieder andere auf körperliche Krankheiten, auf Besetzungen oder Energie-Umstellungen, wie dies bei mir der Fall ist. Berate und helfe ich anderen Menschen, stehen mir immer ein Engel oder andere geistige Helfer zur Seite, die mir Botschaften und Lösungswege vermitteln. Und auch wenn es noch nicht Zeit ist, eine

Blockade zu lösen, kann ich dennoch meinen Klienten sagen, dass sie noch etwas Geduld benötigen, aber schon bestimmte Schritte einleiten können, um den Prozess zu erleichtern oder sogar zu verkürzen.

Ich bin sehr glücklich darüber, dass ich schon so vielen Menschen helfen konnte, die zum Beispiel eine Besetzung hatten oder in den Energien ihres Zuhauses festhingen und keinen Ausweg mehr aus ihrer schlechten Lage sahen. Wie oft hat alleine eine Energie-Umstellung dazu beigetragen, dass sich vieles wieder positiv entwickeln konnte. Streitereien hörten auf, genauso wie Ängste oder das Gefühl, verrückt zu werden, weil man besondere Phänomene wahrnimmt. Zum Teil konnten sogar Krankheiten verschwinden oder sich verbessern...

Nachdem ich selbst viele Jahre diese Energie-Umstellungen durchführen durfte, bekam ich den Auftrag aus der geistigen Welt, meine Erfahrungen und das Erlernte auch anderen Menschen zugänglich zu machen. Seitdem lehre ich diese Arbeit in Seminaren, was mir sehr viel Freude bereitet und immer einzigartig ist. Mittlerweile sind die Energie-Umstellungen, die entsprechenden Seminare, aber auch die Beratungen meine Hauptaufgabe, um die Menschen von negativen Energien und Besetzungen zu befreien. Und ich freue mich immer wieder sehr, wieviel Positives man durch diese geistige Arbeit bewirken kann, wofür ich sehr, sehr dankbar bin.

Auch wenn ich es als Medium anfangs nicht immer leicht hatte, bin ich doch glücklich und stolz, dass ich nie aufgegeben habe und stets der geistigen Welt und besonders „meinen" geliebten Engeln vertraut habe.

Ich hoffe, dass ich Ihnen mit diesem Buch helfen konnte, viele Ursachen, die hinter scheinbar aussichtslosen Situationen stecken können, zu erkennen. Geben Sie niemals auf, die wahren Gründe ihrer negativen Lebensumstände oder Krankheiten herauszufinden und zu beseitigen. Alle Menschen – auch Sie – haben das gottgegebene Recht auf ein glückliches und friedvolles Leben!

Herzlichst

Ihre *Martina Heise*

Katja Kutza: Weitere Phänomene…

…die nicht nur beim Entstehen des vorliegenden Buches auftraten und die auch ich, Katja, hautnah beim Schreiben zu spüren bekam, sollten hier – nach Anregung von Martina – nicht unerwähnt bleiben. Dieses letzte Kapitel soll ein Beispiel dafür sein, wie nah Licht und Schatten beieinander liegen und dass es neben der wunderbaren lichtvollen geistigen Welt eben auch eine dunkle Seite gibt…

Martina erzählte mir, dass sie beim Schreiben ihres ersten Buches ganze vier Mal von vorne anfangen musste, und zwar immer, wenn sie fast komplett fertig war. Ausgerechnet dann war trotz korrektem Speichern die Datei verschwunden – einfach unwiederbringlich weg. Auch ihre Söhne und herbeigerufene Spezialisten konnten ihr Manuskript nicht wiederherstellen, weshalb sie jedes Mal verzweifelte, was ich sehr gut verstehen kann. Jedoch immer wieder von vorne anzufangen, und das gleich vier Mal, zeugt von starken Nerven und einer unendlichen Geduld – und dem absoluten Gottvertrauen, dass gerade etwas für die Menschen Wichtiges entsteht, was die dunkle Seite zu verhindern suchte. Und das mit allen Mitteln, denn die Vorlage des Manuskriptes bei einem Verlag und somit die Veröffentlichung des Buches verzögerte sich auf diese Weise um gleich mehrere Jahre.

Und auch, als eine Verwandte für sie die Schreibarbeiten übernahm, erlebte diese einige Phänomene, die sie von dieser Arbeit abhalten wollten. So hörte sie während des Schreibens zum Beispiel merkwürdige Geräusche, oft einen lauten Knall, der sie sehr erschrecken ließ. Sie sah Schatten von Geistern in ihrer Wohnung, war oft sehr unkonzentriert und wollte schon bald aufgeben, weil auch noch Albträume hinzukamen. Alles das hörte auf, als sie letztendlich kapitulierte und das Manuskript an eine andere Schreiberin abgab…

Martinas zweites Buch *„Schutzengel& Co.“* und auch das vorliegende schrieb ich. Ich baute mir jedes Mal direkt einen Schutz auf, bat auch Martina um Hilfe und sah, dass mir ein Engel zur Seite stand, der mich und auch jeweils das aktuelle Buch schützte, was natürlich sehr gut half, dunkle Kräfte fernzuhalten.

Dennoch waren auch bei mir teilweise ganze Passagen, die ich geschrieben und gespeichert hatte, verschwunden, Absätze waren verschoben und eingefügte Bilddateien standen plötzlich auf dem Kopf. Alles Dinge, deren Bereinigung ungemein aufhielt...

Wenn ich Martina Auszüge zum Korrekturlesen per Email zusandte, waren auch bei ihr Absätze verschoben, die Seitenzahlen stimmten nicht mehr überein, und es waren zum Teil Fehler im Text (doppelte Zeilen zum Beispiel oder einzelne Stellen, die sich dreimal hintereinander wiederholten), die vorher definitiv nicht dort waren.

Manchmal sah auch ich Schatten oder Wesen, die mich erschrecken sollten, damit die Bearbeitung des Buches gestoppt oder zumindest verzögert werden würde.

Am schlimmsten war es jedoch in der Schlussphase, als es ernst wurde und das Buch vor seiner Vollendung stand. Ich sah vor allem abends die im Buch beschriebenen Wesen, träumte und schlief sehr schlecht, bis, ja bis Mutter Maria ins Spiel kam.

Als ich dem wunderschönen Anfangskapitel ein Bild von der Statue der Gottesmutter einfügen durfte, floss noch mehr Liebe und Licht in das Buch mit ein und stellte eine Art Schutz dar. Und als ich das Bild von ihr genauer betrachtete und ihre Lebendigkeit und liebevolle Energie sah und spürte, wusste ich, dass sie noch etwas Wichtiges mitteilen wollte – das Gebet, das Martina daraufhin empfing.

Sowie ich dieses Gebet ins Buch eingefügt hatte (Seite 21), lief die Fertigstellung ohne weitere Komplikationen – alles war an seinem Platz, nichts verschwand mehr oder stand Kopf – wunderbar!

Zu guter Letzt – eine Botschaft über die Liebe

Liebe… die bedingungslose Liebe, wie sie zum Beispiel von Mutter Maria ausgestrahlt wird und jedem, der sich für sie öffnet, unendlich zur Verfügung steht, ist leider selten auf der Erde zu finden. Sie ist nicht verschwunden, nein das nicht, aber die Menschen knüpfen Liebe viel zu oft an Bedingungen.

Beginnen wir mit der Selbstliebe. Wer kann sich selbst zu hundert Prozent bedingungslos lieben? Wohl kaum einer… Wir haben immer irgendetwas an uns auszusetzen, können unsere angeblichen körperlichen Makel nicht akzeptieren, geschweige denn lieben, wir fühlen uns in bestimmten Situationen unsicher oder nicht kompetent genug, und finden immer wieder Fehler an uns selbst, die uns nicht perfekt wirken lassen. Doch all dies geschieht nur in uns selbst, denn wir sind perfekt, so wie Gott uns erschaffen hat – in seiner bedingungslosen Liebe. Wir können nicht alle gleich aussehen und die gleichen Fähigkeiten haben – das wäre langweilig und würde nicht den Sinn des Lebens erfüllen. Warum nur können wir das nicht sehen und uns nicht so lieben, wie wir nun einmal sind? So sind wir gewollt, so hat es sich auch unsere Seele für dieses Leben ausgesucht.

Die Liebe zu Eltern, Partner und Kinder wird ebenso oft an Bedingungen geknüpft. Den Partner zu lieben, gelingt dabei am besten, wenn sie oder er genauso ist oder sich in der Weise verhält, wie man es selbst gerne hätte. Oft sind wir nur dann bereit, sie oder ihn aus vollstem Herzen zu lieben und sehen oftmals nicht, dass uns genau dieser Mann oder diese Frau zur Seite gestellt wird, damit wir etwas lernen oder um uns in dem Gegenüber wiederzuerkennen. Es sind nämlich oft die eigenen Macken, die man im Partner sieht und ablehnt, was man oft nicht wirklich wahrhaben möchte. Betrachtet man dies aber einmal genauer, wird man feststellen, dass es meist so ist und es die Charaktereigenschaften und Wesenszüge sind, die man an sich selbst nicht mag oder nicht hat. Und daraus folgt, dass man sich nur selbst wirklich ändern kann und nicht den anderen.

Jemand, der völlig mit sich im Reinen ist und sich so liebt, wie er ist, sieht auch andere Menschen mit anderen Augen und kann sie so akzeptieren, annehmen oder lieben wie sie nun einmal sind. Das heißt nun aber nicht, dass man sich ewig an bestimmte Menschen binden muss oder gar blind vor Liebe sein sollte. Manchmal geht man eben verschiedene Wege, wenn man einen Lernprozess abgeschlossen hat oder sich selbst verändert. Dann müssen wir die Menschen loslassen, die nicht mehr zu uns und unserer energetischen Schwingung passen, ziehen aber die Menschen in unser Leben, welche nun wichtig für uns sind. Deshalb verändert sich manchmal auch der Freundeskreis oder das berufliche Umfeld, weil sich eben auch Interessen verändern können. Solche Umbrüche können aber durchaus liebevoll geschehen. Nur weil jemand nicht mehr zu mir passt, heißt es nicht, dass er schlechter ist und ich ihn nicht in Liebe loslassen kann. Die Unterschiede zwischen uns sind lediglich zu groß, sodass jeder seinen eigenen Weg gehen sollte.

Weiterhin habe ich oftmals beobachten können, dass die Liebe untereinander für viele Wirrungen und unbegründete Eifersucht sorgt, weil sie nicht richtig eingeordnet wird. Die Liebe zu einem Kind ist immer eine sehr intensive und die wohl bedingungsloseste, die man auf der Erde finden kann, dicht gefolgt von der Liebe zu einem Tier.

Viele Partnerschaften verändern sich grundlegend durch die Geburt eines Kindes. Nicht selten konnte ich beobachten, dass Väter sehr eifersüchtig auf ihre Kinder (vor allem das erste) waren, weil diese mit der bedingungslosen großen Liebe, die eine Mutter ganz natürlich für sie in sich trägt, überschüttet werden – was auch so sein soll. Diese Liebe zu einem Kind hat jedoch nichts mit der Liebe zum Partner zu tun und sollte differenziert betrachtet werden, denn es ist nicht so, dass für den Partner keine Liebe mehr übrig bleibt, diese ist nur anders.

Was ebenso oft vorkommt, ist, dass Menschen ihre Tiere viel mehr und bedingungsloser lieben als ihre Familie oder Freunde. Meist liegt hier der Grund in ihrer Kindheit, wenn sie selbst zu wenig Liebe empfangen haben, aber auch mangelnde Selbstliebe kann dazu führen. In diesen Fällen bekommen die Tiere die Liebe, die ihre Besitzer selbst gerne von jemandem oder für sich selbst hätten. All die Liebe und Zärtlichkeit, die selbst so schmerzhaft vermisst wird, bekommt nun das Tier.

Ältere Generationen, die während oder nach dem Krieg aufwuchsen, haben oft nicht die Aufmerksamkeit, Liebe oder körperliche Nähe bekommen, die jeder Mensch braucht, um in seinem Herzen ebenso Liebe aufbauen zu können. In der Zeit während und nach den Weltkriegen war das Leben härter, meist ging es ums reine Überleben und die Zeit für die Familie war knapp. Jedes Familienmitglied musste in seiner Rolle funktionieren und Kinder hatten zu gehorchen – zu Hause, in der Schule und später auch in Beruf und Ehe. In dieser Zeit entstanden viele Blockaden in den Herzen, sodass die nachfolgende Generation diese zum Teil übernahm und ebenso weitergab. Hier muss ich oft eine energetische Reinigung durch die Generationen hindurch machen, damit wieder die Liebe frei fließen kann bis hin zu dem Ratsuchenden.

So hatte ich schon viele Klienten mit tiefsitzenden Blockaden in deren Herzchakren und die deshalb distanziert und kühl wirkten sowie nicht in der Lage waren, ihre Partner oder Kinder mit einem tiefen Gefühl aus ihrem Herzen heraus zu lieben.

Man kann jedoch viel tun, um sich wieder der Liebe zu öffnen, alten Ballast abzuwerfen und alte Blockaden zu lösen. Hier hilft die energetische Arbeit sehr gut, wodurch es möglich ist, die Ursachen zu erkennen und Blockaden aufzulösen.

Über die Autorin

Martina Heise wurde 1963 als hellsichtiges, hellhörendes und hellfühliges Medium geboren, ist verheiratet und hat zwei erwachsene Söhne. Im Laufe ihres Lebens entwickelten sich ihre medialen Fähigkeiten weiter, bis sie im Erwachsenenalter direkt von ihrem Schutzengel und der geistigen Welt in vielen spirituellen Bereichen ausgebildet wurde. Dies ersparte ihr jedoch nicht ihre eigenen, manchmal harten Schicksalsschläge und Lernprozesse, die sie allerdings nicht davon abbringen konnten, ihren spirituellen Weg in vollstem Vertrauen zur geistigen Welt zu gehen. Mit ihrem fundierten Wissen, ihren besonderen sowie vielfältigen Gaben als Medium und ihrer mitfühlenden und herzlichen Art, hat sie bis heute schon zahlreichen Menschen auf ihrem Weg in ein freieres und besseres Leben verhelfen können. Sie sieht, welche Blockaden die Menschen belasten, ob sie von verstorbenen Seelen besetzt sind, nimmt Kontakt zu Verstorbenen auf, sieht die Energien in Wohnräumen u.v.m.

Bei zahlreichen Beratungsgesprächen und Seminaren wurde sie immer wieder zu den Aufgaben der Schutzengel und Engel sowie der geistigen Welt, zu Gott und anderen spirituellen Themen befragt. Nach einiger Zeit kristallisierte sich heraus, dass die Menschen, die sie beriet, immer dieselben Fragen stellten. Hierzu wurde ihr bereits durch ihren Schutzengel vor vielen Jahren mitgeteilt, dass sie einmal ihr Wissen und ihre Erlebnisse in Büchern niederschreiben würde, um damit viele Menschen zu erreichen. Nachdem sie 2005 ihr Buch *„Ich spreche mit Toten“* veröffentlichte, das inzwischen vergriffen ist, und sie ihr Schicksal zehn Jahre später mit einem Schreibmedium zusammenführte und Jan van Helsing mit seinem Interesse an einer Veröffentlichung noch den letzten Stein ins Rollen brachte, entstand schließlich *„Schutzengel & Co."*, ein Buch zur Selbsthilfe und mit vielen Erklärungen zu den verschiedensten spirituellen Themen. Das vorliegende Buch *„Unsichtbar"* entstand durch die unzähligen interessanten und spannenden Erlebnisse von Martina Heise mit der geistigen Welt.

Martina Heise
www.martinaheise.de
Email-Adresse: info@martinaheise.de
Telefon 0151-52574642

Wenn Sie sich für die Arbeit von Katja Kutza interessieren, können Sie gerne ihre Internetseite besuchen oder sie kontaktieren:

Katja Kutza

Email: info@katja-kutza.de
www.katja-kutza.de

Bei Interesse an den wunderschönen Arbeiten des Bildhauers der Marienstatue können Sie sich direkt an den Künstler wenden:

Alexander Kostner
Ars Sacra
39046 St Ulrich (BZ)
Italien

Email-Adresse: info@ako.it
www.ako.it

SCHUTZENGEL & CO.

Martina Heise

Wir werden von Engeln und anderen geistigen Wesen begleitet – jeden Tag. Doch nur wenige können diese bewusst wahrnehmen und mit ihnen kommunizieren. Martina Heise (ehem. Krämer) wurde mit dieser Gabe geboren und konnte von klein auf nicht nur ihren Schutzengel sehen, sondern auch die Seelen Verstorbener. Von ihrem Schutzengel wurde sie zum einen über den Sinn des Erdendaseins unterrichtet und zum anderen über die Mechanismen des Lebens, vor allem aber darüber, was im Jenseits auf uns wartet und wie wir uns das vorstellen können. In diesem Buch schildert Martina, wie sie lernte, mit den geistigen Wesen zu kommunizieren, welche Unterschiede es bei den feinstofflichen Wesen gibt, wie sie mit uns in Kontakt treten, uns Botschaften übermitteln und wie wir diese verstehen können. Sie erklärt auch die Gefahr, die von Besetzungen, Dämonen und anderen dunklen Wesen ausgeht und wie man diese beseitigen und unsere Häuser von solchen dunklen Energien befreien kann. Außerdem stellt sie Übungen zur Verfügung, wie man sich vor Negativem schützen und die eigene Intuition stärken kann.

ISBN 978-3-938656-38-9 • 21,00 Euro

DIE KINDER DES NEUEN JAHRTAUSENDS

Jan van Helsing

Der dreizehnjährige Lorenz sieht seinen verstorbenen Großvater, spricht mit ihm und gibt dessen Hinweise aus dem Jenseits an andere weiter. Kevin kommt ins Bett der Eltern gekrochen und erzählt, dass *„der große Engel wieder am Bett stand"*. Peter ist neun und kann nicht nur die Aura um Lebewesen sehen, sondern auch die Gedanken anderer Menschen lesen. Vladimir liest aus verschlossenen Büchern und sein Bruder Sergej verbiegt Löffel durch Gedankenkraft.

Ausnahmen, meinen Sie, ein Kind unter tausend, das solche Begabungen hat? Nein, keinesfalls! Wie der Autor in diesem, durch viele Fallbeispiele belebten Buch aufzeigt, schlummern in allen Kindern solche und viele andere Talente, die jedoch überwiegend durch falsche Religions- und Erziehungssysteme, aber auch durch Unachtsamkeit oder fehlende Kenntnis der Eltern übersehen oder gar verdrängt werden. Und das spannendste an dieser Tatsache ist, dass nicht nur die Anzahl der medial geborenen Kinder enorm steigt, sondern sich auch ihre Fähigkeiten verstärken. Was hat es damit auf sich?

Lauschen wir den spannenden und faszinierenden Berichten medialer Kinder aus aller Welt.

ISBN 978-3-9807106-4-0 • 23,30 Euro

MEGAWANDEL

Johannes Holey

Dieses Buch ist ein Seelenöffner für die Zeit des inneren und äußeren Wandels. Neues Wissen! Ermutigende Sichtweisen! Wegweisende Impulse! Spannende Erkenntnisse! Zunehmender Bewusstseinswandel! Wollen Sie wissen, warum es genügend Gründe gibt, voller Hoffnung zu sein? Wollen Sie sich eine neue Lebensqualität aufbauen? Wollen Sie geistig-seelische und spirituelle Hintergründe erkennen und dieses Wissen nutzen? Wollen Sie erfahren, warum Gefühle und nicht irgendwelche schlauen Überlegungen die Welt verändern werden? Wir alle leben in den mächtigen Einflüssen neuer kosmischer und *positiver* Energien und zugleich in den mächtigen Einflüssen zunehmender *schädlicher* Energien der dunklen Macht-Elite. Beides ist der Zeitgeist, doch wie kommen wir damit klar? Johannes Holey erklärt den *Megawandel*, der uns alle auf der Erde betrifft, und beschreibt, wie wir diesen als große Chance nutzen können.

ISBN 978-3-938656-92-1 • 23,30 Euro

MEIN SEELENKOMPASS

Angelika Moser

Als Heilpraktikerin für Psychotherapie und Psychologische Beraterin geht es der Autorin vor allem darum, die vielen kleinen Irrtümer aufzuzeigen, die unser Leben behindern. Eine Vielzahl körperlicher Leiden entsteht durch die Unwissenheit, dass der seelische Hintergrund und die oft unzähligen Blockaden dafür mitverantwortlich sind. Wenn wir aber unseren Fokus, unser Licht, dorthin ausrichten und uns darauf einlassen, dass unter der Oberfläche schwieriger Lebensumstände eine alles umfassende Liebe zu unserem höchsten Wohle arbeitet, kann uns das von krankmachenden Beeinträchtigungen befreien.

Die Autorin weist auf die verschiedenen Möglichkeiten und Kraftquellen hin, die uns den Weg aus unseren Behinderungen zeigen. Sie legt in ihre Zeilen mit ihrem Einfühlungsvermögen tiefe Weisheiten, die durch besinnliches Lesen wirken und verinnerlicht werden können. Damit das Licht, die Liebe und der Frieden am Übergang zum Goldenen Zeitalter wirklich die Oberhand gewinnen können, wird es unumgänglich sein, die eigenen Blockaden, Muster und Überzeugungen sowie die unliebsamen Machenschaften in vielen Lebensbereichen zu transformieren.

Das Buch eröffnet Chancen zu innerem Wachstum und zur Heilung von uns Menschen und dadurch von Mutter Erde.

ISBN 978-3-938656-91-4 • 14,80 Euro

DER GOLDENE BLICK

Sabine zur Nedden, Simone Alz

Wie Du Dein Leben noch nie betrachtet hast

Ohne zu ahnen, was ihn erwartet, besucht Herr Mensch die Praxis von Dr. Augenblick und wird in eine geheime Methode eingeweiht, die seinem Leben eine völlig neue Richtung gibt: DER GOLDENE BLICK.
Mit seiner ergreifenden Geschichte eröffnet uns Herr Mensch hier dieses Geheimnis und erzählt, wie er sich selbst, seinen Alltag und das Leben komplett neu zu betrachten lernt. Was mit der Suche nach Antworten begann, wird zur persönlichen Transformation. Wie Sie hautnah erleben können, wird man auf eine sonderbare Weise in diese ungewöhnlichen Dialoge tief und wirksam miteinbezogen. Und so geht all das, was Herr Mensch mit Hilfe seines Meisters erkennt und erfährt, unmittelbar auf den Leser selbst über.

ISBN 978-3-938656-93-8 • 21,00 Euro

GLÜCK IM SPIEL, GLÜCK IN DER LIEBE

Chander Bhatia

Alles ist möglich, man muss nur wissen, wie...

Auf sehr verständliche Weise beschreibt der Lebens- und Partnerschaftsberater Chander Bhatia die Bedeutung von Geld, Liebe und Partnerschaft aus spiritueller sowie aus weltlicher Sicht. In Indien geboren und seit 1964 in Deutschland lebend, verbindet er indische Lehren mit dem westlichen Denken und schafft damit eine Grundlage, die uns hilft, unsere berufliche sowie die familiäre Situation aus einem anderen, neuen Blickwinkel zu betrachten – und beides neu auszurichten, denn beides gehört zusammen! Sehr viele Menschen in der heutigen Zeit sind der Überzeugung, ihren inneren Frieden und ihr Glück nur zu finden, indem sie viel Geld besitzen. Sie glauben, damit auch ihre anderen Probleme lösen zu können. Dieses Denken entsteht schon in der Kindheit und prägt unsere heutige, westliche Gesellschaft. Doch hat sich dieses Denken als erfolgreich erwiesen? Wie sieht unsere Wirtschaftslage aus, wie die Scheidungsrate?
Geld ist eine Form von geistiger Energie. Wohlstand ist das Ergebnis unserer geistigen Einstellung. Das Besitzen von Geld bzw. materieller Energie reicht jedoch nicht aus, um inneren Frieden zu finden. Auch unser Bewusstsein spielt eine große Rolle in diesem Spiel sowie karmische Aspekte. Chander Bhatia erklärt in diesem, mit vielen Erlebnisberichten angereichertem Buch, wie dies funktioniert.

ISBN 978-3-938656-15-0 • 19,70 Euro

BEVOR DU DICH ERSCHIEẞT, LIES DIESES BUCH!

Jan van Helsing

Wie schaut's aus? Sind Sie gerade an einem Punkt angelangt, an dem Sie sich die Kugel geben wollen, weil Ihnen das Wasser bis zum Hals steht oder weil Sie keine Ahnung haben, wie Sie die aktuellen Rechnungen bezahlen sollen? Ist Ihre Ehe zerbrochen, Ihr Freund oder gar Ihr Kind gestorben, oder hat ein schwerer Unfall Ihr Leben derart verändert, dass Sie keinen Sinn mehr darin sehen? Doch halten Sie inne, Sie sind nicht alleine! Viel mehr Menschen, als Sie sich vorstellen können, sind momentan in extreme innere Prozesse verwickelt. Und es werden mehr, immer mehr – weltweit! Und das hat einen besonderen Grund! Interessiert es Sie, warum gerade jetzt so viele Menschen durch persönliche Krisen gehen? Wieso gerade jetzt in allen Ländern der Welt die Menschen auf die Straße gehen, ihren Mund aufmachen und Revolutionen anzetteln – auch in Deutschland?

ISBN 978-3-938656-48-8 • 21,00 Euro

GIFTDEPONIE MENSCH

Katja Kutza

Der ungewöhnliche Heilungsweg einer Amalgamvergiftung, die Hintergründe moderner Volkskrankheiten und die wundervolle Hilfe aus der geistigen Welt!

„Sie sind austherapiert. Wir können keine körperlichen Erkrankungen bei Ihnen feststellen und vermuten eine psychische Störung." Das waren die Worte, mit denen Katja Kutza aus den meisten schulmedizinischen Praxen entlassen wurde. Am Ende eines langen Leidensweges stand die Autorin mit einem nicht mehr funktionieren wollenden Körper und allein gelassen von Ärzten vor den Trümmern ihres einst glücklichen Lebens. Völlig verzweifelt an diesem Punkt angekommen, bekam ihr Leben endlich eine glückliche Wende. Durch innige Gebete gab es für Katja Kutza plötzlich außergewöhnliche Fügungen des Schicksals – meist in Form von alternativen und spirituellen Heilmethoden. Nicht nur ihre Grunderkrankung – eine Amalgamvergiftung – wurde aufgedeckt, auch spirituelle, geistige und energetische Heilsysteme ebneten ihr den Heilungsweg.

ISBN 978-3-938656-47-1 • 21,00 Euro

Alle hier aufgeführten Bücher erhalten Sie im Buchhandel oder bei:

ALDEBARAN-VERSAND

Tel: 0221 – 737 000 • Fax: 0221 – 737 001

Email: bestellung@buchversand-aldebaran.de

www.amadeus-verlag.de